Hast/Schlippert/Schröter/Sobiech/Teuber (Hg.)

Heimerziehung im Blick

Perspektiven des Arbeitsfeldes Stationäre Erziehungshilfen

IGFH

Internationale Gesellschaft für erzieherische Hilfen

IGFH-Sektion Bundesrepublik Deutschland der Fédération Internationale des Communautés Educatives (FICE) e.V.

Internationale Gesellschaft für erzieherische Hilfen (IGfH)
Schaumainkai 101-103, 60596 Frankfurt am Main
Telefon: (069) 633 986-0, Telefax: (069) 633 986-25

IGfH-Eigenverlag, Frankfurt/Main 1. Auflage 2003

Foto: Jürgen Hast

Herstellung und Vertrieb: Walhalla Fachverlag, Regensburg

ISBN 3-925146-55-5

Inhaltsverzeichnis

Kristin Teuber

Einleitung

Seit der Einführung des Kinder- und Jugendhilfegesetzes haben sich die Hilfen zur Erziehung und damit auch die Heimerziehung wesentlich gewandelt. Betrachtet man die Ergebnisse der Jugendhilfestatistik, ergibt sich folgendes differenziertes Bild: Die Heimerziehung ist bisher keinesfalls an den Rand der Hilfeformen nach dem Achten Sozialgesetzbuch (SGB VIII) gedrängt worden. Die Fallzahlen von Heimunterbringungen haben trotz des erheblichen Ausbaus von ambulanten Settings nicht abgenommen, sondern liegen über die letzten Jahre nahezu unverändert bei knapp 70.000 pro Jahr. Heimerziehung ist nach wie vor eine häufig realisierte Hilfeform, sei es, weil sie einen spezifischen Aufgabenzuschnitt hat oder sei es auf Grund mangelnder Alternativen oder gewohnter Lösungsstrategien seitens der Jugendämter. Heimerziehung erweist sich aus verschiedenen Gründen als unverzichtbare Hilfeform für bestimmte Kinder, Jugendliche und deren Familie: Ohne Heimerziehung geht es nicht. Sie nimmt also nicht nur im Gesetz, sondern auch im Alltag der Kinder- und Jugendhilfe eine gleichrangige Stellung im Kanon der Hilfen zur Erziehung ein. Entsprechend gelten zentrale gesetzliche und pädagogische Maßgaben wie etwa AdressatInnen- und Ressourcenorientierung, der Lebensweltansatz, Gleichberechtigung von Mädchen und Jungen oder Partizipation uneingeschränkt auch für diese Hilfeform.

Die weit verbreitete, nicht zuletzt durch einseitige Darstellung in diversen Medien zementierte öffentliche Meinung zeichnet jedoch noch immer häufig ein vorurteilsbelastetes Bild, nämlich:
Wer will schon Heimerziehung? Kindern, die sich nicht nach den Vorstellungen der Erwachsenen verhalten, wird schon mal gedroht, dass sie ins Heim gesteckt werden. Fragt man Erwachsene auf der Straße nach ihren Vorstellungen von Heimerziehung, so antworten viele, dass ein armer Tropf sein müsse, wer im Heim lebt, und dass man das niemandem wünsche. Wieder andere hegen noch immer die Vorstellung vom Heim als einer unpersönlichen Anstalt. Werden Kinder oder Jugendliche in irgendeiner Weise auf-

fällig oder gar straffällig, liegt schnell der Verdacht nahe, dass sich ihre Eltern nicht um sie kümmern würden oder aber dass sie wohl im Heim leben. Die Medien zeichnen häufig ein negatives Bild von Heimen für Kinder oder Jugendliche und greifen vorzugsweise persönliche Geschichten auf, in denen jemand von schlechten Erfahrungen mit einer Heimeinrichtung berichtet. WissenschaftlerInnen werfen der Heimerziehung vor, ihre pädagogischen Wirkungen nicht recht nachweisen zu können. Kämmerer in den Kommunen werfen Einrichtungen der Heimerziehung pauschal vor, zu hohe Kosten zu verursachen, ohne dabei einen angemessenen Nutzen zu erbringen. Jugendhilfeplaner sind angehalten, für den Ausbau ambulanter und teilstationärer Erziehungshilfen zu sorgen, um damit die Anzahl der Heimunterbringungen zu reduzieren. Träger der Heimerziehung klagen darüber, dass die Mitarbeiterfluktuation generell hoch ist und dass sie zunehmend Schwierigkeiten haben, Personal für die Gruppen ihrer Heimeinrichtung zu gewinnen. Und in der Fachdiskussion um Erziehungshilfen, in Veröffentlichungen ebenso wie auf Tagungen, werden vorrangig andere Themen und Settings behandelt als die der Heimerziehung. Viel häufiger geht es dort etwa um den Ausbau von Tagesgruppen, die Betreuung einzelner Jugendlicher in Intensivmaßnahmen, um Familienunterstützungsprogramme, Erziehungsstellen oder Sozialraumorientierung, geschlossene Unterbringung und so weiter. Gerade angesichts dieser zugegeben pauschalierten Beschreibungen wird deutlich: Themen der Heimerziehung wieder verstärkt in den Blick zu nehmen und zur Diskussion zu stellen, ist überfällig. Wie in den unterschiedlichen Settings der Heimerziehung gearbeitet wird, unter welchen Bedingungen die Arbeit stattfindet und welche Probleme dabei zu bewältigen sind, sind Fragen, die viel Stoff für die Fachdiskussion geben.

Wie also geht es *in* und *mit* der Heimerziehung? Seit der Heimreform hat sie sich zu einem breiten Spektrum stationärer Angebote entwickelt, sodass man nicht mehr nur von *der* Heimerziehung sprechen kann. Freigang und Wolf (2001) beschreiben Anstalten (als Auslaufmodell), Heimgruppen im Zentralheim, Außenwohngruppen, Kleinstheime, milieunahe Heime, Lebensgemeinschaften und Betreutes Wohnen als verschiedene Heimerziehungsarrangements. Die zunehmende Ausdifferenzierung der Angebote wirft die Indikationsfrage „Wer kommt aus welchem Grund in welche Heimerziehungsform?“ auf, die vielfach nicht zufrieden stellend beantwortet werden kann. Platzierungsentscheidungen scheinen noch häufig von einzelnen SachbearbeiterInnen in den Jugendämtern abzuhängen – eine unbefriedigende Situation, die einer eingehenden Fachdiskussion bedarf. Allseits anerkannt ist heute inzwischen die Vorstellung von der Heimunterbringung als ergänzender Hilfe für Familien, wohingegen sie noch vor Jahren als Ersatz für die Erziehung in der Familie galt. Allgemein gesprochen leisten stationäre Angebote für Mädchen, Jungen und ihre Familien effiziente Hilfe und bieten ihnen vielfältige Entwicklungsmöglichkeiten. Die Untersuchung „Leistungen und Grenzen der Heimerziehung" kommt zu dem Ergebnis, dass „in gut 70 % Arrangements der Heimerziehung für Kinder hilfreich sind, indem sich für die Einzelnen die Ausgangssituationen, die schwierigen gegebenen Konstellationen, die zur Heimeinweisung führen, verändern, auflichten und verbessern" (Bundesministerium für Familie, Senioren, Frauen und Jugend 1998, S. 13). Schon allein aus Zeitgründen bietet ein stationäres Setting im Vergleich zu ambulanten oder teilstationären Angeboten vielfältigere Möglichkeiten für die Beziehungsarbeit. In der Vollzeitbetreuung ermöglichen die unterschiedlichen Alltagssituationen neue und intensive Beziehungserfahrungen. Sie eignen sich als potenzielle Lernfelder, in denen Mädchen und Jungen einüben können, mit Nähe und Distanz umzugehen und in denen sie verschiedene Beteiligungsformen erproben können. In den sozialen Arrangements lernen sie, Pflichten zu über- und Rechte wahrzunehmen und Regeln als Rahmen für das soziale Zusammenleben anzuerkennen. Ob diese prinzipiellen Möglichkeiten genutzt werden und daraus tatsächlich etwas Sinnvolles entsteht, ist immer eine Frage der Hilfegestaltung im Einzelfall. In der Regel sollten Eltern und ihre Kinder davon ausgehen können, dass sie in Einrichtungen der Heimeinrichtung auf offene, wohlgesonnene, engagierte und reflektierte PädagogInnen treffen, deren Wirken das Wohl des Kindes und die Zusammenarbeit mit den Eltern im Auge hat. Trotzdem gibt es auch immer wieder die Situation, dass Kinder in einer Heimeinrichtung mit Erwachsenen zusammenleben müssen, die sie sich nicht aussuchen können und die sie nicht mögen. Generell bietet stationäre Erziehungshilfe aber einen alternativen Lebensort, an dem Mädchen und Jungen in einer Gemeinschaft von Kindern und/oder Jugendlichen aufwachsen können, in der also die Gruppe als Erziehungsinstanz fungiert. Sie erleben darin täglich eine soziale und räumliche Dichte von Beziehungen, die man als Atmosphäre der „Unausweichlichkeit" bezeichnen kann, in der sie sich verhalten müssen und die einerseits emotional trägt und die für viele einerseits emotional trägt und die für viele zugleich eine enorme Herausforderung darstellt. Darüber hinaus bieten Heimeinrichtungen Kindern und Familien in belasteten, aktuell nicht zu bewältigenden Lebenssituationen die Möglichkeit, vorübergehend gegenseitig auf Distanz zu gehen, was bei geeigneter fachlicher Begleitung zur Entlastung des gesamten Familiensystems führen kann.

Wie arbeitet es sich in der stationären Hilfe zur Erziehung? Zunächst ist es die Aufgabe der MitarbeiterInnen in ihrem pädagogischen Handeln, den Bedürfnissen von Kindern und Jugendlichen, den Ansprüchen von Eltern sowie den Vorstellungen der Jugendämter gerecht zu werden – ein komplexes wie spannungsreiches und herausforderndes Tätigkeitsfeld, das durch persönliche Interessen, gesetzliche Regelungen, fachliche Leitlinien und finanzielle Vorgaben strukturiert wird. Diese Rahmenbedingungen sind nicht immer aufeinander abgestimmt, was zu verschiedenen Strukturproblemen führt. Die finanzielle Situation der Kommunen und ihre örtlichen Strukturen sind so unterschiedlich, dass man davon ausgehen kann, dass die Hilfearrangements bei ein- und demselben erzieherischen Bedarf von Mecklenburg-Vorpommern bis Baden-Württemberg unterschiedlich ausfallen. Auf Grund der so genannten „regionalen Disparitäten“ sind stationäre Hilfen im Bundesgebiet nur bedingt miteinander zu vergleichen. Die Frage, welche Hilfe bei welchem Bedarf gewährt wird, hängt also immer auch vom Wohnort ab. Was aus fachlicher Sicht angebracht wäre, wird oft genug wegen gedeckelter Haushalte oder ausgeschöpfter Budgets nicht finanziert. Nicht selten kommen Mädchen und Jungen erst dann in eine Heimeinrichtung, wenn verschiedene ambulante Maßnahmen bei ihnen nicht zu dem gewünschten Erfolg führten oder stationäre Hilfen, wie etwa die Unterbringung in einer Pflegefamilie, gescheitert sind: eine Situation, die für alle Beteiligten unbefriedigend ist. Sie führt unter anderem dazu, dass PraktikerInnen oftmals beklagen, die Kinder und Jugendlichen, die zu ihnen kommen, seien zunehmend „schwierig“ und wären immer schlechter zu integrieren. Für diese Aussagen gibt es bislang zwar keine zuverlässigen Belege, sie machen aber deutlich, dass nur die Kinder und Jugendlichen eine stationäre Hilfe erhalten, die aus Lebensverhältnissen mit zugespitzten Problemlagen kommen und in ihrer Biografie ein erhebliches Maß an Vernachlässigung und emotionaler wie körperlicher Verletzungen bis hin zu schweren Traumatisierungen erlitten haben. Die Frage „Was tun mit den Schwierigsten?“ (Schwabe 2001) deutet die Ratlosigkeit und die hohe Anforderung an, die sich daraus für die im Gruppendienst Tätigen ergeben. Diese Frage wird die Praxis in Zukunft intensiv beschäftigen. Gesetzliche Vorgaben wie die allgemeinen Vorschriften des Kinder- und Jugendhilfegesetzes (KJHG) sind weiche Vorgaben, die nur langsam und nach langwieriger Fachdiskussion in die Realität umgesetzt werden. Das Beispiel der (noch immer mangelnden) Beteiligung von Mädchen und Jungen im Hilfeplanverfahren oder im Alltagsgeschehen von Heimeinrichtungen, die weitgehend fehlende Institutionalisierung von Beteiligung (wie Beschwerdestellen für Mädchen und Jungen oder Heimräte) zeigen, dass der gesetzliche und fachliche Anspruch und die umgesetzte Wirklichkeit zwei verschiedene Dinge sind, die nicht unbedingt gleich laufen. Hier muss es Ziel sein, die Arbeit in der Praxis dem fachlichen Anspruch anzugleichen. Die Neuregelung der Paragrafen 78 a ff. KJHG, vom Gesetzgeber aus Gründen der finanziellen und fachlichen Transparenz eingeführt, hat der stationären Erziehungshilfe neben neuen Entgeltvereinbarungen eine breite Auseinandersetzung über ihre Qualität und deren Sicherung gebracht. Trotz regional unterschiedlich weit gediehener Umsetzung hat das Erarbeiten von Leistungs- und besonders von Qualitätsentwicklungsvereinbarungen und die Einführung von Qualitätssicherungsmaßnahmen MitarbeiterInnen einen Prozess der Selbstvergewisserung gebracht, weil sie sich mit der Frage „Was tue ich, wie tue ich es und warum?“ auseinander zu setzen hatten und haben.

Die Vielfalt der angerissenen Themen und die Auflistung wäre zu erweitern, die komplexen Inhalte von fachlichen Auseinandersetzungen, aber auch die zum Teil unbefriedigenden Praxissituationen sprechen für das Anliegen, die Diskussion um den Bereich stationärer Hilfen zu intensivieren – z.B. mit einem Buch zur Heimerziehung. Die unter dem Dach der Internationalen Gesellschaft für erzieherische Hilfen (IGfH) arbeitende Fachgruppe „Heimerziehung und sonstige betreute Wohnformen nach Paragraf 34 KJHG“ hat sich zur Aufgabe gemacht, diese Hilfeformen wieder mehr in den fachlichen Blick zu nehmen. Nach über einem Jahrzehnt Pause hat sie in den letzten Jahren zwei Fachtagungen durchgeführt, die sich explizit Themen der Heimerziehung widmeten. Im Juni 2000 fand in Frankfurt am Main die Tagung „Stellenwert der Heimerziehung im Kontext erzieherischer Hilfen“ statt, die sich mit übergeordneten Fragen der Heimerziehung befasste und sich an Leitungskräfte richtete. Im Oktober 2001 folgte die „Bundestagung Heimerziehung – Lebensort Heim als professionelle Hilfeleistung, Notlösung, Fehlplatzierung..." in Münster, auf der sich vor allem PraktikerInnen aus dem Arbeitsfeld versammelten. Auf beiden Veranstaltungen ging es im Sinne einer Bestandsaufnahme um die Frage, wohin sich die stationäre Erziehungshilfe nach der Heimreform und seit Bestehen des KJHG entwickelt hat. Was kennzeichnet dieses Angebot nach Paragraf 34 KJHG, was unterscheidet es von anderen Hilfeformen und wodurch zeichnet es sich aus?

Das vorliegende Buch dokumentiert in Teilen die genannten Tagungen. Gleichwohl wurden nicht alle Beiträge der Veranstaltungen auf- und neue Texte hinzugenommen. Denn es soll nicht nur reine Tagungsdokumentation, sondern zugleich ein Fachbuch zu aktuellen Themen der Heimerziehung sein, welches sich mit der Auswahl seiner Texte an Fachleute aller Ebenen, insbesondere des Arbeitsfeldes stationäre Erziehungshilfe, richtet. Wie der Titel schon andeutet, werden verschiedene Aspekte von Heimerziehung aufgegriffen mit dem Ziel, die Perspektiven dieses Tätigkeitsfeldes genauer zu fassen. Im ersten Kapitel stellen die AutorInnen die Heimerziehung in einen größeren Kontext: Sie wird im Gefüge der gesamten erzieherischen Hilfen beschrieben, weiter geht es darum, wie Heimerziehung im Insiderkreis wahrgenommen und welche gesellschaftliche Anforderungen an sie gestellt werden und es wird der Standort von Heimerziehung mit Blick auf das KJHG bestimmt. Kapitel 2 greift verschiedene inhaltliche Orientierungen beziehungsweise Fragestellungen aus der stationären Erziehungshilfe auf wie Alltagsgestaltung, Gruppenpädagogik oder Partizipation. Das dritte Kapitel thematisiert die Arbeitsbedingungen in der Heimerziehung. Es wird darin nach dem Verhältnis von Beziehungsarbeit und Schichtdienst sowie den Bedingungen von flexibilisierten Erziehungshilfen gefragt, die neuen Entgeltregelungen werden beleuchtet und die verschiedenen Leistungsangebote aus Sicht von MitarbeiterInnen kritisch gewürdigt. Kapitel 4 befasst sich damit, welche Kompetenzen jemand mitbringen muss, der im Heimbereich tätig sein will. In einem abschließenden Beitrag benennen die HerausgeberInnen unter anderem offene Fragen, um die man sich im Bereich der stationären Hilfen künftig besonders wird kümmern müssen und deren Bearbeitung in der einschlägigen Fachdiskussion zu forcieren ist.

Literatur

Bundesministerium für Familie, Senioren, Frauen und Jugend (1998) (Hg.): Leistungen und Grenzen von Heimerziehung: Ergebnisse einer Evaluationsstudie stationärer und teilstationärer Erziehungshilfen; Forschungsprojekt Jule. Stuttgart, Berlin, Köln.

Freigang, W./**Wolf**, K. (2001): Heimerziehungsprofile. Sozialpädagogische Porträts. Weinheim und Basel.

Schwabe, M. (2001): Was tun mit den Schwierigsten? Brauchen wir neue, besondere pädagogische Konzepte für so genannte maßnahme-resistente Kinder und Jugendliche? In: Evangelische Jugendhilfe, Heft 1/2001, S. 3-22.

1. Kapitel
Wo steht die Heimerziehung? Versuch einer fachlichen und politischen Verortung

Ulrich Bürger

Stellenwert der Heimerziehung im Kontext der erzieherischen Hilfen - Entwicklungslinien und Standort stationärer Erziehungshilfen nach § 34 KJHG

Die Beschäftigung mit dem Thema Heimerziehung hat derzeit nicht eben Konjunktur. Die Fachdiskussionen um die Entwicklungen im Feld der Hilfen zur Erziehung kreisen in den letzten Jahren vor allem um die Entwicklung flexibler (vgl. *Klatetzki* 1994), dabei in jüngerer Zeit vor allem auch integrierter, sozialraumorientierter Angebotsstrukturen (vgl. *Peters/Trede/Winkler* 1998; *Koch/Lenz* 1999). In den aktuellen Konzepten und Neuorganisationsprozessen der öffentlichen Jugendhilfeträger stößt man auf die Heimerziehung in erster Linie nur noch unter dem Aspekt einer vermeintlich viel zu teuren Hilfe, deren Nutzung im Zuge der Umsteuerung in den ambulanten Bereich möglichst zu reduzieren ist, und in der Öffentlichkeit taucht das Thema gar nicht oder nur dann auf, wenn sich Medien und Stammtische über schlimme Kinder echauffieren, laut nach dem Jugendamt rufen und ihm auch gleich eine probate Lösung zum Umgang mit diesen Kindern mit auf den Weg geben, indem sie unisono die Forderung nach geschlossener Unterbringung skandieren.

Ist die Heimerziehung also inzwischen ein - vielen ja immer schon eher verdächtiges und ungeliebtes - Relikt Jahrhunderte alter Geschichte von Fürsorge, Sozialer Arbeit und Jugendhilfe; oder doch zumindest auf dem besten Wege dorthin? Oder entsteht unter dem Eindruck der derzeit vorherrschenden fachlichen Diskurse und der veröffentlichten Meinung nur ein unvollständiges und damit schiefes Bild zur Situation der Heimerziehung zum Beginn des neuen Jahrhunderts? Mein Beitrag verfolgt diese Fragestellungen mit der Zielsetzung, den Stellenwert von Heimerziehung und sonstigen betreuten Wohnformen im Gesamtspektrum der erzieherischen Hilfen zu bestimmen.

Ich gebe Ihnen zunächst einen knappen Überblick über die Aspekte, unter denen ich diese Standortbestimmung angehen werde. Am Beginn steht eine kurze Vergewisserung über die Funktion, die der Gesetzgeber den Leistungen nach § 34 KJHG, also den Hilfen in Heimerziehung und den sonstigen betreuten Wohnformen, im Kinder- und Jugendhilfegesetz innerhalb des Gesamtleistungsspektrums der Hilfen zur Erziehung zugewiesen hat. Ich werde mich dann mit der Frage befassen, wie sich die Inanspruchnahme dieser Hilfen gegenüber den ambulanten und teilstationären Angeboten nach §§ 28-32 KJHG seit Inkrafttreten des KJHGs entwickelt hat und im Anschluss daran auch auf die jüngeren Entwicklungen innerhalb des Bereichs der Fremdunterbringungen, also auf das quantitative Verhältnis in der Inanspruchnahme von Heimerziehung und Vollzeitpflege eingehen. Daran anschließend unternehme ich den Versuch, zu beschreiben, für welche jungen Menschen die Hilfen nach § 34 auch in dem inzwischen ausdifferenzierten Angebot erzieherischer Hilfen weiterhin benötigt werden. Es folgen dann Anmerkungen zum Stand der Professionalisierung des in den Einrichtungen tätigen Personals sowie zu aktuellen Kosten- und Finanzierungsfragen. Ich riskiere anschließend eine wertende Einschätzung zum Entwicklungsstand des derzeitigen Leistungsprofils von Heimerziehung, um mich dann im Schlussteil mit einigen Perspektivfragen hinsichtlich zukünftiger fachlicher Entwicklungserfordernisse zu befassen.

Damit wird deutlich, dass ich mir ein umfangreiches Programm vorgenommen habe. Dennoch wird es aber auch damit nicht gelingen, das Thema in allen seinen wichtigen Facetten hinreichend abzuhandeln. So ist es angesichts des vorgegebenen Rahmens nicht möglich, auf weitere Aspekte wie etwa die unterschiedlichen Entwicklungslinien der Heimerziehung in den alten und den neuen Bundesländern näher einzugehen, obwohl dies eine ebenfalls ausgesprochen interessante Facette einer noch umfassender angelegten Standortbestimmung wäre. Interessant deshalb, weil es von vielen wohl kaum vermutete Analogien in der Entwicklung der Heimerziehung in der BRD und der DDR nach 1945 gegeben hat, die in der BRD mit der Heimkampagne Ende der 60er Jahre und dem dadurch ausgelösten Veränderungsdruck, in den neuen Bundesländern nach deren Beitritt zur BRD, sukzessive überwunden wurden. Bis zu diesen Zeitpunkten jedoch bestanden geradezu erstaunliche Parallelitäten etwa hinsichtlich der gesellschaftlichen Funktion von Disziplinierung und Sanktion gegenüber den in den jeweiligen Ideologien und gesellschaftspolitischen Kontexten nicht gewünschten Verhaltensweisen und Lebensstilen. Bestürzende Kongruenzen zeigen sich ebenso in den zum Teil absolut identischen, diskreditierenden und stigmatisierenden Zuschreibungen gegenüber den Adressaten und ihren Lebenswelten. Und dies gilt ebenso für unerträgliche institutionelle Strukturen in großen, anonymen Einrichtungen, wie auch für die völlig unzureichende personelle Ausstattung usw. usf. Dies ausführlicher darzulegen sprengte jedoch den Rahmen dieses Beitrags. (vgl. dazu ausführlich *Bürger* 2000b) Ich muss es deshalb bei diesem Hinweis belassen, der aber bereits zeigt, dass es sehr wohl auch, und zwar keineswegs ruhmreiche, Gemeinsamkeiten in der Geschichte der Heimerziehung in den beiden deutschen Staaten gegeben hat, die jedenfalls jenen in Erinnerung zu rufen sind, die in den Jahren nach der Wende mit einiger Selbstgerechtigkeit meinten, auf schier unglaubliche Verhältnisse in den Heimen der ehemaligen DDR hinweisen zu müssen.

Im Sinn einer letzten Vorbemerkung will ich darauf hinwiesen, dass stets, wenn ich im Folgenden von Heimerziehung spreche, damit die gesamte Breite der heute bestehenden Angebotsformen, also Innenwohngruppen, Außenwohngruppen, Wochengruppen, Erziehungsstellen, Jugendwohngemeinschaften, Betreutes Jugendwohnen, um nur einige zu nennen, gemeint ist. Der Begriff Heimerziehung ist inzwischen ja nicht mehr als eine eher unscharfe Sammelkategorie für unterschiedlichste Betreuungskonzepte, die in meinen Ausführungen immer in dieser Breite angesprochen sind.

Meine Betrachtungen zum Stellenwert der Heimerziehung im Gesamtleistungskanon der erzieherischen Hilfen will ich mit dem Hinweis darauf beginnen, dass die Angebote nach § 34 KJHG Leistungen der Jugendhilfe sind, die im Kinder- und Jugendhilfegesetz völlig gleichberechtigt neben den anderen, insbesondere auch den ambulanten und teilstationären Hilfen nach §§ 28-32 KJHG stehen. Diese Feststellung mag auf den ersten Blick banal klingen, was aber tatsächlich, wenn man die ja noch recht junge Geschichte des KJHGs genauer nachzeichnet, keineswegs der Fall ist. Es ist nämlich daran zu erinnern, dass wir bereits im Jahr 1993, also sehr kurz nach dem Inkrafttreten des Gesetzes, eine Novellierung hatten, die gerade für die Heimerziehung sehr wichtig war und die für die Bedeutung, die der Gesetzgeber dieser Hilfeform zuweist, ausgesprochen aufschlussreich ist.

Als das KJHG im Jahr 1990 verabschiedet wurde, sah der einschlägige § 34 für diese Hilfeform die folgenden drei Funktionen vor: Heimerziehung sollte

- eine Rückkehr des Kindes oder des Jugendlichen in die Familie erreichen
- die Erziehung in einer anderen Familie oder familienähnlichen Lebensform vorbereiten, oder
- die Verselbstständigung eines Jugendlichen fördern und begleiten.

Heimerziehung war damit als eine eigenständige und auf Dauer angelegte Hilfe für junge Menschen explizit nicht mehr vorgesehen. Das löste seinerzeit erhebliche Unruhe und Dispute darüber aus, ob ein neues Jugendhilfesystem, das sicherlich zu Recht den nicht-stationären Bereich gegenüber den klassisch dominierenden stationären Hilfen stärken wollte, wirklich auf eine Heimerziehung in der Funktion eines alternativen Lebensortes und damit der Bereitstellung auch einer auf Dauer angelegten Entwicklungsperspektive für junge Menschen würde verzichten können.

Das Bedeutsame an dieser Diskussion war das Ergebnis: Mit der Novellierung im Jahr 1993 wurde der § 34 nämlich insofern elementar verändert, als die Aufgabe, Kindern und Jugendlichen "eine auf längere Zeit angelegte Lebensform zu bieten und (sie) auf ein selbständiges Leben vorzubereiten", explizit als ein originärer Auftrag ergänzend in das Gesetz aufgenommen wurde. Mir scheint dies deshalb so interessant, weil sich hier zeigt, dass der Gesetzgeber, nachdem - etwas keck formuliert - der Innovationsimpetus zunächst ein wenig mit ihm durchgegangen war, sehr rasch erkannt hat, dass es sich nicht empfiehlt, die Kinder mit dem Bade auszuschütten. Präzise formuliert: Bestimmt man den Standort der Hilfe in Heimen und sonstigen betreuten Wohnformen aus dem Blickwinkel des Kinder- und Jugendhilferechtes, dann steht sie nicht nur völlig gleichberechtigt - und damit nicht in einem Verhältnis von Nachrangigkeit - neben den anderen Hilfeformen, sondern ihr wurde auch der Status einer originären, auch auf Dauer angelegten Hilfeform im Ergebnis eines dazu dezidiert geführten Abwägungs- und Entscheidungsprozesses ausdrücklich (wieder) zugewiesen.

Mit diesem Hinweis ist bereits das Verhältnis der Heimerziehung zu den anderen, insbesondere den ambulanten und den teilstationären Hilfen angesprochen. So klar, wie einerseits mit der Novellierung des KJHGs im Jahr

1993 der gleichberechtigte Status der Heimerziehung neben den anderen Hilfeformen herausgestellt wurde, so unstrittig ist es andererseits, dass es dem Gesetzgeber mit der Einführung des Kinder- und Jugendhilfegesetzes - in enger Anlehnung an den damals ganz aktuellen Achten Jugendbericht - auch darum ging, den nicht-stationären Bereich nachhaltig zu stärken, und ich denke, dass dabei zweifelsfrei fachliche Intentionen im Sinne einer qualifizierten Ausdifferenzierung des Feldes im Vordergrund standen.

Diese zunächst originär fachliche Zielsetzung der Stärkung ambulanter Hilfen geriet Mitte der 90er Jahre allerdings unter den Einfluss ganz anderer Debatten und Interessenlagen. Vor allem vor dem Hintergrund der seinerzeit sehr schwierigen Lage der kommunalen Haushalte brachte die Kommunale Gemeinschaftsstelle zur Verwaltungsvereinfachung (*KGST*) mit dem im Jahr 1994 veröffentlichten Papier zur "Outputorientierten Steuerung der Jugendhilfe" einen Stein ins Rollen, der eine neue Qualität in die Diskussion um das Verhältnis von nicht-stationären Hilfen gegenüber der Heimerziehung brachte. Im Kern ging es nun um eine Reduzierung der Heimunterbringungsfälle durch den Ausbau nicht-stationärer Hilfen, und zwar in erster Linie im Interesse von Kostenreduzierungen.

Damit hier kein Missverständnis aufkommt: Es geht mir nicht darum, die Notwendigkeit eines Ausbaus und damit der Stärkung des ambulanten Bereichs auch nur ansatzweise infrage zu stellen. Unter fachlichen Gesichtspunkten wäre es völlig absurd, stationäre und nicht-stationäre Hilfen gegeneinander auszuspielen, denn es steht außer Frage, dass eine qualifizierte Jugendhilfe das eine wie das andere braucht, weil nur aus einer Vielfalt von Hilfeoptionen die im Einzelfall tatsächlich geeignete Hilfe für Kinder und ihre Familien gestaltet werden kann. Die kritische Diktion wendet sich gegen eine primär fiskalisch inspirierte Prioritätensetzung zugunsten der ambulanten Hilfen in einer Programmatik, die die stationären Hilfen von vornherein diskreditiert und damit im Ergebnis die Bereitstellung der im Einzelfall tatsächlich geeignetsten Hilfe letztlich, weil in Gestalt von Heimerziehung vermeintlich zu teuer, zu unterlaufen droht.

Doch was ist im Feld der Hilfen zur Erziehung nun wirklich passiert in den 90er Jahren - sowohl vor dem Hintergrund der richtigerweise angestrebten

Stärkung der ambulanten Hilfen aus fachlichen Gründen in der Zielsetzung des KJHGs, aber auch unter dem Einfluss von zumindest teilweise durchaus restriktiv angelegten Steuerungsvorgaben? Sind die Hilfen in Heimerziehung und sonstigen betreuten Wohnformen rückläufig gewesen, haben sich also die Erwartungen an die fallzahlreduzierenden Wirkungen in Folge des Ausbaus des nicht-stationären Bereichs erfüllt?

Ein Blick auf die Faktenlage zur Entwicklung der Inanspruchnahme der erzieherischen Hilfen (vgl. *Bürger* 2001) zeigt, dass es trotz eines erheblichen Ausbaus der ambulanten und teilstationären Hilfen in den 90er Jahren einen Rückgang bei den Heimunterbringungszahlen nicht gegeben hat, ja dass die Fallzahlen sogar zugenommen haben, und zwar ausnahmslos in allen Bundesländern in Ost und West. Erhielten am 31.12.1991 noch 53015 junge Menschen in den alten und 15175 junge Menschen in den neuen Bundesländern eine Hilfe nach § 34 KJHG, so waren es am 31.12.1998 nach den eben vom Statistischen Bundesamt veröffentlichten Zahlen 64270 junge Menschen in den alten und 17781 in den neuen Bundesländern. Betrachtet man diese Veränderungsdynamik bei den absoluten Fallzahlen, dann ergibt sich eine Zunahme von 21 % für die westlichen, 17 % für die östlichen Bundesländer und 20 % für die Bundesrepublik insgesamt.

Allerdings sind diese Veränderungen bei den absoluten Fallzahlen insofern nur bedingt aussagekräftig, weil sie keine Auskunft darüber geben, inwieweit sie auch durch den demographischen Wandel beeinflusst sind, zumal die Veränderungen in der Bevölkerungszahl der junger Menschen in den 90er Jahren, insbesondere in den neuen Bundesländern, von erheblichem Ausmaß waren. Das bedeutet, dass eine fachliche Einschätzung darüber, ob der Bedarf an erzieherischen Hilfen für junge Menschen in dieser Gesellschaft insgesamt gestiegen ist oder nicht, erst in einer Betrachtung der relativen Inanspruchnahme der Hilfen möglich wird, in Beantwortung der Frage also, ob und inwieweit sich der Anteil bzw. die Quote der jungen Menschen, die eine solche Hilfe erhielten, verändert hat.

In einer solchen Analyse zur Veränderung der relativen Inanspruchnahme der Hilfen in Heimerziehung und sonstigen betreuten Wohnformen zeigt sich, dass der Eckwert der Hilfen je 1000 der 0- bis unter 21-Jährigen vom

31.12.1991 bis zum 31.12.1998 in der BRD insgesamt von 3,71 auf 4,44 Hilfen zugenommen hat. Dieser Zuwachs fiel in den alten Bundesländern mit einer Zunahme von 3,63 auf 4,20 deutlich geringer aus als in den neuen Bundesländern, wo er von 4,04 auf 5,61 stieg. Daraus errechnet sich für die neuen Bundesländer eine Steigerungsrate von 39 % binnen sieben Jahren. Der Vergleichswert für die westlichen Bundesländer beläuft sich demgegenüber auf „nur" 16 % - wobei natürlich 16 % Zuwachs für sich betrachtet auch nicht eben wenig sind. Da es sich hierbei um Ergebnisse handelt, die die Entwicklungen in jeweils elf beziehungsweise fünf Bundesländern aufsummieren, will ich erwähnen, dass es tatsächlich kein einziges Bundesland gibt, in dem der Eckwert rückläufig gewesen wäre. Es handelt sich also um einen bundesweit flächendeckenden Trend.

Ausdrücklich hinzuweisen ist nun darauf, dass diese doch beachtlichen Zuwächse *trotz* eines zeitgleichen, enormen Ausbaus der nicht-stationären Erziehungshilfen eingetreten sind. Im Zeitraum von 1991 bis 1998 haben die Fallzahlen der ambulanten Hilfen nach §§ 29 - 32 KJHG von 30098 Hilfen am 31.12.1991 auf 51139 Hilfen am 31.12.1998 zugenommen. Die Zuwachsrate belief sich in den alten Bundesländern auf 16126 Fälle bzw. 64 %, in den neuen Bundesländern auf 4915 Fälle bzw. 105 %. In der Gesamtschau dieser Befunde zeigt sich also ganz deutlich, dass die vielerorts, fachpolitisch betrachtet leichtfertig geschürte Erwartung, durch einen stärkeren Ausbau der ambulanten Hilfen quasi automatisch einen Rückgang bei der Heimerziehung erzielen zu können, nicht eingelöst werden konnte. Warum ist das so?

Nun, in der vorschnellen Euphorie der vermeintlich klugen Umsteuerungsmodelle nach dem Motto „Umbau statt Ausbau" wurde völlig übersehen, dass die Inanspruchnahme stationärer Erziehungshilfen nicht nur etwas mit der Verfügbarkeit (oder eben dem Fehlen) von Angeboten im Bereich der ambulanten Hilfen zu tun hat, sondern dass der Bedarf sich - neben weiteren Faktoren - auch in Abhängigkeit davon konstituiert, in welchem Maße das Erziehungsgeschehen in Familien unter dem Einfluss sozialökonomischer Faktoren zunehmend unter Druck geraten kann, sodass im Ergebnis, trotz eines zeitgleichen Ausbaus der ambulanten Hilfen, der Bedarf an Erziehungshilfe insgesamt zunimmt und deshalb die erhofften Reduzierungen bei der Heimerziehung nicht erzielt werden können (*Bürger* 1999b).

So zeigen die Ergebnisse einer umfangreichen empirischen Untersuchung, die wir im Landesjugendamt Stuttgart vor zwei Jahren abgeschlossen haben (*Ames/ Bürger* 1996, 1998), dass die unterschiedliche Höhe der Inanspruchnahme stationärer Hilfen im Vergleich der westlichen Bundesländer, wie auch im Vergleich der 22 näher untersuchten Kreise innerhalb eines Bundeslandes in einem erkennbaren statistischen Zusammenhang zu den spezifischen sozialstrukturellen Belastungen in den Bundesländern bzw. den Kreisen steht. Dies ist Indiz dafür, dass in Abhängigkeit davon, wie stark Faktoren sozialer Belastungen in einem Kreis zusammentreffen und kumulieren, auch das Risiko steigt, dass das Erziehungsgeschehen in Familien nicht aus eigener Kraft gelingend gestaltet werden kann, und dann vermehrt erzieherische Hilfen - und zwar sowohl ambulanter und stationärer Art, eben je nach dem individuellem Hilfebedarf der jungen Menschen und ihrer Familien - in Anspruch genommen werden. Dass es mit dem erkennbaren Ausbau der ambulanten Hilfen nicht zu dem erhofften Rückgang der stationären Unterbringungen kam, ist also unter anderem dadurch zu erklären, dass sich zeitgleich mit diesem Ausbau ein sozialstruktureller Wandel vollzogen hat, in dessen Folge der Hilfebedarf insgesamt zugenommen hat.

Gerade vor diesem Hintergrund ist mit Nachdruck hervorzuheben, dass der Ausbau der ambulanten Hilfen dennoch alles andere als unsinnig war. Einmal ganz abgesehen davon, dass vielen jungen Menschen und deren Familien dadurch die ihnen rechtlich zustehenden Jugendhilfeleistungen bedarfsgerecht erbracht werden konnten, steht außer Frage, dass die öffentlichen Träger heute mit wesentlich höheren stationären Fallzahlen und damit auch höheren Jugendhilfeausgaben konfrontiert wären, wenn es diese Stärkung des ambulanten Bereichs nicht gegeben hätte. Im Rahmen der erwähnten Untersuchung zeigte sich nämlich auch, dass mit einem überdurchschnittlichen Ausbau der ambulanten Hilfen der Anstieg bei den stationären Fallzahlen durchaus abgebremst werden kann, und dass folglich die Investitionen in den ambulanten Bereich sehr sinnvoll waren. Diese Befunde verweisen im Übrigen auch noch einmal darauf, wie unsinnig es ist, die Verfügbarkeit und die Nutzung stationärer und nicht-stationärer Hilfen im Sinne einer konkurrierenden Perspektive alternativ zu diskutieren, und wie richtig und vernünftig es ist, auf ein breites Angebot unterschiedlicher Hilfeformen zu verfügen - gerade auch im Interesse eines effizienten Einsatzes der finanziellen Ressourcen.

Eine empirisch-quantitative Standortbestimmung von Heimerziehung im Feld der Hilfen zur Erziehung kann sich nun aber nicht darauf beschränken, diese Positionierung allein gegenüber den nicht-stationären Hilfen vorzunehmen. Ebenso wichtig und interessant ist die Frage, wie sich das Verhältnis der Hilfen nach § 34 gegenüber denen nach § 33 KJHG, also in Vollzeitpflege, entwickelt hat. Heimerziehung und Pflegefamilie sind ja historisch betrachtet immer komplementäre, phasenweise durchaus konkurrierende Hilfeformen gewesen (vgl. *Sauer* 1979), und nach der Heimkampagne Ende der 60er Jahre prosperierte die Vollzeitpflege in den 70er Jahren aus naheliegenden Gründen ganz enorm (vgl. *Jordan/Sengling* 2000, S. 186). Was hat sich in diesem Verhältnis nun in den 90er Jahren getan? Nahm die Zahl der Kinder und Jugendlichen, die, wenn sie nicht in ihrer Herkunftsfamilie verbleiben können, Hilfe in einer Pflegefamilie erhalten der Tendenz nach eher zu oder ab, hat Heimerziehung ihr gegenüber im zurückliegenden Jahrzehnt eher an Bedeutung gewonnen oder verloren ?

Hier zeigen sich nun etwas unterschiedliche Entwicklungen in Ost und West. Nimmt man die Grundgesamtheit der jungen Menschen, die eine Hilfe außerhalb ihrer Herkunftsfamilie auf der Grundlage der §§ 33 und 34 KJHG erhielten, und vergleicht die prozentualen Anteile der beiden Hilfeformen, dann zeigt sich, dass der Anteil der Vollzeitpflege mit 41 % am 31.12.1991 und 40 % am 31.12.1998 in der BRD insgesamt nahezu konstant geblieben ist bzw. marginal rückläufig war. In den alten Bundesländern ergab sich dabei jedoch ein Rückgang von 44 % auf 41 %, in den neuen Bundesländern dagegen eine Zunahme von 29 % auf (allerdings „nur“) 34 %. Dieser höhere prozentuale Zuwachs hat natürlich damit zu tun, dass die Vollzeitpflege im Jugendhilfesystem der DDR nur eine sehr nachrangige Rolle spielte, weshalb es dann im Verlauf der 90er Jahre einen spürbaren Ausbau dieser Hilfeform gegeben hat. Allerdings zeigt sich bei genauerer Betrachtung, dass der Anteil der Vollzeitpflege seit 1995 auch in den neuen Bundesländern wieder rückläufig war und damit möglicherweise im Begriff ist, wie in den alten Bundesländern an Gewicht zu verlieren.

Ich kann und will hier auf die vielfältigen Ursachen der Rückläufigkeit der Vollzeitpflege in den westlichen Bundesländern nicht ausführlicher eingehen (vgl. *Bürger* 1999a), zumindest aber kurz erläutern, dass diese Verschiebung zu Lasten der Vollzeitpflege durchaus auch etwas mit dem Ausbau der ambulanten Hilfen zu tun hat und insofern ein zwar sicher nicht intendierter, gleichwohl aber unvermeidbarer Nebeneffekt vermehrter Angebote im nichtstationären Bereich ist. Ambulante Erziehungshilfen, insbesondere in Formen wie der sozialpädagogischen Familienhilfe (§ 31 KJHG) oder der Erziehung in einer Tagesgruppe (§ 32 KJHG), sind darauf angelegt, auch Familien mit erheblichen erzieherischen Problemlagen so nachhaltig zu unterstützen, sodass eine Hilfe außerhalb der Herkunftsfamilien häufig nicht mehr erforderlich wird. Diese Stärkung der ambulanten Hilfen führt damit unausweichlich aber auch zu einem spezifischen Auswahlprozess hinsichtlich des Klientels von Fremdunterbringung. Gerade solche Kinder, deren individueller Hilfe- und Förderungsbedarf vergleichsweise geringer ist und die früher deshalb bevorzugt - oftmals ohne größere Unterstützung - in Pflegefamilien betreut wurden, werden nun vermehrt gar nicht mehr zu Adressaten stationärer Jugendhilfeleistungen, weil sie und ihre Familien mit ambulanten Angeboten adäquat unterstützt werden können.

Im Ergebnis dieser Entwicklung stellt die Population der jungen Menschen, die weiterhin einer Hilfe außerhalb ihrer Herkunftsfamilie bedürfen, eine latente Überforderung für Pflegefamilien dar. Sofern sich Familien dennoch auf diese Herausforderung einlassen, besteht eine höhere Wahrscheinlichkeit, dass die Kinder Problemstellungen in die Familien hineintragen, die ohne eine intensive professionelle Unterstützung nicht zu bewältigen sind. Die Notwendigkeit aber, infolge des problembelasteteren Klientels unterstützende Angebote von außen in Anspruch nehmen zu müssen, kollidiert mit der Wahrung von Privatheit und Intimität in der Familie. So erwächst ein Dilemma zwischen dem Ziel des Erhaltes dieses spezifischen Charakters von Vollzeitpflege als einem Konzept familialer Sozialisation in "Normalität" und den steigenden Anforderungen an eine gelingende Gestaltung von Pflegeverhältnissen. Offen ist dabei insbesondere die Frage, in welchem Maße potenzielle Pflegeeltern bereit sein werden, ihr Interesse an einem Pflegeverhältnis um den Preis einer tendenziellen Aufgabe ihrer Privatheit aufrechtzuerhalten.

Diese Problemanzeige ist nun nicht im Sinne einer konkurrierenden Perspektive von Heimerziehung gegenüber der Vollzeitpflege zu verstehen. Die Vollzeitpflege ist ein unverzichtbarer Leistungsbereich im Feld der Hilfen zur Erziehung, und sie hat eine wesentlich bessere professionelle Unterstützung durch die Jugendämter verdient, als sie es - jedenfalls überwiegend - bisher erfahren hat. Dies, so denke ich, schuldet die öffentliche Jugendhilfe schon allein den jungen Menschen und den Pflegefamilien seit langem. Wenn ich hier auf ein, wie mir scheint, strukturelles Problem der Vollzeitpflege innerhalb des Feldes der erzieherischen Hilfen hinweise, dann deshalb, weil eine Standortbestimmung ohne den nüchternen Blick auf die Faktoren, die Einfluss auf die Inanspruchnahme der Hilfen nach § 34 nehmen und Überlegungen, was hinter den beobachteten Entwicklungen stehen könnte, nicht möglich wäre.

Im Sinne eines Zwischenresümees meiner bisherigen Standortbestimmung zur Heimerziehung ist festzuhalten, dass sie nicht nur nach dem Willen des Gesetzgebers einen gleichberechtigten Stellenwert und ein originäres Aufgabenprofil im Feld der Hilfen zur Erziehung innehat, sondern dass sie auch in ihrer Inanspruchnahme - entgegen einem vielstimmigen Abgesang in Jugendhilfekonzepten der 90er Jahre - de facto an Bedeutung gewonnen hat. Objektiv, mit dem emotionslosen Blick des Empirikers betrachtet, ist Heimerziehung also alles andere als ein Auslaufmodell. Wo aber liegt nun ihr sozialpädagogischer Auftrag in einem erfreulicher- und notwendigerweise inzwischen ausdifferenzierteren Feld erzieherischer Hilfen, für welche Kinder ist sie ein geeignetes und benötigtes Angebot ?

Auch wenn es sicher nicht möglich ist, eine eindeutige "Indikation" oder ein typisches Profil solcher Problemkonstellationen zu beschreiben, so kann man doch sagen, dass die Lebenslagen in den Herkunftsfamilien dieser Kinder in der Regel durch eine besonders hohe Problemverdichtung geprägt sind, die beispielsweise im Zusammentreffen von Faktoren objektiver sozialer Benachteiligung (etwa Arbeitslosigkeit, Einkommensarmut, Wohnungsnot) und infolge - nicht zuletzt dadurch begünstigter - Überforderung der Eltern in der Bewältigung dieser Lebenslage dazu führt, dass sie die Erziehung ihrer Kinder nicht mehr verlässlich oder angemessen gewährleisten können und die Kinder diesen unübersichtlichen, gelegentlich unberechenbaren und subjektiv belastenden, ja manchmal gefährdenden familiären Bedingungen nicht länger ausgesetzt werden können oder ihnen selbst nicht länger ausgesetzt bleiben wollen.

Wenn ich das Merkmal sozialer Benachteiligung hier nur beispielhaft benenne, dann deshalb, weil es sich bei den Adressaten der Heimerziehung natürlich nicht durchgängig um Kinder und Familien aus sozial benachteiligten Verhältnissen handelt, wenngleich diese Gruppe auch nach den Ergebnissen jüngerer empirischer Untersuchungen nach wie vor eindeutig überrepräsentiert ist (vgl. *Hamburger/Müller/Porr* 1995, *Forschungsprojekt JULE* 1998). Heimerziehung ist ebenso ein wichtiges Hilfeangebot für Kinder und Jugendliche, denen ihre Herkunftsfamilien aufgrund von Verstrickungen in ihrem inneren Beziehungsgeflecht nicht mehr erträglich sind, oder die durch Überforderungen seitens ihrer Eltern oder Elternteile in ihren Entwicklungsmöglichkeiten beeinträchtigt werden und davor bei einem Verbleib in der Familie nicht hinreichend geschützt werden könnten. Die Brüchigkeit des vermeintlichen Schutzraumes Familie zeigt sich auch daran, dass Heimerziehung immer wieder auch Hilfeangebot für Kinder mit Missbrauchs- und anderen Gewalterfahrungen ist und hier ihrerseits die Funktion eines Schutzraumes für Kinder gegen die Übergriffe von Eltern und anderen Erwachsenen übernehmen muss. Als letztes Beispiel dieser unvollständigen Aufzählung seien jene Kinder und Jugendlichen genannt, die im Ergebnis nicht gelungener Erziehungs- und Sozialisationsprozesse durch deviante oder aggressive Verhaltensweisen auffallen, deren Ertragen die Herkunftsfamilie und das soziale Umfeld überfordern, und denen die Heimerziehung Wege und Chancen zur Entwicklung einer eigenverantwortlichen und gemeinschaftsfähigen Persönlichkeit eröffnen soll.

Insgesamt wird eine Hilfe in Heimerziehung und sonstigen betreuten Wohnformen also immer dann in Frage kommen und auch zukünftig benötigt werden, wenn sich im Zuge des Prozesses der Hilfeplanung ergibt, dass die familiäre Situation und die in ihr und ihrem Umfeld vorhandenen und latenten Ressourcen nicht ausreichend sind, den Kindern oder Jugendlichen einen zuverlässigen Lebensort und Orientierungsrahmen zu gewährleisten. Drohende gravierende Beeinträchtigungen in der Persönlichkeitsentwicklung können dann ebenso Anlass für eine Hilfe nach § 34 KJHG sein wie die Entwicklung problematischer Verhaltensweisen und Verhaltensstrategien auf Seiten der jungen Menschen, denen im Herkunftsmilieu mit dem Ziel einer sozialintegrativen Entwicklungsperspektive - gegebenenfalls auch unter Hinzuziehung ambulanter Hilfen - nicht angemessen entgegengewirkt werden kann.

Diese Umschreibung der Zielgruppe deutet bereits darauf hin, dass die Anforderungen an die Professionellen in den Einrichtungen, diesen Kindern adäquate Lebens- und Lernfelder zu einer gelingenderen Bewältigung ihrer Problemlagen zu erschließen, recht hoch sind. Diese Überlegung führt mich zur nächsten Station meiner Standortbestimmung, nämlich der Frage nach dem Professionalisierungsstand des Feldes.

Nun gehören gerade die im Bereich der personellen Ausstattung seit der Heimkampagne eingetretenen Verbesserungen sowohl unter dem Aspekt der Personaldichte wie dem des Qualifikationsprofils der in den Einrichtungen tätigen MitarbeiterInnen zu den dickeren Kapiteln der Erfolgsgeschichte der Heimerziehung in den zurückliegenden Jahrzehnten (*Rauschenbach* 1992). So finden sich heute in den Heimen allenfalls in Ausnahmen MitarbeiterInnen, die über keine einschlägige berufliche Qualifikation verfügen. Die mit Abstand am stärksten in den Heimen vertretene Profession war nach den jüngsten mir verfügbaren, im Jahr 1996 veröffentlichten Daten mit einem Anteil von 48 % die der an Fachschulen ausgebildeten ErzieherInnen. Mit sehr deutlichem Abstand folgten die Diplom-SozialpädagogInnen mit einem Anteil von 13 %, und, noch einmal deutlich weniger, die Diplom-PädagogInnen mit einem Anteil von 3 % (*Statistisches Bundesamt* 1996, S. 58 ff.). Die Anteile dieser drei Berufsgruppen summierten sich damit auf 64 %, wobei zu berücksichtigen ist, dass sich die Grundgesamtheit von 100 % auch unter Einbeziehung der nicht-pädagogischen Dienstleistungsbereiche der Einrichtungen bemisst, sodass ihr Anteil in den pädagogischen Leistungsbereichen deutlich höher zu veranschlagen ist.

Auch wenn die drei genannten Professionen damit zusammen sicher gut zwei Drittel der Beschäftigten ausmachen und dies auf den ersten Blick doch recht ordentlich aussieht, so beschleichen mich doch zunehmend Zweifel, ob das so abgebildete Professionalisierungsprofil wirklich hinreichend ist. Nimmt man die Berufsgruppe des an Fachhochschulen und Universitäten ausgebildeten Personals, also die SozialpädagogInnen und der DiplompädagogInnen, zusammen, so beläuft sich deren Anteil auf 16 %. Gerade angesichts der steigenden fachlichen Anforderungen infolge des zu betreuenden Personenkreises, der Anforderungen an ein komplexes Fallverstehen und der Kooperationserfordernisse unter Einbeziehung des familialen und des sozialen Umfeldes der jungen Menschen drängt sich die Frage auf, ob der gemessen daran doch geringe Anteil der Mitarbeiterinnen mit Fachhochschul- oder Hochschulabschluss - sie besetzen nur jede 6. Planstelle - diesen Anforderungen hinreichend gerecht wird. Ich denke, ein besonderes Problem besteht diesbezüglich noch einmal in den neuen Bundesländern insofern, als die öffentlichen Heimträger vielerorts langjährige Mitarbeiterinnen aus den Einrichtungen der Tagesbetreuung, die bei weitem nicht mehr in dem Umfang wie zu Zeiten der DDR benötigt werden, in die Heimeinrichtungen übernehmen, sodass Aspekte einer zielgruppenadäquaten pädagogischen Qualifikation oftmals Gefahr laufen, in den Hintergrund zu treten.

Es geht mir mit dieser Fragestellung nun nicht darum, das Engagement und die Leistung vieler ErzieherInnen in der Heimerziehung zu diskreditieren oder auch nur geringzuschätzen - ich sage dies auch vor dem Hintergrund meiner eigenen langjährigen Praxis in der Heimerziehung. Und nicht zuletzt aus dieser Praxiserfahrung weiß ich natürlich auch, dass die an den Fachhochschulen und Universitäten ausgebildeten Fachkräfte keineswegs automatisch die besseren MitarbeiterInnen sind. Unbestreitbar aber steigen die Anforderungen an ein komplexes, auch in theoretisches Wissen und Erkennen eingebettetes Problemverstehen und daraus abgeleiteter Handlungskompetenz, und die Chancen, darüber zu verfügen, steigen ohne Zweifel mit der Basisqualifikation, mit der man sich in dieses Feld begibt. Im Kern geht es also um die Frage, ob der bisherige Anteil von Hochschulabsolventen perspektivisch hinreichend sein kann, oder ob deren Anteil im Interesse einer konstruktiven Durchmischung der Professionen, also einer Synthese ihrer jeweils spezifischen Kompetenzen in ein adäquateres Gesamtqualifikationsprofil für die anspruchsvolle Tätigkeit im Heim nicht doch erhöht werden müsste.

In diesem Zusammenhang will ich allerdings auch erwähnen, dass die insgesamt und insbesondere im Gruppendienst übliche, im Vergleich zu anderen akademischen Berufen sehr geringe Bezahlung ein Strukturproblem der Heimerziehung darstellt. Vergleicht man etwa die akademische Profession der Gymnasiallehrerinnen, die in einem verbeamteten Status eine Besoldung nach A13 erhält, mit den DiplompädagogInnen, die in einer Gruppenleiterfunktion nach BAT IVb vergütet werden, oder auch die an den Pädagogischen Hochschulen ausgebildeten LehrerInnen mit den SozialpädagogInnen, so finden sich gravierende Einkommensunterschiede. Welche der beiden Berufsrollen dabei mit der größeren Verantwortung und persönlichen Involviertheit einhergeht, will ich offen lassen, zumal eine Bewertung ohnehin Spekulation bliebe. Ganz offenkundig wird hier aber eine sehr ungleiche gesellschaftliche Wertschätzung pädagogischer Arbeit. Diese materielle Geringschätzung der Arbeit in der Heimerziehung ist im Übrigen sicherlich auch ein Grund dafür, dass das Feld durch eine recht hohe Personalfluktuation geprägt ist, was natürlich gerade deshalb ein schwerwiegendes Strukturproblem der Heimerziehung darstellt, weil Personalfluktuation das pädagogische Erfordernis einer hohen Verlässlichkeit in der Beziehungskontinuität zwischen den jungen Menschen und deren Betreuern tendenziell konterkariert. Nicht nur aus Gründen einer vergleichsweisen Gerechtigkeit, sondern vor allem im Blick auf die damit intendierte Zielsetzung einer dauerhafteren Bindung an das Arbeitsfeld im Interesse der betreuten jungen Menschen, bedürfte das Feld einer finanziellen Attraktivierung.

Damit bin ich mit meiner Standortbestimmung, aus einem spezifischen Sachaspekt heraus, endlich da angekommen, wo jeder Diskurs zur Jugendhilfe im Allgemeinen und zur Heimerziehung im Besonderen ankommen muss: bei den Kosten. Wie steht es um das liebe Geld, wie stellt sich die derzeitige Kostensituation der Heimerziehung dar, und was ist von der vielerorts vehement geführten Debatte um die "horrenden" Kosten der Heimerziehung zu halten?

Die umfassenden und vielfältigen Verbesserungen in den institutionellen Strukturen und in der personellen Ausstattung der Heime in den zurückliegenden 30 Jahren waren natürlich nicht zu einem Null-Tarif zu bekommen. Waren Ende der 60er Jahre Tagespflegeplätze in einer Größenordnung von 10 DM bis 20 DM die Regel, so liegen sie heute - mit durchaus erheblich einrichtungsspezifischen Unterschieden - im Schnitt bei etwa 230 DM; so jedenfalls im Bereich des Landeswohlfahrtsverbandes Württemberg-Hohenzollern. Gerade diese Kostenentwicklung aber ist es, die die Heimerziehung zunehmend unter einen besonderen Legitimationsdruck stellt und oftmals, auch jenseits fachlicher Sachargumentationen, drängende Fragen nach billigeren Alternativen begründet.

Sicherlich handelt es sich bei den Hilfen in Heimerziehung und sonstigen betreuten Wohnformen um recht kostenintensive Maßnahmen - das kann und soll nicht bestritten werden. Die Tagessätze deshalb aber als überhöht zu bezeichnen, erscheint mir völlig ungerechtfertigt. Wenn man bedenkt, dass ein Entgelt in Höhe von 230 DM am Tag, umgerechnet auf den Tag - und die umfassende Hilfe über Tag und Nacht ist ja nun gerade das typische und originäre Element der Heimerziehung im Gesamtkanon der Hilfen zur Erziehung - einen Stundensatz von 9,60 DM ausmacht, dann ergibt sich ein völlig anderer Blickwinkel. Die Kritiker dieser Entgelte sollten einmal losgehen, und sich irgendeine Dienstleistung in unserer Gesellschaft suchen - in ihrer Autowerkstatt, bei ihrem Zahnarzt, egal wo - und gucken, wie weit sie dort mit ihren 9,60 DM kommen. Frühestens für den 10-fachen Stundensatz nimmt überhaupt jemand einen Schraubenzieher in die Hand - von einem Zahnarztbohrer ganz zu schweigen. Kurzum: Wenn man berücksichtigt, was die Hilfe im Heim tatsächlich beinhaltet, nämlich die Sicherstellung der existenziellen Grundbedürfnisse einschließlich Wohnen, die Versorgung, Betreuung, Förderung und Erziehung der Kinder und Jugendlichen - trösten, ermutigen, beraten, eben die Vielfalt des pädagogischen Handelns, dann wird offenkundig, dass die Höhe des Entgeltes alles andere als horrend ist.

Und eine letzte Bemerkung zur Kosten- und Finanzierungsdiskussion will ich mir an dieser Stelle nicht verkneifen. Ich denke, dass die mit der Novellierung des KJHG im Jahr 1998 in Kraft getretene Ablösung der seinerzeitigen retrospektiven Pflegesatzsystematik durch das prospektive Entgeltsystem unter pädagogischen Gesichtspunkten durchaus problematisch ist. Mir scheint, dass die neue Systematik mit ihrer eindeutig individualisierenden Kostenermittlung in erster Linie dem generellen Trend der sich zunehmend durchsetzenden Marktorientierung im Bereich des Sozialen Rechnung trägt. Aus fachlicher Sicht ist diese Neuorientierung nach meiner Einschätzung aber vor allem als eine Abkehr von einem Solidarpflegesatz zu kritisieren, in deren Folge kaum zu verhindern ist, dass die Höhe des für den Einzelfall zu entrichtenden Entgelts an individuell zugeschriebenen Defiziten orientiert sein wird und damit Stigmatisierungen der jungen Menschen und ihrer Familien aus finanziellen Erwägungen begünstigt werden.

Wenngleich in diesen letzten Bemerkungen nun ein wenig Skepsis anklingt - dabei nicht einmal gegenüber dem Praxisfeld selbst, sondern den Rahmenbedingungen, unter denen es seine Praxis zu gestalten hat -, so liegt der rote Faden meiner bisherigen Standortbestimmung doch unübersehbar im „grünen Bereich“:

- Der Auftrag der Heimerziehung im Kontext der Hilfen zur Erziehung und im Bereich der Jugendhilfe insgesamt ist rechtlich eindeutig gesichert.
- Es gibt einen unübersehbaren quantitativen Bedeutungszuwachs der Heimerziehung bis in die jüngste Zeit - allen Unkenrufen zum Trotz.
- Die Hilfen in Heimerziehung und sonstigen betreuten Wohnformen haben eine originäre Zielgruppe, deren Versorgung durch andere Leistungsfelder der Hilfen zur Erziehung nicht ersetzt werden kann.
- Ja, von einer Erfolgsgeschichte war die Rede.
- Und die zugegeben nicht eben geringen Kosten wurden als allemal angemessen beschrieben.

Alles Paletti also, eben im „grünen Bereich“ ?

Nein, mitnichten. Denn was eine wesentliche Stärke des Feldes in seiner Entwicklung ausmacht, in den zurückliegenden 30 Jahren ausgemacht hat - die Vielfalt von Trägern und Konzepten und die Freiräume in der Entwicklung neuer Angebotsformen -, das macht gleichzeitig seine Schwäche aus: Die erheblichen Entwicklungschancen konnten sich nämlich nur in einem relativ offenen Feld entfalten, das bei einer nur geringen Normierung eine große Bandbreite von neuen Angeboten, Konzepten und Innovation zulässt, damit aber gleichzeitig auch etwas anderes zulassen muss: erhebliche Ungleichzeitigkeiten nämlich in dem, was die Durchsetzung von Innovation in der Breite der Träger- und Einrichtungslandschaft betrifft, und damit Brüche zwischen einer innovativen Programmatik, wie sie stets auf Fachkongressen und Tagungen, in zahlreichen Beiträgen in Fachzeitschriften beschrieben wird, wie sie sicherlich auch in vielen Einrichtungen umgesetzt wird einerseits, und auf der anderen Seite traditionalistische institutionelle und konzeptionelle Strukturen in Einrichtungen, die diesen Entwicklungen meilenweit hinterherhinken.

Auch wenn die Veränderungs- und Qualifizierungsprozesse der Heimerziehung seit den 70er Jahren in den alten Bundesländern und seit den 90er Jahren in den neuen Bundesländern insgesamt betrachtet enorme Fortschritte bewirken konnten, so kann und dürfen diese generellen Entwicklungslinien nicht darüber hinwegtäuschen, dass sich diese Prozesse keineswegs einheitlich und durchgängig im gesamten Praxisfeld durchgesetzt haben. Was dem Grunde nach als positive Gesamttendenz beschrieben wurde, bricht sich in der Praxis sehr wohl in einer nach wie vor sehr unterschiedlich ausgestalteten Träger- und Einrichtungslandschaft, die durch einen breiten Spannungsbogen zwischen anachronistisch-tradierten und hoch innovativen Angebotsstrukturen gekennzeichnet ist. Und auch die durchaus respektablen Gesamtbefunde jüngerer Evaluationsstudien zur - sicher nicht einfach zu operationalisierenden - Frage nach dem „Erfolg“ von Heimerziehung, zuletzt die umfangreiche Studie zu Leistungen und Grenzen von Heimerziehung des Forschungsprojektes *JULE* (1998), geben trotz bemerkenswerter Anteile erfolgreicher Hilfeverläufe keinen Anlass zu einer selbstzufriedenen Gelassenheit. Im Gegenteil verweisen wichtige Teilergebnisse der JULE-Studie ebenso auf Schwachpunkte und Problemstellungen von Heimerziehung, wie es Veröffentlichungen beispielsweise von *Werner Freigang* (1986), *Klaus Wolf* (1995) und *Jürgen Blandow* (1996) bereits vorher getan haben.

Diesen Sachverhalt mit allem Nachdruck zu betonen ist deshalb wichtig, weil ohne diesen expliziten Verweis ein unrealistisch freundliches Bild eines fachlich durchgängig zufrieden stellenden Entwicklungsstandes gezeichnet würde, das eher einer (selbst-) zufriedenen Gelassenheit Vorschub leisten denn auf gravierende Unterschiede in der Praxis und nach wie vor gebotene

Qualifizierungserfordernisse im Feld verweisen würde. Auch heute arbeiten beispielsweise nicht wenige Heime immer noch an Standorten, die den pädagogischen Anforderungen an alltagsorientierte, in normale soziale Umfelder integrierte Lebens- und Lernfelder nicht näherungsweise entsprechen, die in ihren institutionellen Strukturen die bereits in den Arbeiten *Erwing Goffmans* (1972) kritisierten Merkmale totaler Institutionen noch nicht konsequent genug überwunden haben, und die in pädagogischem Selbstverständnis und Praxis der auch im Achten Jugendbericht entfalteten Strukturmaxime der Partizipation der Kinder und Jugendlichen nicht hinreichend gerecht werden. Insofern kann es keinen fachlichen Frieden mit den Gegebenheiten im Feld insgesamt geben, sondern der Verweis auf die in ihren Grundtendenzen bemerkenswerten Qualifizierungen der zurückliegenden Jahrzehnte muss als fachlicher Legitimationsdruck, und wo es sein muss auch als Existenzdruck auf Praxisrealitäten angewendet werden, die diesen Ansprüchen nicht genügen.

Ein weiteres typisches und ambivalentes Merkmal der Heimerziehung ist und bleibt auch ihre stets latente Doppelbödigkeit im Spannungsfeld von Hilfe und sozialer Kontrolle. Dieser Bruch wird insbesondere dann nachvollziehbar, wenn man sich bemüht, einen Perspektivwechsel in die Sicht der betroffenen jungen Menschen vorzunehmen - soweit dies überhaupt gelingen kann. Auch wenn die Heimerziehung aus Sicht vieler Kinder und Jugendlicher als lohnender und hilfreicher Lebensort beurteilt wird (*Bürger 1998*, *Forschungsprojekt JULE* 1998), und insbesondere betreute Wohnformen für ältere Jugendliche als attraktives und Perspektiven eröffnendes Setting an Bedeutung gewinnen (*Winkler* 1990), so kann dies sicher nicht als Beleg dafür genommen werden, dass diese Jugendhilfeleistungen deshalb durchgängig mit den subjektiven Interessen der Leistungsadressaten korrespondieren. Tatsächlich wäre es naiv, mit dem Verweis auf den Sozialleistungsgedanken des Kinder- und Jugendhilferechts zu unterstellen, dass damit der historisch offenkundige Kontrollcharakter von Heimerziehung sowohl in der Wahrnehmung der Betroffenen wie in ihrer gesellschaftlichen Funktion abschließend überwunden sei. Diese Ambivalenz nüchtern im Blick zu haben ist im Gegenteil von elementarer Bedeutung für die im Praxisfeld tätigen

Professionellen, so sie denn ihr Handlungsfeld adäquat begreifen wollen, und denen ein respektvoller und partizipativer Umgang mit ihren Adressaten konstitutive Grundlage ihres pädagogischen Handelns ist.

Im komme nun zum letzten Teil meiner Ausführungen, in dem ich mich in der gebotenen Kürze mit den konzeptionell-strukturellen Entwicklungserfordernissen der Heimerziehung, ihren Perspektiven vor dem Hintergrund der bisherigen Standortbestimmung befassen will.

Nach meiner Überzeugung kann kein Zweifel daran bestehen, dass auch im eben begonnenen Jahrzehnt die im Achten Jugendbericht entfalteten Strukturmaximen der Jugendhilfe in Gestalt weiterer Dezentralisierung und Regionalisierung, noch stärkerer Bestrebungen nach Alltagsorientierung, Integration, Normalisierung und Partizipation, die im Gesamtkonzept der Lebensweltorientierung aufgehen, weiterhin zentrales Koordinatensystem der Jugendhilfe insgesamt und damit auch der Heimerziehung bleiben werden. Ich sage dies ganz bewusst auch im Blick auf die aktuellen Diskussionen um die Ausgestaltung einer flexiblen und integrierten Jugendhilfelandschaft, die derzeit bundesweit ihren Niederschlag in neuen Konzepten von Sozialraumorientierung finden. Solche Entwürfe, wie sie ja nachhaltig auch durch die IGFH im Bundesmodell „INTEGRA“ erprobt und befördert werden (z.B. *Koch/Lenz* 1999), sind nach meiner Einschätzung der dringend notwendige, ja überfällige Schritt dahin, das allenthalben seit langem als konsensfähig deklarierte Programm einer lebensweltorientierten Jugendhilfe endlich in einen konsequenten Umbau der institutionellen und konzeptionellen Angebots- und Leistungsstrukturen öffentlicher wie freier Träger münden zu lassen. Die spannende Frage ist die, ob, und wenn ja, wie Heime und Heimträger einen Platz in einer solchen lebensweltorientierten Jugendhilfe finden können.

Dabei ist die Frage nach dem „Ob“ relativ einfach zu beantworten, und zwar deshalb, weil in nahezu allen derzeit laufenden Modellvorhaben - dies gilt jedenfalls für viele INTEGRA-Standorte, aber beispielsweise auch für das bundesweit diskutierte Stuttgarter Modell - gerade solche Träger involviert sind, die ihre Wurzeln im Bereich der traditionellen Heimerziehung oder anderer Angebote nach § 34 haben und jetzt mancherorts sogar als die eigentlichen Motoren solcher Innovationsprozesse agieren.

Wenn es um das „Wie“ der Ausgestaltung einer zeitgerechten und zukunftsfähigen Heimerziehung unter dem Primat der Lebensweltorientierung geht, dann bedeutet dies zunächst, dass die Einrichtungsträger unter der Zielsetzung einer regionalen Versorgungsstruktur darauf hin arbeiten müssen, dass gerade auch die Gewährung einer Hilfe im Heim oder einer anderen betreuten Wohnform für die Adressaten nicht bedeuten darf, dass sie fernab ihres Lebensfeldes auf "Fernverschickungen" in irgendwelche Heime gehen müssen. Im Gegenteil müssen die Heime noch viel stärker als bisher orientiert am regionalen und am örtlichen Bedarf mit dezentralen Angeboten, wo dies möglich und sinnvoll ist auch im Lebensfeld der Betroffenen, präsent sein. Erst dadurch wird es möglich, die komplexe Lebenswirklichkeit im Herkunftsmilieu der Kinder und Jugendlichen bei der Ausgestaltung fallgerechter Hilfesettings angemessen zu berücksichtigen und einzubeziehen, und dabei auch die bei den Kindern und Jugendlichen selbst, in ihren Herkunftsfamilien und im Gemeinwesen gegebenen Stärken und Ressourcen konstruktiv zu nutzen. Dabei kommt es auch darauf an, ein Gesamtkonzept verschiedener, untereinander durchlässig vernetzter Hilfeformen zu entwickeln, das es erlaubt, dass einem jungen Menschen und seiner Familie im Zuge eines sich ändernden Hilfebedarfs die jeweils angemessene Unterstützung gewährt werden kann, ohne dass es zu Brüchen und Verlusten sozialer Bezüge und Bindungen kommt.

Für die Heimträger ergibt sich daraus die Notwendigkeit, ihre Angebotsprofile in enger Abstimmung mit den örtlichen Jugendämtern, das heißt eingebunden in die örtliche Jugendhilfeplanung weiterzuentwickeln, und über ihr seitheriges stationäres Angebot hinaus in den Bereich der ambulanten Hilfen, durchaus aber auch in noch niederschwelligere Angebote sozialräumlicher Infrastruktur zu erweitern. Das erfordert auch eine gelingende Kooperation mit anderen Jugendhilfeangeboten und -trägern im Gemeinwesen, und dies nicht nur bezogen auf das Feld der Hilfen zur Erziehung. Das wird oftmals bedeuten, bisherige konzeptionelle Ansätze und Schwerpunkte zur Disposition zu stellen, um durch Modifizierungen im Leistungsprofil eine stärkere Ausrichtung an der örtlichen und der regionalen qualitativen Nachfragestruktur zu erreichen. In einem solchen Engagement "vor Ort", einer engagierten Mitgestaltung örtlicher und auch sozialraumorientierter Jugendhilfekonzepte liegt eine zentrale Herausforderung für eine zukunftsorientierte Heimerziehung, die so für ihre Adressaten - damit aber letztlich auch für sich selbst - Orte und Konzepte zur Erbringung von Jugendhilfeleistungen schafft, die den zukünftigen fachlichen Anforderungen standhalten.

Wenn ich dies so beschreibe, dann bedeutet das allerdings nicht, dass ich nun selbst zum Ende meiner Ausführungen an einem Punkt angelangt wäre, an dem ich den stationären Hilfen das Abschiedslied sänge und den Einrichtungsträgern programmatisch eine Umorientierung in die nicht-stationären Leistungsbereiche im Sinne alternativer, allein zukunftsträchtiger Handlungsfelder nahe legte. Es geht gerade nicht um die Entwicklung alternativer, sondern es geht um komplementäre, das heißt sich wechselseitig ergänzende Angebots- und Hilfeformen, in denen die ambulanten Hilfen, möglichst niederschwellig erreichbar und ausgerichtet am individuellen Hilfebedarf des Einzelfalls, im Lebensfeld der jungen Menschen und ihrer Familien genauso ihre Notwendigkeit haben, wie es die stationären Angebote in Heimerziehung und sonstigen betreuten Wohnformen derzeit haben und auch zukünftig haben werden.

Dabei will ich, bei aller und ausdrücklicher Sympathie für die Umsetzung sozialraumorientierter Konzepte, ganz nüchtern auch daran erinnern, dass wir bisher so gut wie keine empirisch gesicherten Erkenntnisse darüber haben, ob und in welchem Maße diese Ansätze - vor allem in längerfristiger Betrachtung - tatsächlich Möglichkeiten einer fachlich qualifizierten Einflussnahme auf die Inanspruchnahme stationärer Hilfen haben werden. Ich denke, man sollte hier doch sehr darauf achten, fachlich notwendige Entwicklungsschritte nicht a priori mit dem - möglicherweise nicht einzulösenden - Versprechen der Fallzahl- und Kostenreduzierungen im stationären Bereich zu verknüpfen, wie dies oftmals in den 90er Jahren bei dem Ausbau der nicht-stationären Hilfen der Fall war, und wie es sich vielerorts dann unter dem Strich als Argumentations- und Legitimationsfalle erwiesen hat.

Und in gleicher, durchaus kritischer Diktion gegenüber *überzogenen* Erwartungen an diese Konzepte will ich, gerade was die Rolle der Heimerziehung in ihnen betrifft, anknüpfend an Überlegungen von *Michael Winkler* (1999a) auch zu bedenken geben, ob die gelegentlich sehr optimistischen Vorstellungen darüber, wie gelingend Herkunftsmilieus stabilisiert und damit die Herausnahme von Kindern vermieden werden können, wenn man die Unterstützung nur hinreichend niederschwellig und flexibel, wo es nötig ist auch sehr unorthodox (vgl. *KGST* 1998) gestaltet, nicht doch überzogen sind. Es bleibt kritisch zu fragen, ob sich hier nicht eine neue, letztlich theoretisch unzureichend reflektierte Euphorie über die Nachhaltigkeit solcher sozialräumlicher Konzepte anbahnt, indem nämlich verkannt wird, dass die Erosion des Grundkonsenses einer sozial gerechten und solidarischen Gesellschaft gnadenlos und unaufhaltsam auch als Erosionsprozesse in die Herkunftsmilieus zumindest vieler Adressaten von Jugendhilfeleistungen durchschlagen werden. Wenn dies so ist, dann überschätzt die Profession möglicherweise die Chancen und die Reichweite ihrer sozialräumlichen Konzepte und es ergäbe sich die Frage, ob sie wirklich "Alles" stabilisieren kann, wenn sie nur klug genug agiert, oder ob sie als Sozialpädagogik - so jedenfalls formuliert *Winkler* (1999b) das - eher "selbstvergessen" ist im Blick auf das, was sie angesichts des gesellschaftlichen Wandels doch eigentlich vermehrt zu leisten hat: verlässliche Orte und Kontinuität nämlich für jene Kinder und Jugendlichen zu bieten, deren Herkunftsmilieus und dortigen originären Lebens- und Entwicklungschancen massiv bedroht oder eben auch unwiederbringlich zerstört werden. Ich denke, dies wird zukünftig, und vielleicht sogar mehr denn je, der Standort bzw. die Funktion der Heimerziehung auch in Konzepten von Sozialraumorientierung sein.

Völlig jenseits dieser eher grundlegenden Fragen an die Reichweite sozialraumorientierter Arbeitsansätze und deren Konsequenzen für die Heimerziehung will ich zum Abschluss meines Beitrags aber noch einmal hervorheben, dass die derzeit zum Teil noch bestehenden institutionellen Strukturen der Heimerziehung die Realisierung der von mir skizzierten fachlichen Entwicklungserfordernisse häufig nicht eben begünstigen werden. Heime stehen nicht selten auch heute noch insofern im Schatten ihrer eigenen Geschichte, als der in ihrem ursprünglichen Kontrollcharakter begründete Rückzug in relative Isolation, dokumentiert etwa in abgelegenen Einrichtungsstandorten, diametral zu den Forderungen nach Regionalisierung, Dezentralisierung, Integration und damit insgesamt nach lebensfeldorientierten Angebotsstrukturen liegt. Auch wenn viele Träger in den zurückliegenden Jahrzehnten zweifellos und zum Teil durchaus erfolgreich daran gearbeitet haben, fachlich obsolete Einrichtungskomplexe zur Disposition zu stellen und grundlegende Umstrukturierungsprozesse durchzusetzen, so bestehen aber ebenso zweifellos auch die erwähnten Ungleichzeitigkeiten sowohl im fachlichen Selbstverständnis von Heimträgern wie auch in ihren Innovationspotenzialen hinsichtlich der konkreten Umsetzung neuer Leistungsstrukturen.

Inwieweit es in den kommenden Jahren möglich sein wird, die skizzierten Entwicklungserfordernisse dort, wo sie noch nicht oder noch nicht hinreichend umgesetzt sind, angesichts der vielerorts restriktiven sozial- und jugendhilfepolitischen Tendenzen weiterzuverfolgen, ist derzeit allerdings schwer absehbar. Politische Rahmensetzungen zum finanziellen Handlungsspielraum, der der Jugendhilfe zugebilligt wird, werden letztlich wesentlich mit darüber entscheiden, ob Heimerziehung ihre Leistungsstrukturen weiter qualifizieren kann, in ihrer Entwicklungsdynamik möglicherweise stagniert, oder sogar - schlechtestenfalls - unter dem Eindruck aufoktroyierter Sparzwänge in ihren fachlichen Standards hinter den bisher erreichten Entwicklungsstand zurückfallen wird. Dies aber ist keine Frage an die fachlichen Entwicklungspotenziale von Heimerziehung, sondern es ist eine Frage an grundlegende gesellschafts- und jugendhilfepolitische Weichenstellungen.

Literatur

Ames, A./**Bürger**, U.(1996; 1998): Untersuchung der Ursachen der unterschiedlichen Inanspruchnahme vollstationärer Heimerziehung im Verbandsgebiet. Teilbericht I: Fragestellung und Methoden/ Die Situation im Verbandsgebiet im Vergleich zu den westlichen Bundesländern. Stuttgart (Landeswohlfahrtsverband Württemberg-Hohenzollern/Landesjugendamt) 1996. Teilbericht II: Situation der Landkreise und Stadtkreise im Verbandsgebiet. Stuttgart (LWV W-H/LJA) 1998.

Blandow, J. (1996): Über Erziehungshilfekarrieren. Stricke und Fallen der postmodernen Jugendhilfe. In: Jahrbuch der Sozialarbeit 1997. Münster.

Bürger, U.(1998): Ambulante Erziehungshilfen und Heimerziehung. Empirische Befunde und Erfahrungen von Betroffenen mit ambulanten Hilfen vor einer Heimunterbringung. Frankfurt/M.

Bürger, U. (1999a): Vollzeitpflege und Heimerziehung - Zurückliegende Entwicklungen und Perspektiven im Feld stationärer Erziehungshilfen. In: *Zentralblatt für Jugendrecht*, Heft 6.

Bürger, U. (1999b): Die Bedeutung sozialstruktureller Bedingungen für den Bedarf an Jugendhilfeleistungen. In: Institut für soziale Arbeit e.V./ISA (Hg.): Soziale Indikatoren und Sozialraumbudgets in der Kinder- und Jugendhilfe. Münster.

Bürger, U. (2000b): Heimerziehung. In: Birtsch, V./Münstermann, K./Trede, W. (Hg.): Handbuch der Erziehungshilfen. Leitfaden für Ausbildung, Praxis, Forschung. Münster; *im Erscheinen.*

Bürger, U. (2001): Können ambulante Hilfen Fremdunterbringungen vermeiden? Eine Bilanz der Hilfen zur Erziehung im Zeitalter des KJHG. In: Rauschenbach, T./Schilling, M. (Hg.): Kinder- und Jugendhilfereport I. Analysen, Befunde und Perspektiven. Münster 2001, S. 191-219.

Forschungsprojekt JULE (1998): Leistungen und Grenzen von Heimerziehung. Ergebnisse einer Evaluationsstudie stationärer und teilstationärer Erziehungshilfen. Stuttgart/Berlin/Köln.

Freigang, W. (1986): Verlegen und Abschieben. Zur Erziehungspraxis im Heim. Weinheim und München.

Goffman, E. (1972): Asyle. Über die soziale Situation psychiatrischer Patienten und anderer Insassen. Frankfurt/M.

Hamburger, F./**Müller**, H./**Porr**, C. (1995): Untersuchung über aktuelle Probleme der Heimerziehung in Rheinland-Pfalz. Mainz.

Jordan, E./**Sengling**, D. (2000): Kinder- und Jugendhilfe. Einführung in Geschichte und Handlungsfelder, Organisationsformen und gesellschaftliche Problemlagen. Weinheim und München.

Klatetzki, T. (Hg.) (1994): Flexible Erziehungshilfen. Ein Organisationskonzept in der Diskussion. Münster.

Koch, J./**Lenz**, S. (Hg.) (1999): Auf dem Weg zu einer integrierten und sozialräumlichen Jugendhilfe. Frankfurt/M.

KGST (1994): Outputorientierte Steuerung der Jugendhilfe. Bericht 9/1994, Köln.

KGST (1998): Kontraktmanagement zwischen öffentlichen und freien Trägern in der Jugendhilfe. Bericht 12/1998, Köln.

Peters, F./**Trede**, W./**Winkler**, M. (Hg.) (1998): Integrierte Erziehungshilfen. Qualifizierung der Jugendhilfe durch Flexibilisierung und Integration ? Frankfurt/M.

Sauer, M. (1979): Heimerziehung und Familienprinzip. Neuwied und Darmstadt.

Statistisches Bundesamt: Sozialleistungen. Fachserie 13. Reihe 6.3. Einrichtungen und tätige Personen 1994. Stuttgart 1996.

Winkler, M. (1990): Normalisierung der Heimerziehung ? Perspektiven und Veränderungen in der stationären Unterbringung von Jugendlichen. In: neue praxis, Heft 5.

Winkler, M. (1999a): Flexibilisierung als Modernisierung ? In: Colla, H./Gabriel, T./Millham, S./Müller-Teusler, S./Winkler, M. (Hg.): Handbuch Heimerziehung und Pflegekinderwesen in Europa. Neuwied, Kriftel.

Winkler, M. (1999b): Flexibilisierung und Integration von Erziehungshilfen. Oder auch: Überlegungen zur Selbstvergessenheit der Pädagogik. In: Zeitschrift für Pädagogik. 39. Beiheft: Erziehung und sozialer Wandel. Brennpunkte sozialpädagogischer Forschung, Theoriebildung und Praxis. Weinheim, Basel.

Wolf, K. (1995): Veränderungen der Heimerziehungspraxis: Die großen Linien. In: ders. (Hg.): Entwicklungen in der Heimerziehung. Münster.

Jürgen Blandow

Heimerziehung heute: eine Zerreißprobe zwischen gesellschaftlichen Erwartungen und pädagogischem Auftrag

Am 4. Oktober 1985, vor über 16 Jahren, fand in Münster der letzte große Heimerziehungskongress statt. Beendet wurde er mit der Münsteraner Erklärung zur Heimerziehung. Ein wichtiges Dokument damals, und wohl auch heute noch. Verwiesen wurde damals - unter der Überschrift „Die alten Klischees stimmen nicht mehr" - auf die seit den 70er Jahren geleisteten Reformen, weg von „düsteren Heimmauern" und „bedrückten Kindergesichtern" hin zu einem differenzierten System von Lebensorten für Kinder. Angeprangert wurden eine Jugendhilfepolitik, die immer unverhohlener die Heimerziehung als „letzte Station" und alleine unter Kostengesichtspunkten betrachtete, und der erneute Ruf nach geschlossener Unterbringung. Gefordert wurden bessere Arbeitsbedingungen für ErzieherInnen, bessere berufliche Chancen für die Jugendlichen in den Heimen und mehr Solidarität der Gesellschaft mit jenen, die Opfer gesellschaftlicher Entwicklungen wurden. Und schließlich, mit selbstkritischem Blick, wurden auch Reformen im Inneren der Heimerziehung angemahnt: eine realitätsnähere Gruppenerziehung, mehr Entscheidungsbefugnisse für ErzieherInnen, die Überwindung isolierender Tendenzen und sogar schon damals eine kreative Weiterentwicklung zu kooperativen Formen sozialräumlicher Jugendhilfe.

Dass dieses jetzt mehr als 16 Jahre her ist, muss beunruhigen. Hat die Heimerziehung sich nicht wiederum radikal weiter entwickelt, ihr Institutionensystem radikal modernisiert? Hat sie sich nicht auch im Inneren und in ihrer Pädagogik längst dem genähert, was sie damals noch als ein zum Teil erst einzulösendes Programm von sich selbst forderte? Warum also muss sie sich immer noch mit den selben Vorwürfen auseinander setzen wie damals: dass sie zu teuer ist, zu ineffektiv, zu wenig qualitätsbewusst, mit ihrer Lohnerzieher-Mentalität zu wenig kindzentriert, zu abschottend gegenüber den Lebenswelten der Kinder, zu sehr ausgliedernd statt eingliedernd? Und was besonders beunruhigend ist: Warum sind die Vorwürfe nicht nur dieselben geblieben, sondern haben sich sogar verschärft? Auch beunruhigend ist: Warum wird die Heimerziehung weiterhin mit dem Ruf nach gesicherter Unterbringung drangsaliert? Warum ist sie „letzte Station" geblieben und warum haben sich die Arbeitsbedingungen, jedenfalls strukturell und in der Bezahlung, nicht ernsthaft verbessert?

Um Antworten auf solche Fragen zu finden, bedarf es wiederum eines selbstkritischen Blicks. Denn immerhin, es könnte ja sein, dass sich die Heimerziehung trotz aller Reformen nicht so entscheidend geändert hat, dass dieses von außen wahrnehmbar wäre oder es könnte auch sein, dass mit ihren Reformen zwar alte Probleme gelöst, aber neue hervorgebracht wurden. Es gilt also erstens zu fragen, ob die Heimträger oder - wie man heute wohl besser sagt - die Jugendhilfeträger überhaupt die richtigen Probleme aufgegriffen haben. Haben die Reformen dazu geführt, dass Heime ihren pädagogischen Auftrag jetzt deutlich besser erfüllen, ihren Auftrag, die ihnen anvertrauten jungen Menschen angemessen zu versorgen und Arrangements bereitzustellen, in denen sich Kinder und Jugendliche wohl fühlen können, in denen sie schmerzhafte Erfahrungen überwinden und mit sich und ihrem Schicksal übereinkommen können und in denen sie auf ein autonomes und zumindest befriedigendes Leben vorbereitet werden?

Allerdings wird eine Diskussion allein dieser Fragen - unabhängig davon wie das Urteil ausfallen wird - das Unbehagen nicht auflösen und nicht des Rätsels Lösung bringen. Denn Heimerziehung steht ja nicht in einem luftleeren Raum. Sie kann deshalb nicht einfach nur danach bewertet werden, ob sie sich dem eigenen Selbstverständnis entsprechend entwickelt hat und gute pädagogische Arbeit leistet. Sie hat es mit gesellschaftlichen Problemen zu tun, die in sie - über die Kinder und deren Familien, über die Schulen und den Arbeitsmarkt - hineinschwappen und sie wird mit Erwartungen darüber konfrontiert, was gute Erziehung ist. Die Gesellschaft ragt auch in sie hinein, weil sie Jugendliche als nützliche Gesellschaftsmitglieder fit machen soll. Es stellen sich also zweitens Fragen nach dem Charakter gesellschaftlicher Probleme und nach ihrer Lösbarkeit, nach der Angemessenheit gesellschaftlicher Bilder über ‚gute Erziehung' und nach der Gesellschaft selbst, in die hinein sozialisiert werden soll. Sind Vorwürfe über Ineffektivität und unzureichenden ‚output' möglicherweise nichts anderes als ein Ablenkungsmanöver dafür, dass sich die Probleme eben nicht lösen lassen, egal wie ‚gut' Heimerziehung ist? Oder hinken Heime den gesellschaftlichen Entwicklungen hinterher?

Und schließlich: Heimerziehung ist nicht nur von Gesellschaft abhängige und auf Gesellschaft bezogene Pädagogik, sie ist auch öffentliche Erziehung. Sie ist ein durch und durch politisches Gebilde, auch da, wo sie für sich selbst nur den Anspruch hat, gut und angemessen für hilfsbedürftige Kinder zu sorgen. Sie hat einen öffentlichen, über das Recht und die Jugendhilfepolitik artikulierten Auftrag und eine politische Funktion. Sie ist eingebunden in die sozialstaatliche Politik und wird entsprechend auch nach deren Prämissen bewertet. Dies alles hat auch Auswirkungen auf die Struktur der Heimerziehung, ihre innere Organisation und das, was an Interaktionen und Beziehungen in ihr stattfindet. Denn als Träger öffentlicher Erziehung müssen sich Heime, wenn auch mit gewissen Spielräumen für Eigenes, an die politisch vorgegebenen Spielregeln halten. Bezieht sich die Kritik an der Heimerziehung womöglich darauf, dass die Spielregeln noch nicht gelernt wurden? Aber es könnte auch umgekehrt sein: Vielleicht hat sich die Heimerziehung den Spielregeln zu sehr unterworfen und sich erst darüber neue Probleme geschaffen, solche, die ihren pädagogischen und gesellschaftlichen Auftrag unterminieren. Es stellt sich also auch die Frage, wie angemessen die politischen Spielregeln sind und wie angemessen Heimträger mit ihnen umgehen.

Um diese drei Komplexe wird es in diesem Beitrag gehen, dies aber in umgekehrter Reihenfolge wie eben benannt und wohl wissend, dass die drei Problembereiche ineinander verknäult sind.

1. Heimerziehung als "öffentliche Erziehung"

Als öffentliche Erziehung ist Heimerziehung gebunden an das Sozialstaatsverständnis einer jeweiligen historischen Epoche, an die diesem mehr oder weniger korrespondierenden rechtlichen Normen und an die jeweils aktuel-

len jugendhilfepolitischen Diskurse. Betrachtet man die Heimerziehung längerfristig in ihrer Einbettung in staatliches Handeln und das jeweilige (Sozial-) Staatsverständnis, lassen sich deutlich zwei Grundmuster im Verhältnis des Staates zur Heimerziehung erkennen: Zeiten, in denen die Heimerziehung ordnungspolitische Kontrollfunktionen zu erfüllen hat und solche, in denen sie als Mittel der Sozialintegration fungiert (vgl. Böhnisch 1999, S. 417 ff.). Im ersten Fall, so im Kaiserreich und in den Jahrzehnten nach dem Zweiten Weltkrieg, ist Sozialpolitik ein Mechanismus zur Regulierung des Interessenausgleichs zwischen Kapital und Arbeit, womit sie lediglich die arbeitende Bevölkerung im Blick hat. Wer aus dem Arbeitsprozess herausgefallen war oder nicht willig, sich seinen Zwängen und Anforderungen zu unterwerfen, wer also außerhalb dieses Zusammenhangs stand, wurde zum Objekt der Zwangserziehung oder der Verwahrung. Sozialintegrative Modelle setzen sich demgegenüber in Zeiten sozialen Wandels und der gesellschaftlichen und ökonomischen Modernisierung durch. In solchen Zeiten, so in den ersten Phasen der Weimarer Republik und in den 70er und 80er Jahren des 20. Jahrhunderts, übernimmt Sozialpolitik dann die Aufgabe, den Modernisierungsprozess zu unterstützen, neue Bildungspotenziale zu erschließen und die Bevölkerung für neue, den sozialen Wandel stützende Denk- und Bewusstseinsstrukturen zu motivieren. In der Modernisierungsphase der 70er Jahre, der Zeit nach der Studentenbewegung, waren alle diese Bedingungen hervorragend gegeben: Es ging um die Modernisierung eines veralteten technologischen Systems, wozu mehr und besseres Personal benötigt wurde, es also erhöhter Bildungsanstrengungen bedurfte, eine Politik, die auch das Heimsystem nicht außen vor lassen konnte. Tatsächlich haben ja alle großen Reformen in Jugendhilfe und Heimerziehung in dieser Zeit unter dem das allgemeine bildungspolitische Credo der Chancengleichheit aufnehmenden Slogan "Mehr Chancen für die Jugend" (Bundesminister für Jugend, Familie und Gesundheit 1974) hier ihren Anfang genommen.
Dies zu berichten ist nur wichtig, weil wir spätestens seit Anfang der 90er Jahre wieder vor einer neuen Situation stehen und diese für die erreichte Position der Heimerziehung durchaus brisant ist. Die mit dem Zusammenbruch des „Ostblocks" möglich gewordene Globalisierung des Kapitals, verbunden mit den rasanten technologischen Entwicklungen und der europäischen Integration, hat Kapitalinteressen erneut weitgehend von einer sozialintegrativen Politik unabhängig gemacht, - Produktionsstätten lassen

integrativen Politik unabhängig gemacht, - Produktionsstätten lassen sich schließlich verlagern und gut ausgebildete Fachkräfte bei Bedarf aus dem Ausland einkaufen. Andererseits aber gibt es, bei faktisch - die verdeckte Arbeitslosigkeit eingerechnet - über fünf Millionen Arbeitslosen erhebliche Legitimationsprobleme für den Staat, das hier schlummernde Arbeitskräftepotenzial nicht zu nutzen und sich einfach ökonomischen Kalküls zu unterwerfen. Der von den Kapitalinteressen weitgehend abhängige Staat schwankt in der Gegenwart zwischen den Optionen Ordnungspolitik im Interesse des Kapitals und sozialstaatliche Integrationspolitik im nationalstaatlichen Interesse nach einer befriedigten Gesellschaft (vgl. Loren 2000). Dies hat ihn in eine verflixte - doppelte - Zwickmühle gebracht: Einerseits bedarf es weiterhin der Zustimmung der Bevölkerung zur staatlichen Politik - schon allein um die nächste Wahl zu überstehen -,andererseits haben die staatlichen Institutionen mit Politik- und Staatsverdrossenheit der Menschen zu kämpfen. Dies ist dann die zweite Zwickmühle: Um die Zustimmung der Bevölkerung zu erlangen, bedürfte es eigentlich erhöhter Aufwändungen (zum Beispiel zur Bekämpfung der Arbeitslosigkeit), hierfür aber fehlt das Geld, insbesondere auf der Ebene der Kommunen, die das Gros der Kosten hierfür zu tragen haben (vgl. Liebig/Struck 2001), eben weil es so viele Arbeitslose und zu wenig Arbeit für alle gibt.

Auswege aus diesen Dilemma werden - eigentlich schon seit Beginn der 80er Jahre, jetzt aber ernsthafter und radikalisiert - wiederum der doppelten Zwickmühle entsprechend über zwei Doppelstrategien zu erreichen versucht. In der ersten geht es darum, die Sozialausgaben über Leistungseinschränkungen und die Privatisierung von Risiken (man denke an die Krankenversicherungsdiskussionen über Selbstbeteiligung und Leistungsbegrenzung) auf der einen Seite zu verringern und um Versuche, die dadurch entstehenden Lücken durch „soziales Sparen" abzufedern auf der anderen Seite; womit insbesondere die Reduzierung von Kosten über Bürgeraktivierung, Mitbestimmung, Unterstützung von Selbsthilfe, Vernetzung wechselseitiger Hilfe, kurz die (Wieder-) Belebung oder vielleicht auch erst Schaffung einer Zivilgesellschaft als Pendant zur staatlichen Ordnungspolitik, gemeint ist. Hier haben zum Beispiel das noch junge Programm „Soziale Stadt" und die Enquetekommission zur „Zukunft des bürgerschaftlichen

Engagements“ ihren Hintergrund. Die andere Doppelstrategie bemüht sich um eine Lösung von der Arbeitsmarktseite her: Zum einen werden einstellungsfreundliche Bedingungen durch Steuersenkungen für die Wirtschaft und Deregulierungsgesetze (zum Beispiel erweiterte Ladenschlusszeiten, Beschneidung von Kündigungsschutzregeln und Senkung von Mindestlohnstandards) geschaffen, zum anderen - wie die aktuellen Diskussionen um den „Sozialhilfemissbrauch“ zeigen - wird der Druck auf Beschäftigungslose, sich mobil zu zeigen und auch Billigjobs zu akzeptieren, erhöht.

Die gegenwärtigen sozial- und jugendhilfepolitischen Großtendenzen lassen sich durchaus hier verorten: einerseits verstärkte Bemühungen, die Bevölkerung, auch junge Menschen, zur Teilhabe am gesellschaftlichen Leben zu locken und Selbsthilfekräfte zu stärken, hier hat wie gesagt die gesamte Diskussion um bürgerschaftliches Engagement und Partizipation ihren Stellenwert (vgl. Blandow, Hansbauer und Gintzel 1999; Kessl 2001), und im Rahmen der Jugendhilfe die neuen sozialräumlichen (vgl. Boomgarden 2001; Peters, Trede und Winkler 1998; Wolff 2000) und die zwischen „Verhindern und Befähigen” (Müller 2001) schwankenden präventiven Ansätze. Andererseits zeigt sich die gegenwärtige Sozialhilfediskussion mit ihrer unverhohlen werdender Drohung „ohne Arbeit kein Brot” und schließlich die immer lauter werdenden Forderungen nach Maßnahmen gegen die Resistenten in alten und neuen Formen von gesicherter Unterbringung, möglichst in privatwirtschaftlich betriebenen Lagern und Knästen (vgl. Wolffersdorf 2001). Die Heimerziehung dürfte, künftig noch mehr als bisher, daran gemessen werden, ob sie an einer dieser Fronten erfolgreich ist und sich zu Diensten zeigt: entweder an der Front sozialintegrativer, präventiver Bemühungen - wie sie die Sozialraumkonzepte und die milieunahen Formen erzieherischer Hilfen versprechen - oder an der Front von Integration oder Reintegration in die Ränder des Arbeitsmarktes oder eben an der Front der Elendsverwaltung und künftig wohl mehr der Elendigen-Verwahrung. Die Einheit der Jugendhilfe wird sich darüber weitgehend auflösen; nicht weil sie es will, sondern weil es ihr abverlangt wird und sie ihre Existenzberechtigung nur im Rahmen der ihr zugewiesenen Funktionen belegen kann. Und sie wird in ihren ersten beiden Funktionen unter den enormen Druck geraten, die Erwartungen noch mit möglichst geringem Aufwand zu erfüllen.

Das Recht, in unserem Fall das Kinder- und Jugendhilfegesetz (KJHG), das ja eigentlich die Funktion hat, den politischen Willen abzubilden, stützt die gegenwärtig sichtbaren Tendenzen bislang noch nicht ausdrücklich, ist aber auch nicht völlig inkompatibel mit ihnen. In Wortlaut und Begründung mutet es - aus heutiger Sicht - als ein letzter Entwurf eines reinen sozialintegrativen Modells an, der geprägt ist von der Hoffnung, durch ein differenziertes Erziehungshilfesystem im Vorfeld der Heimerziehung, durch klare Funktionsbestimmungen für die Heimerziehung als Krisenintervention, Interimslösung und eine auf Sozialintegration älterer Jugendlicher gerichtete Institution sowie die ebenfalls noch sozialintegrativ formulierte „Intensive Sozialpädagogische Einzelbetreuung" gleichzeitig Kosten zu senken und die gesellschaftlichen Probleme in den Griff zu bekommen. Diese Hoffnungen, so der entscheidende Vorwurf der Jugendhilfepolitik an die Erziehungshilfen, haben sich nicht erfüllt: Alles, was im Vorfeld der Heimerziehung aufgebaut wurde, hat nicht zum Abbau der teuren stationären Erziehungshilfen beigetragen, sondern ist schlicht dazu gekommen. Die Zahlen für Heimerziehung und betreute Wohnformen sind noch dazu kontinuierlich gestiegen und die für die Randgruppen des Klientels aufgebauten Intensiven Einzelfallhilfen inklusive der erlebnispädagogischen Projekte (vgl. Klawe und Bräuer 1998) haben jedenfalls, jenseits ihrer hohen Kosten, nicht dazu beigetragen, Jugendhilfepraxis und Jugendhilfepolitik vom Vorwurf des Versagens im Umgang mit gewalttätigen und delinquenten jungen Menschen zu entlasten. Verständige JugendhilfepolitikerInnen sind zwar bereit, dieses Ergebnis mit quantitativ und qualitativ veränderten sozialen Problemlagen - der hohen Arbeitslosenzahl, Familienauflösung und allgemein fortschreitenden Individualisierungsprozessen - zu erklären und zu entschuldigen (vgl. Haupt 2000), aber letztlich kommt keine JugendhilfepolitikerIn darum herum, Abhilfe zu versprechen und - zumindest zwischen den Zeilen - Konsequenzen anzudrohen, falls sich auch die gegenwärtig letzten Rezepte nicht bewähren: Entweder ihr schafft es über Sozialraumentwicklung und Sozialraumbezug, über vernetzte, Polizei und Schule einbeziehende Präventionsstrategien (Müller 2001) und „Einmischung" (vgl. Kreft 2000) einen wesentlichen Beitrag zur Sozialintegration zu leisten, durch Qualitätsentwicklung und Binnenrationalisierung Kosten zu sparen und die Brauchbarkeit eurer Alternativen zur geschlossenen Unterbringung unter Beweis zu stellen, oder wir entziehen euch unsere Gunst und nehmen die Sache selbst in die Hand.

Die Lücke zwischen den ökonomischen und politischen Globaltendenzen und dem sozialintegrativ ausgerichteten KJHG füllen inzwischen insbesondere die Kommunalen Spitzenverbände und ihre Konzeptschmiede, die Kommunale Gemeinschaftsstelle für Verwaltungsvereinfachung, aus. Ihr überaus erfolgreicher Versuch, der ja inzwischen im KJHG seinen Ausdruck gefunden hat, die Qualitätsdebatte in der Jugendhilfe zu verankern und hierbei Qualität nicht an pädagogischen Prozessen zu orientieren, sondern an der Optimierung formaler Abläufe, also Binnenrationalisierung, gibt hierüber beredte Auskunft (vgl. Blandow 1999). Auch das „Produktdenken", die Neuen Steuerungsmodelle für die Jugendbehörden, die Regelungen fürs Outsourcing, also die Ausschreibung von Jugendhilfeleistungen an die kostengünstigsten und gleichzeitig leistungsstärksten Jugendhilfeeinrichtungen (leistungsstark in der Binnenrationalisierung) und die Budgetierungsregelungen, die Vergleichsringe für Jugendämter, mit denen diesen Verschwendungen vor Augen geführt werden, leiten die öffentlichen und freien Jugendhilfeträger auf den Weg von Rationalisierungs- und Effektivierungsstrategien.

Gegenwärtig ist die Situation allerdings wegen verwirrender Zuständigkeiten, wegen interner Querelen über die richtige Strategie, wegen der unterschiedlichen landesrechtlichen Regelungen und der unterschiedlichen Praxis einzelner Jugendämter noch undurchsichtig. Dazu tragen auch parteipolitische Profilierungsbemühungen und das in Deutschland mit seinen vielen Verbänden besonders verbreitete Lobbyistentum bei. Dennoch wird man - zumal uns dies unsere Nachbarländer, allen voran die den Deutschen häufig als Vorbild dienenden Niederlande (zu den dortigen Debatten Hesser 2000), bereits effektiv vormachen - davon ausgehen müssen, dass sich die skizzierten Tendenzen mehr oder weniger lupenrein auch bei uns durchsetzen werden. Wenn man sich vor Augen hält, dass Jugendhilfe eben eine sozialstaatliche Veranstaltung ist und nicht unabhängig vom jeweiligen sozialstaatlichen Verständnis agieren kann, dann wird man jedenfalls nicht darum herumkommen, die eigene Arbeit auf dem Hintergrund der dominanten Tendenzen zu bewerten, was nicht heißt, sich ihnen bedingungslos zu unterwerfen. Jugendhilfeträger werden nicht - um es noch einmal zusammenfassend zu sagen - umhin kommen:

a) sich intensiv damit zu befassen, wie sie sich in Richtung Milieunähe und Vernetzung mit anderen Institutionen im Einzugsgebiet weiter entwickeln können und wie sie Eltern und andere Angehörige stärker in die Arbeit einbeziehen können;

b) sich intensiv damit zu befassen, wie sie die Heimaufenthalte verkürzen können, was einerseits auf eine bessere Zusammenarbeit mit den Behörden bei Rückführungen in die Herkunftsfamilien oder bei der Vermittlung von Kindern in Pflegefamilien hinausläuft, sowie - für ältere Jugendliche - auf Bemühungen um eine gut begleitete Verselbstständigungsstufe innerhalb oder außerhalb der Heimgruppe;

c) sich wieder verstärkt um die schulische und berufliche Integration der Jugendlichen zu bemühen und hierbei zum Beispiel mit Arbeits- und Sozialämtern, und - wenn örtlich vorhanden - mit einer auf berufliche Eingliederung spezialisierten Vereinigung zusammenzuarbeiten;

d) sich verstärkt um die Diskussion von Qualitätsstandards für die Einrichtung zu bemühen und diese zu dokumentieren sowie intern zu kontrollieren.

2. Heimerziehung als gesellschaftliche Institution

Auch zu diesem Thema stelle ich eine kleine historische Betrachtung voran. Wer sich je mit der Geschichte der Heimerziehung befasst hat weiß, dass sie in verschiedenen geschichtlichen Epochen sehr unterschiedliche Funktionen für die Gesellschaft zu erfüllen hatte und entsprechend sie ganz unterschiedlich begründet wurde. Es gab Zeiten, in denen sie schlicht als Versorgungssystem für familienlose Kinder betrachtet wurde und also im Wesentlichen familienersetzende Funktionen zu erfüllen hatte oder in denen sie ein Entsorgungssystem für unerwünschten Nachwuchs war. Vielfach wurde sie religiös begründet (Rettung verirrter Seelen) oder sie war in eine nicht-religiöse andere Weltsicht eingebunden. Sie diente der Gesellschaft als „Laboratorium", als Experimentierraum für neue gesellschaftlich erst noch durchzusetzende Verhaltens- und Bewusstseinsformen in der Bevölkerung außerhalb der Heime oder häufiger als gewaltige Maschinerie zur Disziplinierung und Umerziehung von „Klassenfeinden", zumeist subproletarischer Schichten (Kuhlmann und Schrapper 2001; Wolffersdorff 2001). Wie auch immer: Zumeist waren solche Bestimmungen zwar auch in politische, ökonomische oder zum Beispiel kirchenpolitische Interessen eingebunden, das jeweilige Bild von Heimerziehung war aber auch immer mehr oder weniger gesellschaftlich verankert, in dem es dominanten Anschauungen in der Bevölkerung, genauer jenen, die den Ton angaben, entsprach und mehr oder weniger mit den allgemein geteilten Überzeugungen von guter Erziehung und richtigen Erziehungszielen in Übereinstimmung stand. Um ein Beispiel aus noch jüngerer Zeit zu nennen: Dass noch bis weit in die 60er Jahre des letzten Jahrhunderts hinein Säuglinge in Säuglingsheimen nach streng hygienischen und pflegerischen Regeln betreut wurden, war nicht eine besondere Schikane der Heimträger und des Pflegepersonals, sondern entsprach durchaus den Anschauungen der Bevölkerung über gute Säuglingsbetreuung; und dass Verstöße gegen Sexualnormen, wie häufig wechselnder Geschlechtsverkehr oder Homosexualität, gute Gründe für eine zwangsweise Umerziehung in einem Fürsorgeerziehungsheim seien, dürfte ebenfalls bis in die 60er Jahre hinein noch auf eine hohe Zustimmung in der Bevölkerung (außer bei den Betroffenen selbst) gestoßen sein.

Ein gewichtiger Hintergrund für solche mehr oder weniger geteilten - allerdings immer auch schicht- oder klassenspezifisch variierten, oft sich auch konträr gegenüberstehenden - Überzeugungen waren immer die in der jeweiligen gesellschaftlichen Epoche dominierenden Anforderungen an die Arbeitskraft der Menschen und auf den Arbeitsprozess bezogene „Tugenden". Ein anderer wichtiger Grund waren die Erwartungen des Staates an bürgerliches Wohlverhalten (etwa im Hinblick auf Beteiligung oder Unterordnung oder auf die Grundfesten der Gesellschaft wie Respektierung des Privateigentums und Respekt vor der „freiheitlich demokratischen Grundordnung"). Solche Tugenden durchzusetzen war immer Aufgabe der jeweils bedeutsamen gesellschaftlichen Institutionen, also der Unternehmen, der Schule, der Familie, der Kirchen, spätestens seit Beginn des 20. Jahrhunderts auch der Sozialarbeit sowie des staatlichen Sanktionsapparats, also insbesondere der Polizei und gegebenenfalls des Militärs. Das ist alles sehr verkürzt gesagt, soll aber hier für die Zwecke meiner Argumentation genügen.

In der Gegenwart ist es so, dass der Arbeitsmarkt insbesondere nach disponiblen, das meint je nach Konjunktur flexibel einsetzbaren, überhaupt nach mobilen Arbeitskräften verlangt; ferner nach loyalen, mitdenkenden, die Arbeitsabläufe aktiv befördernden, sie jedenfalls nicht bremsenden ArbeitnehmerInnen; je höher die Position denn auch nach Kreativität, Selbstständigkeit, Qualitätsbewusstsein und Identifikation mit dem Unternehmen und dem Arbeitsprozess. Die bedeutendste, in der Gegenwart wichtigste, bürgerliche Tugend lässt sich am besten mit dem Begriff der Selbstreflexivität fassen. Anders als in früheren Epochen geht es weniger um bestimmte Tugenden und Verhaltensweisen wie Ehrlichkeit, Anstand, Treue, Zuverlässigkeit, sondern eher darum, sich selbstreflexiv und selbstbezogen den vielen Anforderungen der modernen Gesellschaft zu stellen. Nicht „Du sollst genau dies oder jenes tun, sondern du sollst dich gleichermaßen dir selbst gegenüber, deinen Angehörigen und der Gesellschaft gegenüber verantwortlich zeigen und die hierin liegenden Spannungsverhältnisse eigenverantwortlich ausgleichen. Du sollst deine Familienbeziehungen so gestalten, dass deine Bedürfnisse befriedigt werden, hierbei aber auch die Bedürfnisse der anderen Familienmitglieder respektieren und dir deiner gesellschaftlichen Verantwortung für eine gute Erziehung deiner Kinder bewusst sein." Ähnliches gilt für die Rolle als KonsumentIn, als MediennutzerIn, als ArrangeurIn selbstbestimmter Sozialbeziehungen und als politische BürgerIn.

Solche Aufforderungen, die natürlich im engen Zusammenhang mit dem stehen, was in der Soziologie mit den Begriffen Individualisierung, Traditionsverlust, Patchworkidentität und Ähnlichem belegt und in der Pädagogik mit den Begriffen Lebensbewältigung, Autonomie und Normenreflexivität belegt wird, entsprechen durchaus dem Selbstverständnis breiter bürgerlicher Schichten. Sie überfordern aber die verelendeten Schichten, mit denen es Jugendhilfe und Heimerziehung zu tun haben, also Kinder von Individualisierungsverlierern oder die selbst schon als „Gescheiterte" unsere Tore betreten (vgl. Sladek 2000).

Da sind wir dann also wieder bei den gegenwärtigen Anforderungen an eine moderne Jugendhilfe und eine moderne Heimerziehung angekommen. Die Erwartungen an sie sind darauf gerichtet, dass sie Familien, Kindern und Jugendlichen nahe bringen, wie man dies alles bewerkstelligt: wie man seine Geschlechtsrolle selbstbewusst ausfüllt, wie man gekonnt mit ethnischen Konflikten umgeht, wie man seine Rechte erkennt und wahrnimmt, wie man mit seinem Geld und den neuen Medien verantwortlich umgeht, wie man nach einer Trennung das Sorgerecht verantwortlich wahrnimmt, wie man sich aktiv in eine Hilfekonferenz einklinkt, wie man Unterstützung annimmt und sich auch noch in gemeinwesenorientierten Projekten engagiert, wie man die Bedürfnisse von Kindern wahrnimmt und sie fair mit den eigenen Bedürfnissen in Übereinstimmung bringt, wie man lernen kann, Gewalt zu vermeiden und wie man gemeinsame familiäre Regeln aushandelt, wie man in Zeiten der Arbeitslosigkeit sich sinnvoll betätigen kann und wie man die verschiedenen Rollen als Mutter, Ehefrau und Teilbeschäftigte am besten in Übereinstimmung bringen kann, wie man mit seiner Krankheit, Behinderung oder Sucht selbstverantwortlich umgeht. Dabei muss man mit einer gewissen Sperrigkeit rechnen, denn vieles, was neu gelernt wird, muss sich ja gegen früher Gelerntes und sich als sinnvoll für die Lebensumstände und die Lebensführung Erwiesenes erst durchsetzen. Die Professionellen sind dann auch dazu angehalten, Methoden anzuwenden, die den zu vermittelnden Inhalten nicht widersprechen und von der Klientel als den bekannten Inhalten überlegen akzeptiert werden können. Um Motivation für Veränderung zu stiften, müssen Vertrauensverhältnisse aufgebaut werden. Die KlientInnen dürfen nicht entmündigt, sondern müssen in ihren Stärken gesehen werden. Ihr bisheriges „Fehlverhalten" darf nicht diffamiert werden, weil es als sinnvolle, wenn auch dysfunktionale Antwort auf ihre Lebensprobleme zu interpretieren ist. Das besondere Milieu, in dem die KlientInnen leben und in dem sie ihr Leben eingerichtet haben, darf ihnen als emotionaler Rückhalt nicht genommen werden. Ihren Problemen ist mit biografischer Sensibilität zu begegnen. Und weil dies alles im Alltag schwer zu realisieren ist und

Erfolge nicht so rasch sichtbar werden, wird in der Regel zusätzlich der Einsatz eines zielgenauen Instrumentariums empfohlen. Die Sensibilität der Mutter für die Bedürfnisse ihres Kindes lässt sich am besten über entwicklungsfördernde Dialoge im Rahmen von Videoarbeit erhöhen. Ein sensibler und gleichzeitig die Selbstreflexivität anregender Zugang zu Biografie und verschütteten Lernerfahrungen ist am besten über hermeutische Biografiearbeit und sozialpädagogische Diagnostik zu leisten. Nur eine systemische Betrachtungsweise vermag die Komplexität der Verhältnisse in eine Ordnung zu bringen. Mediationsmethoden und Deeskalisierungsmethoden sollten beherrscht werden. Wie man ein gutes Assessment macht, muss man wissen und wie man Hilfen in Casemanagement-Verfahren mit den eigenen Unterstützungspotenzialen der Familien verknüpfen kann. Hier haben denn auch die für Jugendliche empfohlenen Methoden, bei denen die Zeit ja knapp ist und der Nachweis von Sozialhilfeunabhängigkeit und berufliche Eingliederung bald zu erbringen ist, ihren Platz: das gezielte Verselbstständigungstraining, das Bewerbungstraining und der begleitete Arbeitsversuch zum Beispiel.

Die Durchsetzung der neuen Tugenden gegenüber den verelendeten, an den modernen gesellschaftlichen Erfordernissen bislang gescheiterten Kindern und Familien verlangt also nach einer nicht technisch gehandhabten Sozialtechnologie, nach ausgewiesenen subjektorientierten Methoden und strukturierten Trainingsprogrammen (vgl. Maykus 2000; Petermann und Petermann 2000). Sollte es etwa das Fehlen solcher Kompetenzen in der Heimerziehung sein, die ihr gegenüber so viele kritische Stimmen laut werden lässt? Setzen die Heime immer noch zu sehr auf den „schmuddeligen Alltag" und lange Prozesse? Haben sie den Trend zu strukturiertem Handeln verschlafen oder die falschen Methoden gelernt? Auch wenn die Heimerziehung immer noch für gegenwärtig rund 81.000 Kinder gebraucht wird, hat sie nicht konzeptionell ausgespielt und ist eigentlich nur noch ein Auslaufmodell?

Ich weiß nicht, ob dies so ist und ich weiß auch nicht - obwohl ich es befürchte -, ob das Geforderte wirklich einlösbar ist. Die Kritik an der Heimerziehung nährt sich jedenfalls ganz wesentlich aus dem Vorwurf, zu viel Zeit mit dem Alltag zu vergeuden; dies scheint mir unübersehbar zu sein. Sie wird sich damit, bei Drohung ihres Untergangs, diesem Vorwurf stellen müssen, wenn sie nicht aus dem gesellschaftlichen Geschäft der schonenden Sozialintegration ausgeklinkt werden will.

3. Zur Situation der Heimerziehung

Zu fragen ist jetzt, wie die Heimerziehung auf die ja schon länger sichtbaren Tendenzen reagiert hat und wie sie darauf vorbereitet ist, den künftig gewiss noch lauter vorgetragenen Forderungen nach strukturiertem Handeln entweder mit sozialintegrativ ausgerichteten selbstreflexiven Handlungskonzepten in Einrichtungen für Kinder oder mit spezifischen effektiven Trainingsprogrammen für Jugendliche in Wohngruppen, Jugendwohngemeinschaften und den verschiedenen Formen des einzelbetreuten Wohnens und der Intensiv Sozialpädagogische Einzelbetreuung nachzukommen?
Wer Heimträgern oder Jugendhilfeträgern diese Fragen stellen würde, erhielte ganz gewiss positive Antworten. „Wir haben uns längst auf die neue Situation eingestellt, indem wir Strukturen und Organisationsmittel modernisiert haben, indem wir uns für neue Angebote geöffnet und bestehende ausdifferenziert haben, indem wir das Qualifikationsniveau in unseren Einrichtungen und Angeboten erheblich angehoben haben und indem wir uns ins Milieu hinein geöffnet haben. Und wir sind bestens auf neue Anforderungen vorbereitet, weil wir ja gezeigt haben, dass wir flexibel reagieren können." Vielfach durfte dann noch ein Hinweis auf die Ergebnisse der JULE-Studie (JULE 1998) bezüglich des Zweidrittel-Erfolgs der Heimerziehung nicht fehlen.

Tatsächlich, wer so antwortet lügt nicht, denn es gibt hierzu ja sogar harte Fakten, wie Schilling (2001) jüngst gezeigt hat. Durchschnittlich verfügt jede Einrichtung nur noch über 18 Plätze. Es gibt einen, wenn auch jüngst wieder leicht gestiegenen Personalschlüssel von 1,9 PädagogInnen auf ein Kind. Nur noch gut ein Drittel der Plätze sind in den alten Bundesländern solche in klassischen Heimgruppen mit Schichtdienst auf einem zentralen Heimgelände; einschließlich der sonstigen im Schichtdienst arbeitenden Gruppen sind es gerade noch 50 %, beziehungsweise in den neuen Bundesländern nur 60 %. Etwa 40 bis 45 % aller Plätze liegen in dezentralen Gruppen oder im einzelbetreuten Wohnen, in den neuen Bundesländern sind es schon - nur zehn Jahre nach Ablösung der DDR-Strukturen - 30 %. Auch im Personalbereich hat sich eine Menge getan. Die AkademikerInnenquote im Gruppendienst (DiplompädagogInnen, FachhochschulabsolventInnen, PsychologInnen, LehrerInnen) liegt in den alten Bundesländern bei 35 %, weitere 50 % haben eine Fachschulausbildung und nur noch 15 % sind ohne einschlägige Ausbildung oder als PraktikantInnen und Zivildienstleistende tätig. In den neuen Bundesländern wurde gegenüber den Verhältnissen vor zehn Jahren mit einem AkademikerInnenanteil von 14,4 % und rund zwei Dritteln mit Fachschulausbildung bereits kräftig zugelegt.

Dabei sind diese Daten noch nicht einmal geeignet, die ganze Differenziertheit des heutigen Heimsystems aufzuzeigen. Eine Mehrheit der modernen Jugendhilfeanbieter begnügt sich längst nicht mehr damit, stationäre und teilstationäre Angebote, die schon zwölf % aller 102.000 Plätze im Bundesgebiet umfassen, sowie Maßnahmen der Einzelbetreuung von Jugendlichen anzubieten. Längst hat man sich den modernen Feldern der ambulanten Hilfen und mit Erziehungsstellen nach § 34 KJHG in das Pflegekinderwesen hinein geöffnet. Man hat sich auch in Bereiche der allgemeinen Tagesbetreuung von Kindern und der Jugendfreizeitarbeit vorgewagt, noch abgesehen von den 5000 Plätzen, die bereits ein integriertes Angebot unterbreiten und als sozialräumlich orientierte Hilfen im Milieu der Kinder- und Jugendlichen verankert sind.

Nun, dies alles ist tatsächlich eindrucksvoll, wenn es so dargestellt wird. Manches lässt sich allerdings auch anders lesen oder muss differenzierter gelesen werden, manches bleibt bei einer solchen Darstellung auch unerwähnt (vgl. hierzu Winkler 2000). Lesen lassen sich die Zahlen natürlich auch als ein „noch-immer" oder „immer noch nicht". Noch immer 50 bis 60 Prozent Schichtdienstgruppen, noch immer 50 bis 60 Prozent zusammengeballte Probleme auf einem zentralen Heimgelände und noch immer - im schwierigsten aller Sozialisationsfelder - eine Nicht-AkademikInnenquote von 65 bis 80 Prozent. Und erst 5000 Plätze werden als integrierte Erziehungshilfen angeboten.

Wichtiger ist das noch nicht Gesagte. Zum Beispiel weist die Verteilung des Personals nach Ausbildungsabschluss eine wunderliche Schieflage auf: Nur wenige akademisch Ausgebildete sind in klassischen Heimgruppen und in dezentralen Einrichtungen für Kinder, weit überproportional aber in allen Formen der Einzelbetreuung und in Sonderformen zwischen Mutter-Kind-Einrichtung und geschlossener Unterbringung zu finden. Oder die beeindruckend geringe durchschnittliche Einrichtungsgröße ist zunehmend häufiger von ebenso beeindruckenden Konzentrationsprozessen auf Trägerebene gerahmt. Es gibt ja schon längst wieder Träger, die Herr über mehr als 1000 Plätze sind, die systematisch Kleinsteinrichtungen aufkaufen, das Ganze nach zentralen Vorgaben betreiben und jedem Anfragenden für jedes Problem eine Lösung innerhalb von 24 Stunden garantieren. Dies zeitigt vielfältige Konsequenzen für die Autonomie der Einzelprojekte, bietet die Möglichkeit, zwischen Einrichtungen und Diensten desselben Trägers Personal und Kinder unauffällig zu verschieben und hat Folgen für Personalkonflikte, die so große Organisationen haben, besonders wenn auch noch die Gruppenbelegung zentral gesteuert wird.

Auch die starke Ausdifferenzierung der Angebote zwischen traditionellen Heimgruppen, Außenwohngruppen, Erziehungsbeistandschaften, Mobiler Betreuung, familienstützenden Diensten, ISE und so weiter hat natürlich seine Schattenseiten, zumal wenn es nicht um eine bewusst koordinierte konzeptionelle Erweiterung geht, sondern um eine vom Anbietermarkt diktierte, Wettbewerbsfähigkeit garantierende Arrondierung des Angebots. Wer für jeden Paragrafen des KJHG ein eigenes Angebot vorhält, kommt zwar an jeden Finanztopf heran, nimmt aber zugleich in Kauf, dass sich hierüber das Personal- und Kinderkarussell gut drehen lässt. Wer möchte es jemandem verdenken, wenn sie oder er sich aus dem anstrengenden und schlecht angesehenen Gruppendienst möglichst bald per Weiterbildung in die besser besoldeten, höher geachteten und mit günstigeren Arbeitszeiten versehenen Bereiche der Sonderdienste und der Einzelbetreuung weg bewirbt? Und wer kann es einem Träger verdenken, wenn nach der misslungenen Tagesbetreuung die eigene Heimgruppe kommt und dann das betreute Wohnprojekt?

Die Jugendhilfeträger und manchmal auch das pädagogische Personal haben durchaus gelernt. Sie verhalten sich entsprechend der Marktgesetze, bringen allerdings auch einiges von dem mit in die Einrichtungen, was der Markt an Chaos in sich trägt. Dies sind Dinge, von denen man für gewöhnlich sagt, dass sie Kindern nicht gut tun, nicht der Personalwechsel und nicht die Verschiebung in eine andere Abteilung. Sie verhindern oder erschweren, dass sich das, was von der Jugendhilfepolitik neben Marktorientierung auch noch gefordert wird, eben die neue methodische Gesamtausrichtung, durchsetzen kann.

Wenig unterstützend wirkt zudem, was sich Heimträger mit den, manchmal von ihnen selbst geforderten, neuen Finanzierungsmodellen eingekauft haben. Prospektive Pflegesätze und damit die Chance, Rücklagen zu bilden, sind sicher eine gute Sache. Sie animieren aber auch dazu, Rücklagen zu bilden, was bei Haushalten, die zu 75 bis 85 % aus Personalkosten bestehen, natürlich am leichtesten zu realisieren ist, wenn an ihnen gespart wird: BerufsanfängerInnen statt teure Erfahrene, Vertretungskräfte und Zeitangestellte, der Nachtdienst auf Honorarbasis. Bedenkt man hierzu noch, dass viele PädagogInnen inzwischen in Teilzeit arbeiten, sich für Weiterbildungen (teil-)beurlauben lassen und, wenn sie klug sind, sich auch mal ein Sabbathalbjahr ansparen, dann kann es zu gravierenden Folgen kommen, wie ich neulich von einer Außenwohngruppe hörte: Dort teilen sich nämlich zwölf Menschen die Sorge um acht psychisch gestörte Jugendliche und keine der zahlreichen Vertretungskräfte hält es länger als drei Monate aus. Auch die viel gelobte Fachleistungsstunde ist nicht unbedingt unterstützend, verliert sie ihre bedarfssteuernde Funktion jedenfalls spätestens dann, wenn Bedarf von den unter Druck stehenden JugendamtsmitarbeiterInnen als Stundenkontingent definiert wird, dass kaum noch die Fahrzeiten und die Fahrten für Fehlverabredungen mit den Jugendlichen abzudecken vermag.

4. Schlussbemerkungen

Da bin ich nun mit der zugegebenermaßen wohl überzeichneten Situationsbeschreibung und -diagnose fast am Ende angekommen.

Die Dilemmata, die ich skizzieren wollte, sind:

- dass die Heimerziehung mit politischen und gesellschaftlichen Erwartungen konfrontiert ist, denen sie sich nicht - bei Drohung ihres Untergangs beziehungsweise bei Androhung eines neuen ordnungspolitischen Denkens auch in der Jugendhilfe - entziehen kann, die sie aber auch nicht einfach gut heißen kann, wenn sie das Schicksal ihrer Kinder und Jugendlichen vor Augen hat. Das Wissen darum hat die Heimerziehung in der Tendenz konzeptionell orientierungslos gemacht.
- dass viele Heim- oder Jugendhilfeträger zwar bereit waren, sich den neuen Anforderungen zu stellen und dies auch signalisierten, sich mit der gleichzeitigen Öffnung für marktwirtschaftliches Denken aber auch neue Konflikte ins Haus geholt haben, die sowohl die traditionelle Alltagsorientierung und parteiliche Haltung den jungen Menschen gegenüber behindern, als auch eine wirkliche Umstrukturierung im Sinne der jugendhilfepolitischen Erwartungen bremsen. Auch in methodischer Hinsicht hat die Heimerziehung noch zu keinem neuen Verständnis gefunden. Sie schwankt, zu Ungunsten der jungen Menschen, zwischen alten und neuen Optionen, ohne eine Entscheidung zu treffen.
- dass sich die Heimerziehung zwar institutionell - bis zu ihrer Unkenntlichkeit als ein eigener Sozialisationsort - ausdifferenziert hat, sie im gleichen Zuge aber auch ihre Zersplitterung in Kauf genommen hat. Die Entwicklung der Heim- zu Jugendhilfeträgern erfolgte nicht in integrierender, sondern in additiver Weise. Dabei wurde der Impetus aufgegeben, Biografie als Einheit zu betrachten.
- Das wichtigste Dilemma ist zusammengefasst, dass sich die Heimerziehung zwar auf den Weg der Modernisierung begeben und viel investiert hat, dass ihr aber gerade dies den Vorwurf einbringt, nicht effektiv genug zu sein. Die Heimerziehung kann nicht belegen, dass ihre Modernisierung zur Lösung der ihr übertragenen Aufgaben einen entscheidenden Beitrag leistet. Sie bleibt in „Verruf".

Folgt nun noch Tröstliches oder Versöhnliches zum Abschluss? Nein, denn ich will meine These nicht verwässern. Etwas Relativierendes folgt zum Abschluss aber schon. Ich denke, den Berichten über Heimerziehung und den Berichten aus Heimen in den neuen Bundesländern entnehmen zu können, dass man dort - vielleicht, weil noch ungeübter im marktwirtschaftlichen und „konservativer" im pädagogischen Denken - noch gelassener mit den Imperativen der globalisierten Postmoderne umgeht als in den alten Bundesländern und sich gerade deshalb dort eher die Kraft findet, sich auf Neues, Experimentelles und Erweiterndes einzulassen. Und eine zweite Relativierung: Natürlich finden Vernunft und Nachdenklichkeit, egal in welchem Bundesland, in der Politik, dem Amt oder in einem Heim noch immer Befürworter und Kampfbereite.

Zu meinen Relativierungen gehört nicht der Hinweis, dass die Heimerziehung trotz aller Unkenrufe in Wirklichkeit doch gut und erfolgreich ist. Dies glaubt ohnehin kaum jemand und alle in die Tiefe gehenden empirischen Arbeiten, wie etwa Wolf (1999) in seiner Arbeit über „Machtprozesse in der Heimerziehung" zeigt, nähren gewisse Zweifel an dieser Aussage. Die Zweifel sind auch noch nicht ausgeräumt, wenn alle Beteiligten zufrieden sind. Vielmehr ist davon auszugehen, dass sie nicht gut und erfolgreich sein kann. Sie kann nicht gegen die Massenverelendung in den Ghettos unserer Städte und nicht gegen über mehrere Generationen weiter gegebenes Unglück ankommen, auch nicht, wenn sie sich in den Stadtteil begibt. Sie vermag die ihr zugewiesene Funktion, IndividualisierungsverliererIn an die Segnungen der Postmoderne anzuschließen, nicht erfüllen, solange die Postmoderne nach VerliererInnen verlangt. Sie kann nicht auslöschen, dass Heimkinder zu Familienkindern in einem Verhältnis von Ausnahme zu Regel stehen und die Heimkinder folglich zusätzlich zu den biografischen Erfahrungen einen diskriminierten Status zu verarbeiten haben - egal, ob es sich um Mitleid mit dem Familienlosen oder um Abscheu vor den ‚Verwahrlosten' oder den Jugendhilfe- und Sozialhilfekosten Verzehrenden handelt. Und schließlich kann Heimerziehung nicht gut funktionieren, weil sie sich über institutionelle und berufliche Arrangements vollzieht und pädagogisches Engagement, institutionelle Interessen und ArbeitnehmerInneninteressen nicht wirklich versöhnbar sind.

Heimerziehung in allen ihren Varianten kann sich dennoch einzelnen Kindern und Jugendlichen gegenüber und entgegen ungünstigen Ausgangsbedingungen als hilfreich erweisen: Sie kann ihnen Besseres bieten, als es ihre

Familien konnten. Sie kann ihnen Erfahrungen und Erlebnisse verschaffen, die Hoffnung auf ein besseres Leben schüren. Manchmal kann sie die Kinder und Jugendlichen mit sich selbst und der Welt versöhnen. Weitere Reformschritte können deshalb nur dahin gehen, von allem noch etwas mehr und dies für noch mehr Kinder und Jugendliche zu realisieren. Hierzu könnten dann auch - vernünftig angewendet - einige der „modernen“ Ideen einen Beitrag leisten. Dass mit ihrer Hilfe alles anders wird, ist nicht zu erwarten. Hier sind die Gesellschaft und die Politik gefordert. Wie hieß es doch in der Münsteraner Erklärung aus dem Jahr 1985: Wir brauchen mehr Solidarität der Gesellschaft mit jenen, die Opfer gesellschaftlicher Entwicklungen sind.

Literatur

Blandow, J. (1999): Diskurse zur Qualität in der Jugendhilfe. In: Jantzen, W./Lanwer-Koppelin, W./Schulz, K. (Hg.): Qualitätssicherung und Desinstitutionalisierung. Berlin, S. 75-86.

Blandow; J./**Hansbauer**, P./**Gintzel**, U. (1999): Partizipation als Qualitätsmerkmal in der Heimerziehung. Münster.

Böhnisch, L .(1999): Heimerziehung und Sozialstaat. In: Colla, H. [u.a.] (Hg.): Handbuch Heimerziehung und Pflegekinderwesen in Europa. Neuwied/Kriftel, S. 417-424.

Boomgarden, T. [Hg.] (2000): Flexible Erziehungshilfen im Sozialraum. Theoretische Grundlagen und praktische Erfahrungen. Münster.

Bundesminister für Jugend, Familie und Gesundheit [Hg.] (1974): Mehr Chancen für die Jugend. Zu Inhalt und Begriff einer offensiven Jugendhilfe. Stuttgart.

Butterwege, C. (2001): Wohlfahrtsstaat im Wandel: Probleme und Perspektiven der Sozialpolitik. Opladen.

Haupt, P. (2000): Begrüßung und Einführung in das Thema “Wenn es zu Hause nicht mehr geht”. In: BMFSFJ (Hg.): Mehr Chancen für Kinder und Jugendliche. Stand und Perspektiven der Jugendhilfe in Deutschland. Münster, S. 192-201.

Hesser, K.H. [Hg.] (2000): Sozialwesen und Sozialarbeit in den Niederlanden. Luzern.

JULE (1998): Leistungen und Grenzen von Heimerziehung: Ergebnisse einer Evaluationsstudie stationärer und teilstationärer Erziehungshilfen. Bonn.

Kessl, F. (2001): Teilnahme ohne Teilhabe? Anmerkungen zur Debatte um die zivilgesellschaftlichen Potenziale des modernen Wohlfahrtsstaats. In: Neue Praxis, Heft 2/01, S. 129-144.

Klawe, W./**Bräuer**, W. (1998): Zwischen Alltag und Alaska - Praxis und Perspektiven der Erlebnispädagogik in den Hilfen zur Erziehung. Weinheim/München.

Kreft, D. (2000): Einmischungsstrategie und offensive Jugendhilfe - heute notwendiger denn je? In: BMFSFJ (Hg.): Mehr Chancen für Kinder und Jugendliche. Stand und Perspektiven der Jugendhilfe in Deutschland. Münster, S. 171-176.

Kuhlmann, C./**Schrapper**, C. (2001): Geschichte der Erziehungshilfen von der Armenpflege bis zu den Hilfen zur Erziehung. In: Birtsch, V./Münstermann, K./Trede, W. (Hg.): Handbuch Erziehungshilfen. Leitfaden für Ausbildung, Praxis und Forschung. Münster, S.282-328.

Liebig, R./**Struck**, N. (2001): Was kostet die Kinder- und Jugendhilfe? Die Ausgaben der öffentlichen Hand im Innen- und Außenvergleich. In: Rauschenbach, T./Schilling, M. (Hg.): Kinder- und Jugendhilfereport 1. Analysen, Befunde und Perspektiven. Münster, S. 33-50.

Lorenz, W. (2000): Möglichkeiten einer europäischen Sozialarbeit. In: Müller, S./Sünker, H./Olk, T./Böllert, K. (Hg.): Soziale Arbeit. Gesellschaftliche Bedingungen und professionelle Perspektiven. Neuwied/Kriftel, S. 61-78.

Maykus, S. (2000): Der Modus "Handlungsbezogene Reflexion": Methodisches Handeln in der Heimerziehung. In: Archiv für Wissenschaft und Praxis der Sozialen Arbeit, H. 2, S. 155-174.

Müller, B.: Prävention - Verhindern und Befähigen. Versuch zur Entwirrung eines Begriffs. In: Neue Praxis 2001, H. 3, S. 287-295.

Petermann, U./**Petermann**, F. (2000): Training mit Jugendlichen in der Heimerziehung. In: Archiv für Wissenschaft und Praxis der Sozialen Arbeit, H. 2, S. 175-190.

Peters; F./**Trede**, W./**Winkler**, M. [Hg.] (1998): Integrierte Erziehungshilfen. Qualifizierung der Jugendhilfe durch Flexibilisierung und Integration? Frankfurt a.M..

Schilling, M. (2001): Die Fachkräfte in den Erziehungshilfen. In: Birtsch, V./Münstermann, K./Trede, W. (Hg.): Handbuch Erziehungshilfen. Leitfaden für Ausbildung, Praxis und Forschung. Münster, S. 458-487.

Sladek, M. (2000): Jugendliche Individualisierungsverlierer. Weinheim/ München.

Wolf, K. (1999): Machtprozesse in der Heimerziehung. Münster 1999.

Wolff, M. (2000): Integrierte Erziehungshilfen. Eine exemplarische Studie über neue Konzepte in der Jugendhilfe. Weinheim/München.

Wolffersdorff, C. v. (2001): Konzepte offener und geschlossener Heimerziehung im Wandel der Zeiten. In: Birtsch, V./Münstermann, K./Trede, W. (Hg.): Handbuch Erziehungshilfen. Leitfaden für Ausbildung, Praxis und Forschung. Münster, S. 458-487.

Wolfgang Trede

Heimerziehung nach zehn Jahren KJHG - eine Standortbestimmung[1]

1. Vorbemerkungen

Eine „Standortbestimmung“ über die Situation der Heimerziehung über zehn Jahre nach Inkrafttreten des Kinder- und Jugendhilfegesetzes vorzunehmen, fällt aus mehreren Gründen schwer. Am auffälligsten ist das fast vollständige Fehlen eines bereichsspezifischen Fachdiskurses, anders ausgedrückt: Über „Heimerziehung“ wird kaum mehr geredet. Die aufregenden fachlichen Diskurse fanden jedenfalls in anderen Bereichen statt. Daher fehlt es an Koordinaten, von denen aus eine Standortbestimmung geleistet werden könnte. Immerhin wurde auch in den 1990er Jahren relativ viel zur Heimerziehung geforscht (für einen Überblick: Lambers 1995; Gabriel 2001), es gibt also viele empirische Daten, die herangezogen werden können. Allerdings sind die Befunde der Studien eher irritierend: Während nämlich vorwiegend quantitativ verfahrende Studien der Heimerziehung alles in allem der Heimerziehung ein gutes Zeugnis hinsichtlich ihrer Leistungsfähigkeit aussprechen, geben qualitativ angelegte Untersuchungen immer noch Anlass zur Skepsis gegenüber der Qualität institutioneller Fremdplatzierung.

Schwierigkeiten einer Standortbestimmung liegen schließlich in der Sache selbst. Denn *die* Heimerziehung gibt es nicht, angesichts der Vielfalt von Fremdplatzierungs-Settings, die rechtstechnisch allesamt dem § 34 SGB VIII zugeordnet werden können, müsste vielmehr von ihr im Plural gesprochen werden, oder man „rettet“ sich in einen pädagogisch-systematischen Begriff wie den der „Erziehung am anderen Ort“ (vgl. Trede/Winkler 2000). Genauso allgemein sind die Definitionsversuche im angelsächsischen Raum. Millham & Bullock‘s berühmte Begriffsbestimmung lautet: „The only fea-

[1] Überarbeitete Fassung eines Referates bei der Fachtagung „Bindung - Theorie und Praxis in der Jugendhilfe“ am 24.10.2001 in Bonn

ture that charakterizes residential settings is the ‚bed‘ which is not provided by the family but by others.“ Auch mehr als zehn Jahre nach Inkrafttreten des Kinder- und Jugendhilfegesetzes, das mit seinem differenzierten Katalog erzieherischer Hilfen die Reformprozesse der Jahre 1970 - 1990 rechtlich absicherte und zugleich bedeutende Impulse zur Modernisierung der Jugendhilfe enthielt, ist das Feld stationärer Unterbringung zudem von einer erheblichen Dynamik gekennzeichnet. Statt einer Standortbestimmung im Sinne einer Momentaufnahme müsste gewissermaßen eine ganze Fotoserie erstellt werden, es müssten viele und ganz unterschiedliche Geschichten über die Heimerziehung erzählt werden:

(1) In der einen würde Heimerziehung als Anstalt erscheinen, in der das Institutionelle deutlich dominieren würde. Hausordnungen, Regeln und feste Abläufe als von außen gesetzte Strukturen, in die das Kind oder der Jugendliche sich einzuordnen hätten, in der Neue „in die Spur gebracht“ würden, würden das pädagogische Klima in dieser Heimerziehung prägen. Überproportional viele ausgebrannte ErzieherInnen würden hier ihren Dienst tun. Sie würden sich zu wenig durch die Leitung unterstützt fühlen, würden überfordert und ängstlich ihre Dienste herunterreißen. Gute, emotional tief gehende, „exklusive“ Beziehungen zwischen ErzieherInnen und Kindern oder Jugendlichen würden nicht wegen, sondern eher trotz des institutionellen Rahmens entstehen.

(2) Eine andere Geschichte würde von einer großfamilienähnlichen Heimerziehung künden, in dem ein Erzieherpaar mit eigenen und vielleicht fünf fremden Kindern ein größeres Haus zumeist in idyllischer Umgebung bewohnen würde, eine Szenerie, wie man sich das aus den Geschichten Astrid Lindgrens imaginiert. Auch für die meisten Kinder, die in dieser besonderen Großfamilie im Rahmen einer Jugendhilfemaßnahme lebten, würden die ErzieherInnen zu „Mama“ und „Papa“, genauer: zu einer/m weiteren Mutter und Vater neben den leiblichen Eltern. Die „Jugendhilfekinder“ wüssten zwar, dass sie in der Außenwohngruppe einer Einrichtung leben, aber dennoch eher das Gefühl hätten, nun in einer neuen Familie zu leben, wenngleich dieses Familienbild immer wieder zerstört würde, z.B. wenn ein Kind die Gruppe verlassen und der „Platz“ bald wieder

„belegt“ würde, oder auch, wenn „Mama“ und „Papa“ mit ihren leiblichen Kindern Urlaub von ihnen nehmen würden.

(3) Ein dritte Geschichte würde vielleicht von einer Art familientherapeutischer Intensivstation berichten, wo die ganze Familie für einige Wochen bis einige Monate in einem Heim leben würde, dort auf andere Familien in ähnlicher Situation treffen würde, und mit diesen gemeinsam und mit Unterstützung von SozialarbeiterInnen und BetreuerInnen neue Wege der Alltagsorganisation und Problembewältigung kennen lernen würde. Das Ganze würde dem Kind vielleicht wie eine etwas lang geratene Familienferien-/bildungsmaßnahme erscheinen und im günstigen Fall damit enden, dass die Familie später wieder besser, entspannter zusammenleben kann.
Wir müssen uns beim Reden über „Heimerziehung“also ständig der erheblichen Vielfalt von Settings der Fremdplatzierung bewusst sein, zugleich berücksichtigen, wie unterschiedlich und ungleichzeitig sich die Situation der Heimerziehung mit Blick auf ganz Deutschland darstellt, wobei regionale Disparitäten bei weitem nicht nur zwischen Ost- und West-Deutschland bestehen. Dies alles berücksichtigend werde ich im Folgenden

- in einem ersten Teil ein empirisches Bild der heutigen Heimerziehungslandschaft zeichnen - u.a. mit Hilfe der amtlichen Jugendhilfestatistik und den Befunden einiger Heimerziehungs-Studien der letzten ca. 15 Jahren.
- In einem zweiten Abschnitt werde ich auf einige zentrale Problempunkte, Ambivalenzen und Widersprüchlichkeiten heutiger Heimerziehung eingehen, wobei ich auch hierbei nicht beanspruchen kann, eine auch nur annähernd vollständige Darstellung abzugeben.

2. Moderne Vielfalt und alte Irritationen: Heimerziehung in Deutschland heute - Konzeptionen, Daten, Forschungsbefunde

2.1 Konzeptioneller Zugang: Modernisierung und Differenzierung

Es gibt länderspezifische Heimerziehungskulturen, d.h. einem Land eigentümliche Funktionen, Images, „Philosophien“ und Ausgestaltungen der institutionellen Betreuung und Erziehung von Minderjährigen außerhalb der eigenen Familie auf öffentliche Veranlassung. Geprägt werden diese natürlich durch die jeweiligen sozial-, rechts- und ideengeschichtlichen Entwicklungen, wobei hier natürlich auch länder*übergreifende* Entwicklungen zu berücksichtigen sind - man denke z.B. nur an die Auswirkungen des französischen *Code Napoléon* auf die europäische Entwicklung des Zivilrechts und des *Code Pénal* auf die Entwicklung des (Jugend-)Strafrechts. Wenn wir indes die „langen Linien" der Geschichte der Heimerziehung außen vor lassen (vgl. hierzu mit vielem Quellenmaterial immer noch: Scherpner 1979; zusammenfassend: Trede/Winkler 2000; Kuhlmann/Schrapper 2001) und uns nur auf die jüngere Geschichte konzentrieren, dann wurde die heutige Landschaft der Heimerziehung in Deutschland ganz wesentlich durch die von den Heimkampagnen 1969 ausgelösten Reformprozesse geprägt. Wenige Wochen „Heimkampagnen" der „Außerparlamentarischen Opposition" im Sommer und Herbst 1969 (vgl. Arbeitsgruppe Heimreform 2000) hatten nicht nur eine öffentliche Skandalisierung der „menschenunwürdigen Zustände" in deutschen Heimen, sondern auch eine erhebliche Modernisierungswelle zur Folge, die nach und nach zur heute bekannten ausdifferenzierten Landschaft erzieherischer Hilfen und - in deutlich geringerem Ausmaß - zu einer demokratischeren Kultur im Heimalltag geführt hat. Eine erst mit dem Kinder- und Jugendhilfegesetz 1989 zum Abschluss gekommene Fachdebatte um eine Reform des Jugendrechts (vgl. Wiesner 1990) und ein bis heute andauernder Prozess der Professionalisierung und der sozialpädagogischen Akademisierung des Feldes (vgl. Schilling 2001) begleitete diese Reformen und trieb sie voran.

Das wesentliche Charakteristikum des durch die Heimkampagnen ausgelösten Modernisierungsprozesses war die Differenzierung des Angebotsspektrums. Nicht nur sind in den letzten 25 bis 30 Jahren neben die klassischen stationären Formen Heim und Pflegefamilie ambulante und teilstationäre getreten, die mit unterschiedlicher zeitlicher Intensität, unterschiedlicher Schwerpunktsetzung, teils „komm"-strukturiert (wie die Erziehungsberatung), teils „geh"-strukturiert (wie die Sozialpädagogische Familienhilfe) arbeiten - letztlich auch immer mit dem Ziel, eine Fremdplatzierung zu vermeiden. Gerade auch die Heimerziehung selbst hat sich stark differenziert im Bemühen, eine jeweils bedarfsgerechte Hilfestruktur zur Verfügung stellen zu können. So kann Heimerziehung heute sein (vgl. Trede/Winkler 2000):

- *Wohngruppenerziehung:* Wenn es auch noch vielfach - und nicht nur in den neuen Bundesländern - „das Heim“ als großen schul- oder internatsähnlichen Gebäudekomplex gibt, so finden sich, wenn überhaupt noch Kinder in diesen zentralen Gebäuden leben, getrennte Wohneinheiten, die sich in erheblichem Umfang selbst versorgen. Entsprechend dem Motto „So normal wie möglich“ zogen die Heimgruppen zunehmend aus den Zentralgebäuden in „Außenwohngruppen“, wo sechs bis neun Kinder und Jugendliche von sozialpädagogischen Fachkräften überwiegend im Schichtdienst rund um die Uhr betreut werden. Diese Außenwohngruppen unterscheiden sich äußerlich kaum noch von ihren Vorbildern, den in den 70er Jahren entstandenen Jugendwohngemeinschaften. Die großen Heimträger wandelten sich entsprechend zu einem Verbund mehr oder weniger autonomer Wohngruppen.
- Heimerziehung ist heute *die heilpädagogisch-therapeutische „Intensivstation“*, wo in unterschiedlichen Settings - als Wohngruppe oder familienähnlich - umschriebene Defizite „behandelt“ werden. Zwar arbeitet nur eine Minderheit der Einrichtungen strikt nach einer therapeutischen Schule, doch setzen alle auf einen stärker strukturierten Alltag und auf die gezielte Gestaltung eines therapeutischen Milieus.
- Heimerziehung ist *(Groß-)Familienerziehung.* Aus Kritik an den großen Einrichtungen entwickelten sich *Kinderhäuser* und andere Kleinsteinrichtungen. Hierbei handelt es sich um Eingruppen-Einrichtungen, häufig privat betrieben von einem Erzieherpaar, in dem häufig in einem größeren ländlichen Anwesen ungefähr zehn Kinder dauerhaft leben und aufwachsen (vgl. Merchel 1987). Größere Heime haben *Familiengruppen* gegründet und verstehen darunter Außenwohngruppen, in denen neben den „Betreuungsjugendlichen“ ein Erzieherpaar zusammen mit evtl. eigenen Kindern lebt. *Erziehungsstellen* sind - je nach Blickrichtung und arbeitsvertraglicher Gestaltung - eine Form der Heimerziehung in privaten Haushalten oder eine Form professionalisierter Vollzeitpflege: Ein oder zwei (in Ausnahmefällen drei) Kinder/Jugendliche werden im privaten Haushalt einer Familie aufgenommen, in denen mindestens einer der Erwachsenen über eine pädagogische Qualifikation verfügt (vgl. Planungsgruppe Petra u.a. 1995).

- Heimerziehung ist heute weitgehend *selbstständiges Wohnen von Jugendlichen allein oder zu zweit in einer vom Träger angemieteten Wohnung mit sozialpädagogischer Außenbetreuung.* Diese Form wurde von Jugendhilfeeinrichtungen teilweise im Sinne eines Stufenmodells als Übergang von der Wohngruppe zur Selbstständigkeit eingesetzt, - teilweise wird es auch als eigenständige Erziehungshilfe für Jugendliche ab etwa 16 Jahren angeboten (vgl. Arend u.a. 1987).
- Heimerziehung sind heute *Einzelbetreuungsmaßnahmen,* die zwar im KJHG (kostenrechnungsmäßig) dem Paragrafen 35 „Intensive sozialpädagogische Einzelbetreuung" zuzuordnen sind, sachlich aber mit der Heimerziehung eng verbunden sind. Hierzu gehören u.a. Formen der zwischen Heimerziehung und Streetwork angesiedelten flexiblen Betreuung (vgl. Klatetzki/Winter 1989), der nachgehenden und aufsuchenden Betreuung für Jugendliche, die aus den Standardangeboten des Heims herausfallen. Und hier sind die reise- und erlebnispädagogischen Projekte zu nennen, die Jugendlichen durch inszenierte Abenteuer wie Felsklettern und Wildwasserfahren oder die Konfrontation mit einem anderen Kulturkreis und fremden Regionen existenzielle Grenz-, aber auch Bildungserfahrungen vermitteln möchten.
- Heimerziehung sind schließlich *niederschwellige Schlafplätze und Krisenbetten* für sogenannte Straßenkinder, d.h. für obdachlose Jugendliche, für drogenkonsumierende Jugendliche, für minderjährige Prostituierte, die durch lange Maßnahmekarrieren von der normalen Jugendhilfe so enttäuscht sind, dass sie zunächst lediglich basale Unterstützung in Form eines warmen Zimmers, eines Bettes, eines Bades etc. annehmen können.

Die Plastizität des Begriffs Heimerziehung wird in der Praxis zusätzlich dadurch erhöht, dass es neben und innerhalb der dargestellten Betreuungsformen weitere Differenzierungen gibt. So wurden in den vergangenen Jahren im Gefolge der Kritik an einer gender-blinden Koedukation geschlechtsspezifische Angebote geschaffen. Es entstanden spezielle Wohngruppen für sexuell missbrauchte Mädchen, für türkische Mädchen, die aus der Familie geflüchtet sind, es wurden spezielle Erstaufnahmeeinrichtungen und Clearingstellen sowie Wohngruppen für unbegleitete minderjährige Flüchtlinge geschaffen. Schließlich existieren eher traditionelle Spezialeinrichtungen:

Jugendheime mit Berufsausbildung, Mutter-Kind-Heime, Behindertenheime, Diabetiker-Kinderheime etc.

2.2 Statistische Daten zur Entwicklung der Heimerziehung

Bildet sich die Vielfalt der institutionellen Fremdplatzierungsarrangements auch in der Kinder- und Jugendhilfestatistik ab? Die folgende Tabelle zeigt zunächst *die Anzahl der Plätze in stationären und teilstationären Einrichtungen der Erziehungshilfen* in den neuen und alten Bundesländern zum Stichtag 31.12.1998 (vgl. KomDat Jugendhilfe 2/2000).

Tabelle 1:
Verfügbare Plätze in Einrichtungen der (teil-)stationären Erziehungshilfe nach Art der Einrichtung (alte und neue Länder zum Stichtag 31.12.1998)

		Alte Länder		Neue Länder	
		Abs.	In %	Abs.	In %
	Zentrale Einrichtungsformen				
1	Einrichtung der stationären Erziehungshilfe mit mehreren Gruppen im Schichtdienst auf einem Heimgelände (Stammhaus)	28.843	35,3	10.851	44,0
2	Einrichtung der stationären Erziehungshilfe mit mehreren Gruppen in Lebensgemeinschaftsform auf einem Heimgelände	6.440	7,9	655	2,7
3	Internat, das junge Menschen gemäß §§34, 41 SGB VIII aufnimmt	3.135	3,8	615	2,5
4	Gemeinsame Wohnform für Mütter/Väter und Kinder	1.524	1,9	356	1,4
	Zusammen	39.942	48,8	12.477	50,6
	Dezentrale Einrichtungsformen				
5	Ausgelagerte Gruppe mit organisatorischer Anbindung an das Stammhaus im Schichtdienst	7.988	9,8	2.063	8,4
6	Ausgelagerte Gruppe mit organisatorischer Anbindung an das Stammhaus in Lebensgemeinschaftsform	3.130	3,8	518	2,1
7	Betreute Wohnform mit oder ohne Anbindung an das Stammhaus	7.951	9,7	2.999	12,2
8	Kleinsteinrichtung der stationären Erziehungshilfe	4.560	5,6	938	3,8
	Zusammen	23.629	28,9	6.518	26,4
	Einrichtungen mit besonderem pädagogischen Setting				
9	Einrichtung für integrierte Hilfen (z.B, Jugendhilfestationen oder Jugendhilfezentren)	4.706	5,8	2.168	8,8
10	Erziehungsstelle gemäß § 34 SGB VIB	1.582	1,9	2.70	1,1
11	Großpflegestelle	75	0,1	19	0,1
12	Einrichtung/Abteilung/Gruppe für gesicherte/geschlossene Unterbringung auf der Grundlage einer richterlichen Entscheidung	70	0,1	14	0,1
13	Einrichtung/Abteilung/Gruppe für vorläufige Schutzmaßnahmen gemäß §§ 42, 43 SGB VW	1.154	1,4	384	1,6
	Zusammen	7.587	9,3	2.855	11,6
	Teilstationäre Erziehungssettings				
14	Wochengruppe (ohne Wochenendunterbringung)	523	0,6	67	0,3
15	Tagesgruppe gemäß § 32 SGB VIII	10.122	12,4	2.765	11,2
	Zusammen	10.645	13,0	2.832	11,5
	Insgesamt	81.803	100,0	24.682	100,0

Quelle: Statistisches Bundesamt: Fachserie 13, Reihe 6.3 » Einrichtung und tätige Personen in der Kinder- und Jugendhilfe 1998; Berechnungen der Dortmunder Arbeitsstelle Kinder- und Jugendhilfestatistik

Zunächst spiegelt die Tabelle ganz unmittelbar die Vielfalt des Feldes wider. Gleichzeitig zeigt sich aber, dass das klassische Heim, d.h. die Einrichtung mit mehreren Gruppen und Schichtdienstbetreuung in einem Stammhaus, auch 30 Jahre nach der Anstaltskritik immer noch die dominierende Heim-Form ist: Im Westen sind immerhin rund 35 % der Plätze in solchen *traditionellen Einrichtungen* angesiedelt, im Osten sind es sogar noch 44 % - sicherlich ein Tribut an die Immobilität von Immobilien. Da die Platzzahlen erstmals 1998 mit einem so differenzierten Katalog von Einrichtungsarten erhoben wurden, können zurzeit noch keine Aussagen über die zeitliche Entwicklung gemacht werden, also zum Beispiel, ob und wie schnell die Platzzahlen in der traditionellen Form abnehmen. Gruppen, in denen Minderjährige in *Lebensgemeinschaftsformen* betreut werden, also die Familiengruppen, die „Innewohnenden Gruppen", Kinderdörfer oder auch die Erziehungsstellen nach § 34 SGB VIII - sozialpädagogische Wohnformen also, in denen zumindest eine Fachkraft mit den zu Betreuenden zusammenlebt, machen nur rund 20 % der Plätze im Westen und rund 10 % der Plätze im Osten aus. Wenden wir uns nach den Einrichtungsarten und den zur Verfügung stehenden Plätzen nun der Entwicklung der *tatsächlichen Inanspruchnahme der Heimerziehung* zu im Vergleich zur Vollzeitpflege und den ambulanten Hilfen zur Erziehung. Hierüber gibt die folgende Tabelle Auskunft:

Tabelle 2:
Inanspruchnahme erzieherischer Hilfen gem. §§ 29- 35 SGB VIII (Aufsummierung der beendeten und der zum 31.12. andauernden Hilfen).

	1991 abs Eckwert* Index	1995 abs Eckwert* Index	2000 abs Eckwert* Index
Soz. Gruppenarbeit (§29)	4.768 2,6 100	8.699 4,7 182,4	13.375 7,3 280,5
Erz.beistand/Betr.helfer (§30)	15.499 8,4 100	21.398 11,5 138,0	28.900 15,8 186,5
SPFH (§31) **	13.027 7,1 100	18.361 9,9 140,9	31.232 17 239,7
Tagesgruppe (§32)	10.130 5,5 100	14.851 8,0 146,6	22.296 12,1 220,1
Vollzeitpflege (§33)	55.620 30,3 100	58.405 31,6 105,0	57.862 31,5 104,0
Heimerziehung u.a. (§34)	88.750 48,3 100	94.082 50,9 106,0	95.070 51,8 107,1
Intens. Soz.päd. Einzelbetr. (§35)	1.210 0,7 100	2.101 1,1 173,6	4.140 2,3 42,1

* Der Eckwert bezeichnet die relative Inanspruchnahme einer Hilfe bezogen auf 10.000 der Gleichaltrigen.
** Zahlen beziehen sich auf Familien; durchschnittlich lebten in diesen Familien- und wurden durch SPFH potenziell erreicht- 2,5 Kinder.

Tabelle 2 zeigt die Inanspruchnahme der verschiedenen erzieherischen Hilfen durch junge Menschen in den Jahren 1991, 1995 und 2000. Und zwar wurden jeweils die in den betreffenden Jahren beendeten und die am Jahresende bestehenden Hilfen zusammengezählt. Diese etwas ungewöhnliche Zählart verhindert statistische Verzerrungen zugunsten der (teil-)stationären Hilfen zur Erziehung, da bei einer reinen Stichtagsbetrachtung zum Jahresende die ambulanten Hilfen systematisch *untererfasst* werden, weil diese überproportional häufig unterjährig beendet werden. Außer der *absoluten Anzahl* in Anspruch genommener Hilfen (Lesebeispiel: 4.768 junge Menschen erhielten im Laufe des Jahres 1991 bzw. erhalten zum Stichtag am 31.12. eine Hilfe in Form der Sozialen Gruppenarbeit) wird in der Tabelle auch ein Eckwert angegeben, der die *relative Inanspruchnahme einer Hilfe* bezogen auf die gesamte Gleichaltrigengruppe ausdrückt (Beispiel: Im Jahr 2000 lebten bzw. leben statistisch 51,8 von 10.000 der unter 21-Jährigen in Heimen). Schließlich ist für jede Hilfeform ein Index gebildet worden (1991 = 100); mit Hilfe der in der Tabelle „quer" zu lesenden Indizes kann man leicht die quantitativen Veränderungen der jeweiligen Hilfeformen im zeitlichen Verlauf ablesen.

Nicht berücksichtigt wurde die Erziehungsberatung gem. § 28 SGB VIII, weil sie eine Sonderform der Hilfen zur Erziehung darstellt.[2] Sieht man also von der Erziehungsberatung ab, dann ist die Heimerziehung in all ihren verschiedenen Formen nach wie vor die am häufigsten genutzte Erziehungshilfe. Sie ist - mit rund 62 % Anteil - die dominierende Form der Erziehungshilfe außerhalb des eigenen Elternhauses. Die klassische Alternative der Heimerziehung, die Pflegefamilie, hat quantitativ über die letzten beiden Jahrzehnte kontinuierlich an Bedeutung verloren: 1980 - nach den 70er Jahren mit dem Motto „Holt die Kinder aus den Heimen!" - lebten nur knapp die Hälfte der fremduntergebrachten Minderjährigen in Heimen (47,7 %). Am relativen Rückgang der Vollzeitpflege hat das Kinder- und Jugendhilfe-

[2] Erziehungsberatung ist mit knapp 275.000 beendeten Beratungen im Jahr 2000 (das sind 115 von 10.000 der Gleichaltrigengruppe) quantitativ die mit Abstand bedeutendste Hilfe zur Erziehung. Die Erziehungsberatung wurde damit - wie auch die in der Tabelle aufgeführten Hilfen - im Verlauf der 1990er Jahre immer stärker in Anspruch genommen (1993: 197.955 Beratungen). Sie ist eine Sonderform der Hilfen zur Erziehung, weil sie erheblich niederschwelliger ansetzt als die anderen Hilfen und überwiegend ohne die ansonsten obligatorische Hilfeplanung gem. § 36 SGB VIII geleistet wird.

gesetz nichts ändern können. Dieser Sachverhalt wird in der bundesdeutschen Fachdebatte mit einem - vielleicht leicht resignierten - Schulterzucken zur Kenntnis genommen und damit erklärt, dass für die vorwiegend ältere Haupt-AdressatInnengruppe von Unterbringungen „am anderen Ort“ Pflegefamilien weder gewünscht noch geeignet wären, und dass es ja sowieso so schwer sei, genügend geeignete Familien für Pflegeverhältnisse zu gewinnen. Dramatischer fällt das Urteil freilich dann aus, wenn mit Blick auf einen Vergleich europäischer Fremdplatzierungspolitiken festgestellt werden kann, dass nahezu alle benachbarten Länder unter vergleichbaren Bedingungen sehr viel stärker und durchaus erfolgreich auf die Vollzeitpflege setzen (vgl. Trede 2001). Im Unterschied zur Entwicklung der Inanspruchnahme von Vollzeitpflege ist über die 90er Jahre hinweg ein anhaltender Trend zu den ambulanten Hilfen feststellbar: Betrug das Verhältnis der Heimerziehung zu allen ambulanten Hilfen im Jahr 1991 noch 66 % : 33 %, so war das Verhältnis im Jahr 2000 fast genau ausgeglichen 50: 50. Im Hinblick auf die tatsächlich erreichten Minderjährigen dürfte das Verhältnis sogar noch stärker zugunsten der ambulanten Hilfen ausfallen, weil die Leistungen der Sozialpädagogischen Familienhilfe ja sicherlich mehr als einem Kind pro betreuter Familie zugute kommen (im statistischen Durchschnitt geht man bei den SPFH-Familien von 2,5 Kindern aus).

2.3 Forschungsbefunde

Bevor ich einige m. E. zentrale Befunde empirischer Heimerziehungsstudien aus den 80er und 90er Jahren zusammenfasse, soll an Forschungs- und Theorieansätze erinnert werden, denen in den 60er und 70er Jahren eine besondere Bedeutung für die Reform der Heimerziehung zukam.

Die (verspätete) deutsche Rezeption der Ergebnisse der Hospitalismusforschung von René Spitz und der bindungstheoretischen Arbeiten John Bowlby‘s, die die überragende Bedeutung stabiler und vertrauensvoller emotionaler Bindungen von Säuglingen und Kleinkindern an eine (oder wenige) Bezugspersonen für deren gesunde Entwicklung belegte, die also insgesamt auf die schädlichen Einflüsse der institutionellen Unterbringung kleiner Kinder hinwiesen, hatten für die Heimreformen der 1970er Jahre erhebliche praktische Auswirkungen: Säuglingsheime wurden aufgelöst, statt dessen die

Unterbringung in Pflegefamilien und familienähnlichen Kleinstheimen präferiert. Ähnlich folgenreich für die Reform der Heimerziehung waren Erving Goffman's Befunde zu den de-personalisierenden Wirkungen von „totalen Institutionen" sowie die Ergebnisse der etikettierungstheoretischen Ansätze, die eine Verfestigung sozialer Ausgrenzung aufgrund stigmatisierender Praxen sozialer Arbeit nahgelegten. In der Folge versuchten sich Heime zu ihrem Umfeld hin zu öffnen; Dezentralisierung, De-Institutionalisierung und Normalisierung waren angesagt.

Die Ergebnisse einschlägiger Heimerziehungs-Studien in den 1980er und 1990er Jahren fielen eher irritierend aus: Vornehmlich *quantifizierend* angelegte, an statistisch darstellbaren Befunden interessierte Untersuchungen lassen nämlich erkennen, dass die Behauptung von den allein negativen Sozialisationseffekten der Heimerziehung nicht zutrifft. So ist schon länger bekannt, dass der meist mit dem Hospitalismusbegriff verknüpfte Vorbehalt einer nahezu unvermeidbaren Deprivierung von Heiminsassen nicht zutrifft (vgl. Ernst/von Luckner 1987). Die Untersuchung von Ulrich Bürger (1990) hinsichtlich der Legalitätsbewährung und im Blick auf den Schulerfolg kommt zu dem Ergebnis, dass Heimerziehung überwiegend erfolgreich wirkt, den jungen Menschen bessere Chancen eröffnet, als sie beim Verblieb in der Herkunftsfamilie hatten. Wenngleich Heimerziehung häufig ein (letztes) Glied in einer Kette öffentlicher Interventionen bildet, stellt sie nicht den Ausgangspunkt einer lebenslang währenden Anstaltsbiografie dar, wie etwa der Stigmatisierungsansatz vermutete. Gert Hansen zeigt für die Persönlichkeitsentwicklung von Kindern und Jugendlichen ebenfalls eher positive Effekte, die er zudem mit Befunden aus einer Vergleichsgruppe kontrastieren kann, die ausschließlich im familiären Zusammenhang aufwächst (Hansen 1994). Auch die jüngste Evaluationsstudie zur Heimerziehung (JULE-Studie, vgl. Baur u.a. 1998) kommt zu einem für die Heimerziehung ebenfalls schmeichelhaften Resultat. Nach Auswertung von knapp 300 Jugendamtsakten verliefen dieser Studie zufolge 53 % der stationären Hilfen für die betroffenen jungen Menschen positiv und weitere 17 % in Ansätzen positiv. Bei 12 % konnte durch die Heimunterbringung keine Veränderung bewirkt werden, bei 18 % konnte eine schwierige Entwicklung durch die Jugendhilfe nicht aufgehalten werden. Wenn man diese Studie freilich vergleicht mit früheren, z.B. der schon erwähnten von Bürger oder der berühmten Studie von Pongratz/Hübner aus den 1950er Jahren (was wegen der jeweils unterschiedlichen methodischen Anlage der Untersuchungen zugegebenerweise etwas gewagt ist), so kommt man zu verblüffend ähnlichen Resultaten: Ca. zwei Drittel mehr oder weniger als „erfolgreich" rekonstruierten Heimbiografien steht ein Drittel als eher „gescheitert" eingeschätzten gegenüber. Spannender als diese „Globalergebnisse" ist die Tatsache, dass die JULE-Studie einen deutlichen Zusammenhang zwischen guter Fachlichkeit und dem Erfolg einer Heimunterbringung empirisch belegen konnte: Wenn fachliche Standards, wie u.a. eine sorgfältige Hilfeplanung, die Einbeziehung der Herkunftseltern etc., eingehalten worden waren, so war die Chance auf ein positives Resultat sechs Mal höher als wenn diese Standards nicht eingehalten worden waren. Das steht in einem beruhigenden Kontrast zu der recht verbreiteten Vermutung, Heimerziehung sei ein solch kontingenter Prozess, sei von so vielen Zufälligkeiten abhängig, dass sich eine (Re-)Konstruktion von Ursache-Wirkungs-Zusammenhängen verböten.

Qualitativ angelegte Studien zur Heimerziehung geben freilich immer noch erheblich Anlass zur Skepsis gegenüber der Leistungsfähigkeit von Heimerziehung. Dies offenbart in ihrem qualitativen Teil selbst die JULE-Studie - hier waren junge Menschen und Eltern befragt worden. In der Beurteilung durch die jungen Leute erscheint Heimerziehung weiterhin als in einer Reihe von Faktoren defizitär. Nach wie vor scheint die Elternarbeit vernachlässigt zu werden. Nach wie vor scheinen Mädchen und junge Frauen in Heimen aufgrund der für sie weniger adäquaten Hilfsangeboten „doppelt benachteiligt" (Birtsch 1991) zu werden. Immer noch wird mit Alkohol- und Drogenkonsum junger Leute in Wohngruppen und Heimen tabuisierend verschreckt oder aggressiv-ausgrenzend umgegangen. Und immer noch fehlt es an interkultureller Kompetenz als Voraussetzung für die hilfreiche Betreuung von jungen Mädchen und Jungen mit Migrationshintergrund.

Prekär scheinen zudem die Platzierungsprozesse selbst und die Vorgänge des „Verlegens und Abschiebens" (vgl. Freigang 1986). Trotz KJHG und Hilfeplanung werden Kinder und Jugendliche in Einrichtungen untergebracht, ohne die Eignung des Unterbringungsortes angemessen zu prüfen oder sie an den Platzierungsprozessen in einer Weise zu beteiligen, die ihnen und den ErzieherInnen jene Wahlmöglichkeiten eröffnen, die für das Gelingen von Heimerziehung offensichtlich unabdingbar sind (vgl. Wieland u.a. 1992). Aus diesen und einer Reihe weiterer Studien (zuletzt: Wolf 1999; Schleiffer 2001) zeigen sich auch immer wieder die alten Mängel- und Problemlagen der Heimerziehung:

- fehlende oder zu geringe Zusammenarbeit mit den Eltern
- fehlende oder mangelnde Einbeziehung der jungen Leute in die Hilfeplanung und den Heimalltag
- ein pädagogisch unproduktiver Machtüberhang auf Seiten der ErzieherInnen
- wenig Eingehen auf individuelle Bedürfnisse, dagegen generalisierende Handlungsmuster
- mangelnde Fachkenntnisse und fehlende persönliche Kompetenz zur Ausprägung einer „bindungssensiblen" Haltung
- der Mangel an „exklusiven" Beziehungsangeboten
- fehlender regionaler Bezug der Einrichtungen.

Auch „moderne" Formen der Heimerziehung sind im Übrigen nicht davor gefeit, problematische Nebenwirkungen zu haben. Bühler-Niederberger/ Niederberger (1988) konnten am Beispiel von Familiengruppen in der Heimerziehung zeigen, wie diese Bewohner ent-täuschen, weil sie „Institution" sind, aber „Familie" suggerieren. Sladek (2000) wies in einer Untersuchung über das betreute Jugendwohnen in Einzelwohnungen darauf hin, dass nicht wenige Jugendliche von diesem Arrangement überfordert werden und sich einsam fühlen.

3. Probleme und Ambivalenzen heutiger Heimerziehung

Eingangs wurde das fast vollständige Fehlen eines Fachdiskurses im Feld der Heimerziehung konstatiert. Was könnten - vor dem Hintergrund der Modernisierungsprozesse und der empirischen Befunde - weiterführende Praxisdiskurse sein? Hierzu möchte ich vier Vorschläge machen.

3.1 Das Spannungsverhältnis „Individualisierung - Gruppenpädagogik" oder: Neu über die Gruppe nachdenken!

Die Individualisierung der Hilfe stellt eines der Kennzeichen moderner, reformierter Heimerziehung schlechthin dar. Auf die Bedürfnisse des einzelnen Kindes eingehen, eine individuelle Hilfeplanung betreiben, den Einzelnen in den Mittelpunkt stellen, in der Einrichtung ein persönliches Milieu zu schaffen und die Privatsphäre des Einzelnen sicherzustellen - das waren wichtige Kennzeichen einer kind- bzw. jugendlichenorientierten Heimerziehung, die die Lehren der Anstaltserziehung mit ihren Großgruppen bei einem Betreuungsverhältnis 1:25 gelernt hatte. Im Anschluss an Bowlby und Spitz wurde der Betreuungsschlüssel verbessert, die Gruppen verkleinert, Bezugserziehersysteme geschaffen. Die Gruppe geriet so aber mehr und mehr zu einem notwendigen Übel. „Gruppe" - so hat man den Eindruck - entsteht in der Wohngruppe zufällig und zwangsläufig, weil man eben den Alltag irgendwie organisieren, gemeinsam essen und die absolut notwendigen Dinge absprechen muss. Wo sind die gruppenpädagogischen Ansätze geblieben, insbesondere die methodischen Ansätze der sozialen Gruppenarbeit, die in den 50er und 60er Jahren in vielen Modelleinrichtungen selbstverständlich waren (vgl. Kalcher 2002)? Ansätze, die ja durchaus darauf gezielt hatten, mittels der Gruppe den Einzelnen zu fördern und zu bilden? Diese sind m. E. fast gänzlich verschwunden. Gruppenpädagogik findet heute allenfalls bei abenteuer- und erlebnispädagogischen Events statt, da hat die Gruppe noch einen Stellenwert, da muss man sich noch gegenseitig helfen beim Klettern oder Segeln - aber sonst?

Zusätzlich problematisch erscheint mir, dass die wünschenswerten „exklusiven Beziehungen" (vgl. Wieland u.a. 1992), obwohl sie in Konzeptionspapieren stehen und die Einrichtung guten Willens ist, sich in der Praxis dennoch nicht einstellen. Der Schichtdienst steht dem im Weg und die gerade in Wohngruppen nicht unerhebliche Fluktuation (vgl. Günther/Bergler 1992) und die Institution mit ihren Eigengesetzen, die z. B. verbieten, dass das Kind sich eine/n BezugserzieherIn wählt; statt dessen werden die Kinder „ökonomisch" unter den Teammitgliedern aufgeteilt. Dies alles zusammen hat zur Folge, dass immer häufiger der pädagogische Super-GAU eintritt: Die Dimension „Gruppe" als wechselseitig stabilisierendes und sozialisierendes Element ist verloren gegangen *und* der individuelle pädagogische Bezug, sprich eine pädagogisch wertvolle exkusive Bezugsperson, ist weggebrochen.

3.2 Heimerziehung als Beruf - oder: Wer arbeitet (noch) im Heim?

Ich habe bereits weiter oben erwähnt, dass ein wesentliches Charakteristikum der Reformprozesse in der Heimerziehung der letzten 30 Jahre die Professionalisierung des Feldes ist. Und tatsächlich zeigt sich auch in der Statistik deutlich ein erheblicher Professionalisierungsschub der bis in die 90er Jahre angehalten hat (allerdings - so zeigen die neuesten Zahlen - zum Ende gekommen ist). Professionalisierung meint dabei zunächst einmal, dass der Anteil der nicht einschlägig sozialpädagogisch ausgebildeten Fachkräfte über die Jahre immer weiter zurück- gegangen ist und heute lediglich noch 4,7 % der in Heimgruppen Tätigen umfasst (hiervon sind auch noch ein Teil Zivildienstleistende, Personen im Freiwilligen Sozialen Jahr und PraktikantInnen). Professionalisierung zeigt sich aber auch darin, dass über die Jahre die geringer qualifizierten Hilfs- bzw. HelferInnenberufe wie KinderpflegerInnen anteilsmäßig zurückgegangen sind. Die im Bereich der stationären Erziehungshilfe vorherrschende Qualifikation ist die staatlich anerkannte ErzieherIn. Über die Jahre am stärksten zugelegt haben jedoch die Berufsgruppen mit einer akademischen Ausbildung, also einem Fachhochschul- bzw. Universitätsabschluss in der Sozialpädagogik. Während der Anteil der ErzieherInnen bei den im Gruppendienst tätigen Fachkräften zwischen 1982 und 1998 mit 42 % ungefähr gleich geblieben ist, nahm der Anteil der Dipolom-SozialarbeiterInnen/SozialpädagogInnen im gleichen Zeitraum von rund 9 % auf knapp 24 % erheblich zu. Spannend ist, dass in den Mehrgruppeneinrichtungen, in den Lebensgemeinschaftsgruppen und den Außenwohngruppen, also überall dort, wo es schwerpunktmäßig um das alltägliche Zusammenleben mit Kindern, um die gemeinsame Gestaltung des Alltags geht, die ErzieherInnen deutlich dominieren, während in Einrichtungsformen, die kurzfristigere Hilfesettings vorhalten, oder auch in „moderneren“ Formen wie den Jugendhilfestationen und anderen Formen integrierter Erziehungshilfen mittlerweile die akademisch ausgebildeten SozialpädagogInnen mit einem Anteil von 55 % und mehr in der Mehrzahl sind. Mit Blick auf die Qualifikationsstruktur haben wir es also zunehmend mit einer Spaltung innerhalb des Arbeitsfeldes Heimerziehung zu tun: In den eher klassischen Formen dominieren die eher niedrig ausgebildeten ErzieherInnen, in den moderneren Formen die AkademikerInnen. Aber was bedeutet das? Zunächst ist es mir im Rahmen dieses Beitrages nicht möglich, über notwendige persönliche Kompetenzen, zwingend notwendige Wissensbestände, Reflexionsmöglichkeiten oder die zumeist etwas kryptisch beschworenen „Schlüsselqualifikationen" von Fachkräften im Bereich der Heimerziehung zu reflektieren. Was aus meiner Sicht jedenfalls festzustellen ist: Die Einrichtungen sind eigentlich mit allen von den Ausbildungsinstitutionen dem Arbeitsmarkt zur Verfügung gestellten Qualifikationen nicht restlos zufrieden.

Ich warne jedenfalls davor, die Professionalisierung und Akademisierung *als solche* als Erfolg zu verstehen (wenngleich sie zwingend notwendig war und überwiegend positiv zu bewerten ist). Denn auch sie hat nicht vermocht, die Bedingungen des Arbeitens im Heim grundlegend zu verändern, und die Arbeitsbedingungen sind als problematisch einzuschätzen. In einer ganzen Reihe von Studien aus den 80er und zu Beginn der 90er Jahre ist auf diese schwierigen Arbeitsbedingungen, die subjektiv geäußerten hohen Arbeitsbelastungen und damit zusammenhängend Frustration und schnelle Berufsfeldwechsel hingewiesen worden (vgl. Günther/Bergler 1992; Savicki 1999). Was es für einen Aufschrei der gesamten pädagogischen Zunft gab, als in den 70er Jahren über die Einführung der 40-Stundenwoche debattiert worden war und von der Zunft vor einer dadurch verursachten Zerstörung pädagogischer Beziehungen gewarnt worden war! Bei der Einführung der 38,5-Stundenwoche hatte man sich offensichtlich an eng getaktete Schichtdienste gewöhnt. Der Schichtdienst, zum Teil pädagogisch unsinnige Formen des Schichtdienstes, sind an der Tagesordnung und gerade unter bindungstheoretischen Gesichtspunkten sicherlich kontraproduktiv. Hinzu kommt wie schon erwähnt die relativ hohe Fluktuation im Arbeitsfeld.

Wie bringt man das zusammen mit der Qualifikationsstruktur der Heim-ArbeiterInnen? Einige Widersprüche mit letztlich problematischen Auswirkungen für die Qualität von Heimerziehung kommen hier zusammen und müssten endlich breit und ehrlich diskutiert werden: Die vergleichsweise generalistisch (d.h. für das breite Feld sozialer Arbeit) qualifizierten SozialpädagogInnen oder SozialarbeiterInnen von den Fachhochschulen betrachten die Tätigkeit in der Heimgruppe eher als Einstiegsarbeitsfeld, um nach wenigen Jahren eine andere, vielleicht besser dotierte Stelle anzunehmen, während viele „staatlich anerkannten" ErzieherInnen sehr darunter leiden, einen Art Sackgassenberuf ergriffen zu haben, der ihnen neben dem Heim und vielleicht dem Kindergarten kaum berufliche Karrieremöglichkeiten eröffnet. Die Konsequenz ist auch in diesen letztgenannten Fällen entweder das Aufgeben des Jobs, um an der Fachhochschule weiter zu studieren oder die Resignation vieler älterer ErzieherInnen, die sich zum Teil auch von ihren Leitungen hinsichtlich ihres weiteren beruflichen Werdegangs im Stich gelassen fühlen. Die neuesten Zahlen der Bundesstatistik zeigen eine deutliche Verschiebung hin zu älteren MitarbeiterInnen - eine große Herausforderung für das Arbeitsfeld und für Personalentwicklung in den nächsten Jahren.

3.3 Das Verhältnis zwischen Freiwilligkeit und Zwang - oder: Wie dienstleistungsorientiert ist die Heimerziehung?

Die konzeptionelle Entwicklung der Heimerziehung wie der erzieherischen Hilfen insgesamt in Deutschland ist dadurch gekennzeichnet, dass das Interventionsschema obrigkeitlichen Eingreifens zunehmend zurückgedrängt werden sollte zugunsten einer Dienstleistungsorientierung, die auf Partnerschaft mit den Personensorgeberechtigten setzt. Nicht zuletzt hat ja das Kinder- und Jugendhilfegesetz diese Philosophie konsequent ausbuchstabiert. Im Unterschied zum Vorgängergesetz gibt es ja keine wirklichen im KJHG liegenden Zwangsmaßnahmen, vielmehr werden auf Antrag der Personensorgeberechtigten und bei Vorliegen der Voraussetzungen des § 27 SGB VIII Hilfen zur Erziehung gewährt. Für eine öffentliche Intervention gegen den Willen der Eltern bzw. des Sorgeberechtigten muss in einem familiengerichtlichen Verfahren die relativ hohe Hürde des § 1666 BGB genommen und den Eltern das Sorgerecht teilweise oder vollständig entzogen werden. Immerhin war das bei den neu begonnenen Hilfen zur Erziehung in Heimen oder Pflegefamilien im Jahr 1999 bei rund 15 % der Fall. Wenn man hier noch unter dem Blickwinkel des Verhältnisses von Freiwilligkeit und Zwang die sicherlich beachtliche Dunkelziffer derjenigen Eltern hinzurechnet, die mit Hilfe mehr oder minder großen Zwangs zur Einwilligung zu einer Heimerziehung gebracht werden, so wird deutlich, dass hier Theorie und Praxis deutlich auseinander klaffen dürften. Von den AdressatInnen, den „Kunden" einer dienstleistungsorientierten Jugendhilfe, dürfte ein erheblicher Teil eine Heimerziehung nach wie vor als Eingriff und als letztlich aufoktroyierte Maßnahme empfinden. Dies ergeben auch viele Befragungen bei Kindern und Jugendlichen selbst immer wieder. Auch wenn sie die Heimunterbringung nach einiger Zeit bzw. im Nachhinein als für sich positiv bilanzieren können, so empfanden sie den Prozess der Unterbringung, der Platzierung als fremdgesteuert. Aber auch im Alltag der Einrichtungen ist es mit der Dienstleistungsorientierung nicht weit bestellt: Formelle Mitwirkungs- und Beteiligungsgremien, z.B. in Form von Heimräten oder Jugendlichenvertretungen, existieren kaum und wenn dann funktionieren sie schlecht. Aber selbst wenn man nicht ein Freund von solchen formalisierten Beteiligungsstrukturen ist, es fehlt auch überhaupt das Problembewusstsein bei den MitarbeiterInnen und den Leitungen in den Einrichtungen. Regeln gelten als Gesetz - obwohl sie viel besser funktionieren würden, wenn sie gemeinsam ausgehandelt worden wären. Beteiligungsorientierte Verfahren bei der Hilfeplanung werden selten praktiziert (in allen empirischen Untersuchungen wird immer wieder beklagt, dass es in den schriftlich dokumentierten Hilfeplänen kaum direkte Aussagen von Klienten gäbe, allenfalls gäbe es von SozialarbeiterInnen interpretierte Aussagen). Auch die Zusammenarbeit mit den Eltern - als fachliche Anforderung ein alter Hut - ist nach wie vor ein neuralgischer Punkt in vielen Heimeinrichtungen. Sei es weil die Eltern einfach zu weit entfernt wohnen, sei es weil niemand richtig Zeit hat sich darum zu kümmern, sei es weil die MitarbeiterInnen doch eher den Eindruck haben, dass Eltern den reibungslosen Ablauf stören.

3.4 Heime und ihre Umwelt: Kooperation, Flexibilisierung, Sozialraumorientierung

Ein vierter Diskursbereich ergibt sich, wenn man die Position der Heimerziehung im Horizont der anderen erzieherischen Hilfen beleuchtet (bei den jugendhilfestatistischen Daten wurde schon darüber gesprochen). Insbesondere im Bereich der ambulanten und teilstationären Hilfen zur Erziehung ist in den letzten Jahren als Reaktion auf unproduktive spezialistische Differenzierungsprozesse ein Trend zur Integration verschiedener Hilfen zur Erziehung aus einer Hand auszumachen (vgl. Pothmann/Schilling 2002). Während also im ambulanten und im Bereich der Tagesgruppenarbeit eine Flexibilisierung des Hilfeangebots festzustellen ist sowie eine bessere Vernetzung verschiedener Hilfen mit dem Ziel, Hilfen „passgenauer“ und damit effektiver zu gestalten und Übergänge zwischen verschiedenen Hilfen zu erleichtern, bleibt die Heimerziehung ein vergleichbares starres, ja scheinbar und isoliertes Angebot im Spektrum der Hilfen zur Erziehung. Der zentrale pädagogische Vorzug der Heimerziehung, Kindern und Jugendlichen einen sicheren, bildenden und schützenden anderen Ort außerhalb der schwierigen Herkunftsfamilie zur Verfügung zu stellen, scheint sich vor dem Hintergrund einer auf Durchlässigkeit, Flexibilität und Sozialraumorientierung setzenden Jugendhilfe in einen strukturellen Nachteil zu verkehren. Hier liegen zukünftig sicherlich eine Reihe von Herausforderungen, wie dies verändert werden kann, sei es im Rahmen einer stärkeren Regionalisierung der Heimerziehung (das milieunahe Heim, das Heim um die Ecke), sei es mit einer Ausweitung der so genannten Fünf-Tage-Gruppen, die meines Erachtens für viele Kinder, die heute vollstationär betreut werden, eine Möglichkeit sind, zum einen eine Stabilisierung und einen geschützten und fördernden Lebensort neben der Familie zu schaffen und zum anderen die Familie mit „im Boot“, d.h. in der gemeinsamen Erziehungsverantwortung, zu behalten.

Obwohl sich die Heime in den letzten 30 Jahren zunehmend nach außen geöffnet haben, versucht haben, eben nicht mehr „totale Institution“ zu sein, tun sich viele Heime hinsichtlich der Durchlässigkeit ihres Systems gegenüber der Umwelt nach wie vor sehr schwer und sind da meines Erachtens noch zu behäbig. Es gibt noch zu viel Betriebsmacherei in der Einrichtung als systematische Kooperation mit anderen Hilfeinstitutionen und Bildungsinstitutionen wie der Schule, der Kinder- und Jugendpsychiatrie, aber auch einfach dem sozialräumlichen Umfeld. Es ist in diesem Zusammenhang auch kaum nachvollziehbar (und das meine ich ganz selbstkritisch, weil das die Aufgabe eines Fachverbandes wie die IGfH wäre), warum es nicht einen intensiveren Fachaustausch mit benachbarten Formen institutioneller Betreuung von Minderjährigen gibt. Warum gibt es keinen Austausch mit Internaten, mit Behindertenheimen und anderen „Anstalten“? Zurzeit gibt es einen Vorstoß aus dem Bereich Gesundheitswissenschaften/ Sozialpsychiatrie eine Bundestags-Enquetekommission zum „Leben in Anstalten“ einzusetzen, um hier kritisch über anstaltsförmiges Leben nachzudenken -

vielleicht wäre hier ein guter Anlass, zu einem intensiveren Austausch zwischen den verschiedenen Heimsystemen zu kommen.

Literatur

Arbeitsgruppe Heimreform (2000): Aus der Geschichte lernen: Analyse der Heimreform in Hessen (1968-1983). Frankfurt/M.

Arend, D./**Hekele**, K./**Rudolph**, M. (1987): Sich am Jugendlichen orientieren. Frankfurt/M.

Baur, D./**Finkel**, M./**Hamberger**, M./**Kühn**, A. (1998): Leistungen und Grenzen der Heimerziehung. Stuttgart.

Birtsch, V. (1991): Doppelt benachteiligt: Sozialisation von Mädchen in Familie und Heim. In: Birtsch /Hartwig, L./Retza, B. (Hg.): Mädchenwelten - Mädchenpädagogik. Frankfurt/M., S. 15-34.

Bühler-Niederberger, D./**Niederberger**, M. (1988): Formenvielfalt in der Fremderziehung. Zwischen Anlehnung und Konstruktion. Stuttgart.

Bürger, U. (1990): Heimerziehung und soziale Teilnahmechancen. Pfaffenweiler.

Ernst, C./**von Luckner**, N. (1987): Stellt die Frühkindheit die Weichen? Eine Kritik an der Lehre von der schicksalshaften Bedeutung erster Erlebnisse. Stuttgart.

Freigang, W. (1986): Verlegen und Abschieben. Zur Erziehungspraxis im Heim. Weinheim.

Gabriel, T. (2001): Forschung zur Heimerziehung. Eine vergleichende Bilanzierung in Großbritannien und Deutschland. Weinheim und München.

Günther, R./**Ergler**, M. (1992): Arbeitsplatz Stationäre Jugendhilfe. Frankfurt/M.

Hansen, G. (1994): Die Persönlichkeitsentwicklung von Kindern in Erziehungsheimen. Ein empirischer Beitrag zur Sozialisation durch Institutionen der öffentlichen Erziehungshilfen. Weinheim.

Kalcher, J. (2002): Nutzung der Gruppendimension in Settings der Heimerziehung. In: Forum Erziehungshilfen, 8. Jg. Heft 2, S. 80-85.

Klatetzki, T./**Winter**, H. (1989): Zwischen Streetwork und Heimerziehung. Flexible Betreuung durch das Rauhe Haus. In: Materialien zur Heimerziehung, 18 Jg. Heft 4, S. 1-7.

Kuhlmann, C./**Schrapper**, C. (2001): Geschichte der Erziehungshilfen von der Armenpflege bis zu den Hilfen zur Erziehung. In: Birtsch, V./Münstermann, K./Trede, W. (Hg.): Handbuch Erziehungshilfen. Münster, S. 282-328.

Lambers, H. (1995): Bestandsaufnahme zur Heimerziehungsforschung. Hannover (AFET-Schriftenreihe).

Merchel, J. (Hg.)(1987): Kleinsteinrichtungen in der Heimerziehung. Frankfurt/M.

Planungsgruppe PETRA u.a. (1995): Erziehungsstellen - Professionelle Erziehung in privaten Haushalten. Frankfurt/M.

Pothmann, J./**Schilling**, M. (2002): Flexible und/oder integrierte Erziehungshilfen auf dem Vormarsch? In: KomDat 2/2002, S. 2-3.

Savicki, V. (1999): Stress und Burnout bei MitarbeiterInnen der Jugendhilfe - ein interkultureller Vergleich. In: Forum Erziehungshilfen, 5. Jg. Heft 4, S. 232-238.

Scherpner, H. (1979): Geschichte der Jugendfürsorge. Bearbeitet von Hanna Scherpner. 2. Auflage Göttingen.

Schilling, M. (2001): Die Fachkräfte in den Erziehungshilfen. In: Birtsch, V./Münstermann, K./Trede, W. (Hg.): Handbuch Erziehungshilfen. Münster, S. 458-487.

Schleiffer, R. (2001): Bindungstheorie und Heimerziehung. Münster.

Sladek, M. (2000): Jugendliche Individualisierungsverlierer. Eine lebensweltlich ethnografische Studie über die Betreuung Jugendlicher in Single Apartments. Weinheim und München.

Trede, W. (2001): Heimerziehung in Europa. Stellenwert und Trends der stationären Erziehungshilfen im europäischen Vergleich. In: Konrad, F.-M. (Hg.): Kindheit und Familie. Beiträge aus interdisziplinärer und kulturvergleichender Sicht. Münster und New York, S. 161-178.

Trede, W./**Winkler**, M. (2000): Stationäre Erziehungshilfen: Heim, Wohngruppe, Pflegefamilie. In: Krüger, H.-H./Rauschenbach, T. (Hg.): Einführung in die Arbeitsfelder des Bildungs- und Sozialwesens. 3. Auflage Opladen, S. 251-267.

Wieland, N., **Marquardt**, U., **Panhorst**, H., **Schlotmann**, H.-O. (1992): Ein Zuhause - kein Zuhause. Lebenserfahrungen und -entwürfe heimentlassener junger Erwachsener. Freiburg.

Wiesner, R. (1990): Der mühsame Weg zu einem neuen Jugendhilfegesetz. Zur Geschichte der Neuordnung des Jugendhilferechts. In: Recht der Jugend und des Bildungswesens, Heft 2, S. 112-125.

Wolf, K. (1999): Machtprozesse in der Heimerziehung. Münster.

2. Kapitel
Was tun wir in der Heimerziehung?
Anregungen zu Methoden und Konzepten

Rolf Lambach

Sozialpädagogik im Heim zwischen Orientierung am Einzelnen, Gruppenpädagogik und Familienbezug

Das Thema Sozialpädagogik im Heim zwischen Orientierung am Einzelnen, Gruppenpädagogik und Familienbezug ist von großer Allgemeinheit, nicht ganz so unspezifisch wie Heimerziehung zwischen gestern und morgen, aber dennoch recht unbestimmt und es ist mir schwer gefallen, es kleinzuarbeiten.

Ich habe mich dann dazu entschlossen, auf der einen Seite die verschiedenen Bezugspunkte, das Individuum, die Gruppe und die Familie durchzugehen und des Weiteren das Thema zu historisieren und auf etwas längerfristige Trends zurückzublicken.

Wer sich länger in der Pädagogik oder in der Sozialpädagogik befindet, hat sicher wahrgenommen, dass es Themenzyklen gibt und totgeglaubte Aspekte manchmal nach Jahren wieder auftauchen. Auch ist es manchmal relativ merkwürdig, wie die Diskussion einseitig wird und nach einer gewissen Zeit durch die Wiederbelebung von vergessen Geglaubtem wieder neu belebt werden muss. So hat etwa die Schulpädagogik einmal jahrelang nur von Struktur und Prozessen geredet, von Curricula, Lehrplänen und Organisationsstrukturen. Nach einer gewissen Zeit wurde angemahnt, wo denn hier der Mensch bleibe, und es wurde das im Grunde jedermann bekannte Faktum, dass etwa die Person der LehrerIn von Bedeutung ist, mit einer gewissen Verve neu entdeckt.

Da es sich hier zudem nicht um einen Kriminalroman handelt, bei dem die TäterIn erst am Schluss entlarvt wird, möchte ich meine These vorweg bekannt geben. Nach meiner Auffassung ist die Gruppe im Themen- und Aufmerksamkeitswettbewerb der Verlierer zwischen dem Individuum und der Familie, und dies stellt für die Heimerziehung in gewissem Umfang ein Problem dar. Eine Einschränkung möchte ich noch vorweg artikulieren. Ich werde die Entwicklung in den neuen Bundesländern und vorher in der DDR nicht explizit behandeln, sie ist mir bis 1990 von innen nicht bekannt und damals im Westen nur am Rande beachtet worden. Bei der Entwicklung nach der Wende handelt es sich teilweise um eigenständige Innovationen, um das Weiterbestehen alter Strukturen und um Importe und Beeinflussungen aus den Alt-Bundesländern, woran nicht immer nur Fortschritt war, sondern wohl auch Sackgassen und Fehlentwicklungen aus dem Westen nachholend auch im Osten zum Tragen kamen. Es wäre sehr wünschenswert, dass diese spannende Entwicklung mit ihren Verbindungen zwischen den beiden Teilen der neuen Bundesrepublik noch einmal zum Thema wird.

Dass die Programmatik der Individualisierung eine solche Rolle gespielt hat, erklärt sich vor allem aus ihrem Ausgangspunkt. Sie kontrastiert mit der Vorstellung einer Erziehung in großen, der Individualität kaum Rechnung tragenden Anstalten mit einer anschaulichen Individualitätslosigkeit, mit langen Reihen von Duschen, mit Anstaltsordnungen, großen Schlafsälen und auch einem monotonen Schicksal. Dies sollte in mehrfacher Hinsicht aufgelockert werden. Im zeitlichen Ablauf sollte nicht ein sturer Zwangsmechanismus Personen in die Heimerziehung zuweisen, vielmehr sollte einer solchen Maßnahme eine differenzierte Problemklärung und Indikationsbildung vorangehen. Dazu gehörte auf der institutionellen Seite eine Auffächerung des Systems der Hilfen, die Alternativen bereitstellen und dazu führen sollte, dass nur im für den individuell geeigneten Fall die Zuweisung in ein Heim die Lösung zu sein hat.

Weiter sollte dann wieder die Maßnahme Heimerziehung dadurch individualisiert werden, dass auch innerhalb der Institutionen durch Binnendifferenzierung eine geeignete Hilfe zu finden war. Als weitere Form der Individualisierung kann man verstehen, dass am Ende, wenn das Individuum - wie der sich einbürgernde Terminus lautete - nicht mehr ‚gruppenfähig' sei, er einzelbetreut werden konnte und etwa auf dem Wege der mobilen Betreuung auch aufzusuchen war. Dazu gehörten auf der Seite des pädagogischen Handelns eine einzelfallspezifische Erziehungsplanung und ein einzelfallangemessener Maßnahmenabschluss.

Zieht man ein Zwischenfazit all dieser Individualisierungsschritte, so handelte es sich also um eine Auffächerung der Institutionen, die individuellen Bedürfnissen und Problemlagen gerecht werden sollten, aber auch um eine

Individualisierung innerhalb der Heimerziehung, die diese Maßnahme selbst noch einmal auffächern und ausdifferenzieren sollte.

Freilich zeigen sich im Alltag der Heimerziehung immer zwei Grenzen von Individualisierungsbemühungen. Jede PraktikerIn weiß, wie schwierig es im Alltag ist, in einem Handlungsablauf, der immer auch eine Gruppensituation gestalten muss, Einzelfallbezüge zu gestalten. Auf das Individuum bezogenes Handeln muss diesen Nötigungen mühsam abgewonnen werden. Auch benötigt der Ablauf einer Organisation Regeln und entlastende Routinen. Zudem ist es nicht einfach, einem Primat der Organisation zu entgehen. All dies versuchte man häufig dadurch zu verändern, dass Zusatzfunktionen geschaffen werden - heilpädagogische, freizeitbezogene oder therapeutische, die ausgegrenzt aus den normalen Handlungsabläufen spezifische Angebote für Einzelne gestalten sollen. Hier freilich wird man von dem Problem eingeholt, dass es immens schwierig ist, zu integrieren, was einzelfallspezifisch zusätzlich geschieht.

Zudem kam es zu zwei Infragestellungen von Individualisierung - auf der einen Seite aus der Sicht professioneller Hilfen, auf der anderen Seite aus einer allgemeineren gesellschaftspolitischen Sicht. Mit dem Konzept der Hilfen aus einer Hand entstand eine Konzeption, die gerade die entstandene Differenzierung wegen ihrer Versäulung und institutionellen Verhärtungen angriff. Hilfen sollten gerade nicht in der bisherigen Weise differenziert sein, sondern aufgrund des § 27 immer wieder neu konturiert werden.
In der allgemeinen gesellschaftspolitischen Diskussion entdeckte man das Individuum, dessen Individualisierung beschrieben und gefeiert worden war, als Problem. Der aus Bindungen radikal gelöste und egoistische Individualist wurde als problematisches Produkt der Emanzipation entdeckt. Resümiert man die Geschichte der Individualisierungsbestrebungen, so kann man generell festhalten, dass das Individuum vom Programm zum Problem wird. Vielleicht darf ich an dieser Stelle die Anekdote einstreuen, dass, während in den 60er und 70er Jahre das Abschaffen einheitlicher Heimkleidung als ein elementarer Erfolg erschien, heute über die Einführung von Schuluniformen nachgedacht wird, um einem ruinösen Statuswettbewerb unter SchülerInnen zu begegnen.

Lassen Sie mich nun zu meinem zweiten Aspekte, dem der Gruppenpädagogik, kommen, wobei – ich hatte es schon erwähnt – meine Hauptthese ist, dass die Gruppe der Verlierer zwischen Individuen und Familien ist. Konsultiert man die Lexika und Handbücher der Sozialarbeit, so hat man unter den einschlägigen Einträgen eine relativ schmale Ausbeute. ‚Gruppenlernen' und ‚Gruppenarbeit' sind zwischen ‚Gewalt' und ‚Handlungskompetenz' als schmale Segmente eingelagert. In einer kurzen idealtypischen Skizze möchte ich versuchen, das historische Schicksal von Gruppe und Gruppenpädagogik zu skizzieren.

Am Anfang des Ganzen steht vor allem die Jugendbewegung, innerhalb derer man die Gruppe als Medium der Selbsterziehung entdeckt. Die Jugend bricht auf, löst sich von der Erwachsenenwelt, kontrastiert sich eher polemisch und findet ihr Selbstverständnis z. B. in dem Satz "Jugend muss von Jugend geführt werden". Freilich bleibt hier anzumerken, dass auch solche Bewegungen erwachsene Vorbilder und Mentoren haben und dass zudem jede solche Bewegung vor dem Problem steht, dass die Protagonisten älter werden.

In einer zweiten Phase kommt es zu einer Pädagogisierung. Die Bewegung der Landerziehungsheime versteht ihre Gruppen als Avantgarde eines neuen Erziehungsverständnisses, das die Familie ersetzt und überbietet. Gruppenarrangements entstehen aber auch in allen Bereichen von der Kunsterziehung bis zum Jugendfreizeitbereich. In diesem Bereich kommt es unzweifelhaft zu einer Institutionalisierung von Gruppenarrangements. Gerade die Landerziehungsheime sind ein Beispiel, gleichwohl gelingt es zweifelfrei nicht, die höheren Ansprüche gesellschaftsweit einzulösen, zumal die politischen Ambivalenzen zwischen 1914 und 1933 sehr deutlich werden.

Als dritte Phase in der Diskussion über Gruppen in der Pädagogik kann man ihre Thematisierung in der Forschung und die Verwissenschaftlichung des gesamten Diskurses betrachten. Die Forschung unterlief blauäugige Erwartungen der Gruppendiskussion, so entdeckte man z. B., dass formal egalitäre Gruppen informelle Führer haben. Ebenso ließ sich zeigen, dass man z. B. auch Abneigungen in Gruppen systematisch erzeugen kann.

Als vierte Phase kann man dann eine reflektierte Pädagogisierung betrachten. Hier lief die Diskussion vor allem darauf hinaus, einen demokratischen Stil in solchen Gruppen mit Problembewusstsein für die programmatische Gleichheit und der laufenden Strukturen zu verbinden.

Überblickt man die Diskussion insgesamt, so lässt sich vor allem auch eines festhalten. Die Gruppen, über die man nachdenkt, sind vor allem situative und thematisch zentrierte Gebilde. Gruppen kommen trotz der Landerziehungsheime sehr viel weniger vor, wo es um die Gestaltung langfristiger, thematisch diffuser Zusammenhänge geht. Beispiel ist viel eher eine Freizeitgruppe, die um einen spezifischen Zweck konkretisiert wird und sich gelegentlich trifft. Die spezifische Problematik einer Gruppe als Lebensgemeinschaft, sei es auch auf Zeit, wird von der gruppentheoretischen Reflexion deshalb sehr viel weniger erfasst.

Kontrastiert man dazu die Reflexion über Gruppe in der Heimerziehung, so zeigen sich ganz andere Linien. Zunächst kommt es einfach zu einem Aufbrechen der Homogenität von Gruppen. Gruppen sollen nach der Programmatik durch die Alters- und Geschlechtsmischung familienähnlicher werden, wobei die reale Familienähnlichkeit einer der blinden Flecken der Diskussion bleibt. Zum anderen sollen neben dieser Elementardifferenzierung fachliche Differenzierungen stehen. Es entstehen Außenwohngruppen, Verselbstständigungsgruppen, Mädchengruppen, die nebenbei bemerkt das Prinzip der Geschlechterdifferenzierung wieder aufheben. Zeitweise wird es zu einer Art Statusmerkmal von Einrichtungen, eine möglichst reiche Fauna und Flora an Gruppenarten zu bieten. Dabei bleibt es eine offene Frage, ob die organisatorische Differenzierung fachlich gefüllt ist. Freilich steht hinter all dem die Vermutung, dass die differenzierten Gruppenarrangements besser an Problemlagen und Bedürfnisse adaptieren. Auf der anderen Seite kann man in der Gesamtentwicklung festhalten, dass es zu einer Art Randauflösung von Heimerziehung in eine Vielfalt von Differenzierungsformen kommt. Viele Einrichtungen legen semantisch einen großen Wert darauf, nicht Heim zu sein, sondern Verbundssystem unterschiedlichster Hilfeformen. Betrachtet man die pädagogische Entwicklung, kommt man manchmal auf die Idee, dass trotz der Gruppe als zentralem Lebensort das Management von Gruppensituationen vielleicht nicht die herausragende Kompetenz des

Personals darstellt, der Querimport von Gruppenleitungskompetenzen etwa aus dem Jugendfreizeitbereich scheint durchaus möglich. Auch bleibt häufig unterbelichtet, was eigentlich das Pädagogische an der Alltagsgestaltung ist. Als Fazit der Reflexion auf Gruppe lässt sich also festhalten, dass die primäre Zentrierung der pädagogischen Gruppendiskussion auf situative, themenzentrierte Gruppen, die Heimerziehung eher außen vor lässt, und auf der anderen Seite die Heimerziehung an Gruppengestaltungskompetenzen mit anderen pädagogischen Feldern vielleicht nicht immer mithalten kann.

Ich komme nun zum dritten Themenaspekt, dem Verhältnis der Heimerziehung zum Familienbezug. Hier stellen sich vor allem zwei Fragen. Die erste lautet, ob Heimerziehung eine Familie ersetzen kann, obwohl die ganz andere Strukturen hat, ob sie besser wird, wenn sie familienähnlicher ist. Die andere bezieht sich vor allem auf die alte Reformforderung nach Elternarbeit, die im KJHG ja auch eine gesetzliche Verankerung gefunden hat, wo im insgesamt eher wenig beachteten § 42 für jede Form familientrennender Unterbringung eine sehr weitreichende Verpflichtung zur Familienkooperation statuiert wird. Betrachtet man die Familienorientierung insgesamt, so kann man sagen, dass in den letzten Jahren innerhalb der Hilfen zur Erziehung die - wie es nun etwas vornehmer heißt - ‚Arbeit mit dem Familiensystem' eine Art Blue chip der Sozialarbeit war. Mochte früher die Lösung des Individuums aus Zwängen und die Bekundung einschlägiger Solidarität den höchsten normativen Rang genießen, so ließ sich nun nichts dem triumphierenden Satz "ich arbeite mit dem Familiensystem" an die Seite stellen. Flankierend zeigt sich politisch, dass Hoffnungen auf Familie intensiviert werden. Gerade in einer immer turbulenter werdenden Gesellschaft scheint es nötig, auf Familienressourcen und ihre Aktivierung wieder zu verweisen. Für die Sozialpädagogik ist das normative Pathos des politischen Familienbezugs eher fremd. Für sie reicht aus, dass Familien existieren und hinreichend problembelastet sind, um als Arbeitsfeld zu dienen. Aus der Sicht der Heimerziehung ist übrigens eine eigentümliche Konvergenz zu beachten. Früher hatte man an dieser ja gerade auch bemängelt, dass ErzieherInnenfluktuation in Einrichtungen Kinder und Jugendliche ständigen Bezugspersonenwechseln aussetze. Nun kann man darauf verweisen, dass viele Kinder derart viele Brüche in ihren Lebensläufen haben, dass sie an Bezugspersonenwechsel mit längerfristig Heimuntergebrachten mühelos mithalten kön-

nen. Theoretisch hat immer gegolten, etwa in der soziologischen Diskussion, dass das Individuum ein Bestandteil einer klassischen Kontrastierung der Gesellschaft war, die Gruppe sich schwer verorten ließ, die Familie als eine zähe Urinstitution, die sich freilich in einer zunehmend organisationsförmigen Umwelt als segmentäres Prinzip schwerer behaupten konnte, gehandelt wurde.
Ich möchte nun in Bezug auf das Thema ‚Familie und Heimerziehung' keine systematische Darstellung geben, sondern langjährige wissenschaftliche und praktische Erfahrungen in einigen Punkten kondensieren.

Im Bereich der Elternarbeit dürfte die Kluft zwischen Programmatik und Praxis immer noch groß sein. Der Primat der internen Problembewältigung, des Sich-Kümmerns um die Kinder und Jugendlichen dürfte noch immer dafür sorgen, dass es schwer ist, die programmatischen Ziele auch nur in der Häufigkeit der Kontakte zu erreichen. Zudem gehören zu Elternarbeit periodische Entmutigungseffekte, ein einschlägiger Erfahrungssatz lautet: ‚Während bei Kindern und Jugendlichen eigentlich einiges an Veränderung möglich ist, ist es sehr schwierig, eine in langen Jahren eingerastete Familienkonstellation auch nur geringfügig zu verändern'. Dazu kommt, dass es leicht ist, eine geringe Kooperation der Eltern zu stabilisieren, da die Kooperationsbereitschaft dieser von sich aus nicht immer hoch ist und die Erwartung, da laufe nicht viel, sich durch eigenes Verhalten schnell verstärken lässt. Auf der anderen Seite ist es ein lohnendes und qualifizierendes Arbeitsfeld, das gerade für MitarbeiterInnen mit Fachschulausbildung neue Interaktionspartner jenseits des Kindesalters erschließt. Insgesamt bedarf das ganze Arbeitsfeld eines hohen Ausmaßes an Hartnäckigkeit und enttäuschungsfester Motivation.

Differenziert man einmal aber Elternarbeit in eine auf der Ebene des Informationsaustauschs, eine auf der Ebene der Beratung und eine explizit familientherapeutische, so wird man sagen dürfen, dass für die Elternarbeit in der Heimerziehung nur der Informationsaustausch mühelos möglich ist. Schon das Erreichen einer beratenden Kooperation führt zu einer hohen Anforderung, während familientherapeutische Ambitionen im Allgemeinen nicht gehegt werden dürfen. Im Vergleich der Hilfeformen ist deshalb in Bezug auf Elternarbeit die Heimerziehung eindeutig die arme Verwandtschaft und es gibt keine Gründe dafür, dass sich hieran viel ändern sollte.

Als Resultat kann man festhalten, dass die Arbeit mit den Familien ein unverzichtbares Leistungsfeld der Heimerziehung ist, im Vergleich die Möglichkeiten aber immer begrenzt bleiben werden.

Versucht man zum Ende ein Fazit zu ziehen, so zeigt sich, dass die Individualisierungs-, Differenzierungs- und Flexibilisierungsbemühungen nicht falsch waren, dass das Einzelfallorientierte aber auch seine Grenzen hat, man braucht auch Verlässlichkeiten und Erwartbarkeiten. Auf der anderen Seite wurden, wie gezeigt, auch die problematischen Seiten der Individualisierung des Individuums deutlich. In Bezug auf die Gruppe war der Ausgangsgedanke, dass der gruppenpädagogische Diskurs eher von situativen und thematisch zentrierten Gruppen her konzipiert war und die spezifischen Lebensformen der Gruppen weniger betraf. Es bleibt eine offene Frage, inwieweit die Heimerziehung die Binnenmöglichkeiten der Gestaltung hier ausschöpft und inwieweit es hier sinnvoll ist, in der pädagogischen Praxis die Kompetenz etwa aus dem Jugendfreizeitbereich zu rezipieren. Zum Schluss schließlich wurde darauf verwiesen, dass der Familienbezug der Heimerziehung nur begrenzt ausbaubar ist. Als Fazit bleibt also, dass das Individuum und die Familie schwierige Grenzfälle der Heimerziehung bleiben und das Hauptmedium der Gruppenpädagogik der Entwicklung bedarf.

Hiltrud von Spiegel

Alltagsgestaltung im Heim: Zwischen Demokratisierungsansprüchen, Routinen und prekären Rahmenbedingungen

Mein Beitrag fokussiert die Alltagsgestaltung in der Heimerziehung, also einen Bereich, der so selbstverständlich ist, dass er sich der systematischen Aufmerksamkeit entzieht. Eine häufig zitierte Definition von Wolfgang Trede und Michael Winkler (1995) beschreibt Heimerziehung als „Aufwachsen an einem anderen Ort". Und in einem niederländischen Ausbildungsmodul wird als Hauptcharakteristik der Sozialen Arbeit in Heimen die „Beeinflussung des Klienten mittels einer unnatürlichen primären Umwelt als Antwort auf seine wichtigste Hilfefrage" bezeichnet (zitiert aus einem unveröff. Modulleitfaden der Hogeschool Enschede, 2001). Dieser, durch die Übersetzung etwas drastisch anmutende Satz kennzeichnet ebenso wie die Definition von Trede und Winkler den Sachverhalt, dass in der Heimerziehung ein erzieherisches Milieu für Kinder und Jugendliche *konstruiert* wird, die nicht in ihrer Herkunftsfamilie leben können. Diese Konstruktion bewegt sich, wie Gaby Flößer (2000) schreibt, „zwischen den Ambivalenzen von Hilfe und Kontrolle, von Erziehung und Disziplinierung, von Entlastung und Ausgrenzung, von Schonraum und totaler Institution" (ebd., S. 87). Anders als in der Familie wird hier der Alltag aus verschiedenen, durchdachten Komponenten professionell zusammengesetzt: einerseits mit dem Ziel, den Kindern und Jugendlichen ein möglichst „normales" Leben zu ermöglichen (Stichworte: Normalisierung, Lebensweltorientierung), andererseits mit Blick auf die im individuellen Hilfeplan beschriebene Ausgangssituation, die daraus abzuleitenden Ziele und den entsprechenden Förderungsbedarf. Und dieses geschieht parallel für acht oder mehr Kinder und Jugendliche. Dadurch wird die Alltagsgestaltung im Heim zu einem „Kunststück", dem man den Konstruktionscharakter möglichst nicht mehr ansehen soll und das dennoch hochprofessionellen Ansprüchen genügen muss.

Schaut man sich die Praxis an, so erscheint es öfter einmal so, als seien die individuell ausgerichteten Interventionen, von denen man annimmt, dass sie

„wirken“ (z.B. die schulische Förderung, das Verhaltenstraining, die Therapie, teilweise auch die Gruppen- und Freizeitangebote), zwar alle für sich gut ausgearbeitet. Sie scheinen jedoch in einen Alltag eingebettet zu sein, dessen Strukturen lediglich den Hintergrund bilden, vor dem diese Aktionen passieren. Meine eingangs vorgetragenen Zitate implizieren aber, dass der Alltag *selbst* mit seiner Strukturierung „wirkt“ - vielleicht sogar stärker als die gezielten Interventionen und vielleicht sogar gegen diese.

Ich habe meinen Beitrag so strukturiert, dass ich zunächst einmal die im Titel genannten Einflussgrößen, nämlich „Demokratisierungsansprüche“, „Routinen“ und „prekäre Rahmenbedingungen“ getrennt und sehr selektiv thematisiere. Im zweiten Teil beschäftige ich mich dann mit drei *Dimensionen* des Alltags, nämlich „Situationen“, „Verfahren“ und „Beziehungen“ mit dem Ziel, Ideen zu entwickeln, wie man diese Dimensionen unter Nutzung von Routinen und durch die Strukturierung von Rahmenbedingungen in Richtung der Demokratisierungsansprüche qualifizieren kann.

1. Demokratisierungsansprüche, Routinen, prekäre Rahmenbedingungen

a) Demokratisierungsansprüche

Der Begriff „Demokratisierungsansprüche“ ist ein *konzeptioneller.* Er steht exemplarisch für Zielvorgaben, die die aktuelle Fachdiskussion reflektieren und fordert eine innovative, partizipative Alltagsgestaltung.

Kinder oder Jugendliche, ihre Eltern, ErzieherInnen und auch die fallführenden SozialarbeiterInnen des zuständigen Jugendamtes haben sehr verschiedene Vorstellungen von einer gelungenen Alltagsgestaltung. Ihre Erwartungen werden in Abständen und mit wechselnden Schwerpunkten von verschiedenen Forschungsteams erhoben und sie bilden die Grundlage für fachlich begründete Kriterien (oder Standards) und Konzepte. Inzwischen liegen umfassende Listen von Kriterien für „gute“ Heimerziehung vor. Ich habe meinen diesbezüglichen Sammeltrieb beherrscht und stelle hier nur eine Liste vor. Sie wurde 1998 von der European Association for Research into Residential Child Care (EUROARRCC) in Glasgow veröffentlicht. In der EURO-

ARRCC haben sich schottische WissenschaftlerInnen zusammengeschlossen, die zum Themenbereich der Heimerziehung forschen. Sie haben diese Liste mit der Überschrift versehen: „Was junge Menschen erwarten können, wenn sie in ein Heim kommen". Sie beinhaltet folgende Erwartungen:

- dass ihre Rechte geachtet werden
- dass die Rechte ihrer Eltern geachtet und dass diese - wo immer möglich - als PartnerInnen in die Erziehung eingebunden werden
- dass sie mit Würde und Respekt und als Individuen behandelt werden mit eigenen, einzigartigen Beziehungen, Erfahrungen, Stärken, Bedürfnissen und Zukunftserwartungen
- dass sie in Entscheidungen über ihre Belange und die Belange ihrer Umgebung einbezogen werden
- dass sie sich im Heim oder der Schule sicher und geborgen fühlen können
- dass sie eine Privatsphäre und Würde haben, insbesondere dann, wenn sie persönliche Hilfe brauchen
- dass sie eine konkrete Bezugsperson haben und mit ihr vertraulich sprechen können
- dass sie vor Gefahren geschützt werden, auch vor solchen, die von ihnen selbst ausgehen
- dass ihnen vernünftige Grenzen gesetzt werden
- dass sie physisch versorgt und gut und ausreichend verpflegt werden
- dass auf ihre Gesundheit geachtet wird
- dass auf ihre Bildung und Ausbildung geachtet wird, und dass sie dazu ermuntert werden
- dass sie neue, verschiedene und gute Erfahrungen machen können
- dass sie lernen, auf sich selbst zu achten und die Fertigkeiten erlernen, die sie als Erwachsene benötigen
- dass sie die Möglichkeit haben, wenn nötig, emotionale Probleme zu bearbeiten
- dass sie ganz und sorgfältig auf einen Wechsel bzw. ihre Entlassung vorbereitet werden (EUROARRCC, 1998).

Ich bin davon überzeugt, dass eine Umsetzung der Kriterien auf dieser Liste dazu führen würde, dass die Alltagsgestaltung in vielen Einrichtungen wesentlich anders ablaufen würde als bisher. Ich werde einzelne Standards aus dieser Liste im zweiten Teil meines Beitrages wieder aufgreifen.

b) Routinen

Den hier beispielhaft zitierten Ansprüchen auf der konzeptionellen Ebene wird nun auf der *Prozess*-Ebene der Begriff der „Routinen" gegenübergestellt; er thematisiert Abläufe, die auf eine vereinfachende, energiesparende Alltagsgestaltung zielen.

Fachkräfte gestalten den Alltag im Heim unter materiellen Bedingungen, die in fachlich begründeten Kriterien und Konzepten keine systematische Berücksichtigung finden können. Darum müssen die in der Fachliteratur diskutierten fachlichen Konzepte immer in einem speziellen Prozess der Konzeptionsentwicklung „institutionell geerdet" werden. Man muss für jede spezielle Einrichtung gesondert überlegen wie, also mit welchen räumlichen und atmosphärischen Arrangements, Handlungsschritten u.a. die konzeptionellen Ziele und Qualitätskriterien unter *diesen* institutionellen Rahmenbedingungen, mit *diesen* materiellen Ressourcen, mit *diesen* speziellen MitarbeiterInnen und *diesen* inviduell verschiedenen Kindern und Jugendlichen umgesetzt werden können.

Die MitarbeiterInnen müssen verschiedene Anforderungen in ihrem Handeln integrieren, haben aber auch *selbst* bestimmte Erwartungen an den Ablauf eines Tages. Als BerufserzieherInnen wünschen sie sich zum Beispiel Arbeitsbedingungen, die ihr Engagement und ihr Wohlbefinden fördern und die Ressource Arbeitskraft möglichst schonen. Unvorhersehbare Ereignisse, ungünstige Arbeitszeiten, außergewöhnliche Anstrengungen und Konflikte treiben den Stresspegel nach oben. Eine probate Methode, solche Ereignisse zu kontrollieren, ist die Entwicklung von Routinen, also von Schemata und Standardabläufen für Situationen, die in Variationen wiederkehren und die auf diese Weise einfacher zu bewältigen sind. Routinen können nach einer Unterscheidung von Jörg Wolf (1984, S. 32 f.) in ganz verschiedenen Bereichen entstehen:

- Wenn etwa ErzieherInnen aggressives Verhalten von Jugendlichen regelmäßig als Angriff auf ihre Autorität interpretieren und entsprechend selbstbehauptend reagieren, ohne im Einzelnen zu untersuchen, wem die Interaktion *eigentlich* gilt, praktizieren sie eine *Definitionsroutine.* In diese Kategorie fallen auch Zuschreibungen wie „motivationslos" oder „erziehungsresistent", mit denen gerne Desinteresse oder Verweigerungen gedeutet werden.
- Wenn sich Fachkräfte als Folge ihrer langjährigen Berufserfahrungen entschieden haben, aufregende Vorfälle erst einmal eine Nacht zu "überschlafen", bevor sie sie genauer anschauen, kann man von einer *Entscheidungsroutine* sprechen. Solche Routinen helfen, Abläufen die Dramatik zu nehmen, sie zu „normalisieren" und damit in einer bestimmten Reihenfolge bearbeitbar und auch emotional verkraftbar zu halten.
- *Interaktionsroutinen* beziehen sich auf Formen des Umgangs miteinander, auf eingeführte Rituale. Ein Beispiel hierfür wäre der stereotype Hinweis, dass die Jugendlichen ihre spontanen Anregungen, ihre Kritik und ihre Forderungen immer erst einmal in das wöchentlich tagende Gruppenparlament einbringen müssen, bevor über eine Umsetzung diskutiert werden kann. Der konsequente Verweis diensthabender MitarbeiterInnen auf die Zuständigkeit der BezugserzieherInnen ist ebenfalls als Interaktionsroutine zu werten.

Wie schon an diesen wenigen Beispielen zu sehen ist, beweist die Existenz von Routinen nicht prinzipiell eine Inkompetenz oder Faulheit der Fachkräfte. Es sind Methoden der Alltagsgestaltung. Denn obwohl jede Situation einmalig und anders ist, gibt es doch viele ähnliche, sich wiederholende Elemente. Vergleichbarkeit entsteht schon allein durch die Vielzahl festgelegter Einflussgrößen: Gesetze, organisatorische Vorgaben, vorhandene Ressourcen, das Interaktionsgefüge der Einrichtung, vorgeschriebene Dienstwege, Prinzipien der Aktenführung und natürlich die Tagesstruktur legen ja tatsächlich einen Großteil der Interventionen fest. Und auch das methodische Repertoire der Fachkräfte ist individuell begrenzt und wird lediglich variiert. Definitions-, Interaktions- und Entscheidungsroutinen bilden sich daher mit der Erfahrung und durch die Wiederholung von selbst und sie haben vor allem arbeitsökonomische und stabilisierende Funktionen (ebd.). Routinen bilden immer eine begrenzte *Auswahl* aus einer Vielzahl von Möglichkeiten. Denn wer handelt, muss sich entscheiden und schließt damit auch denkbare andere Handlungsweisen aus.

c) Rahmenbedingungen

Rahmenbedingungen beziehen sich hauptsächlich auf die *strukturelle* Komponente des Alltags. Sie bilden gewissermaßen auch die Begrenzung für das, was sich *innerhalb* dieses Rahmens abspielen kann. Dieser wird unter anderem gesetzt

- durch die vom Kostenträger zugestandene und somit finanzierte Ausstattung mit Räumen, qualifiziertem Personal, Material usw.
- durch fachliche Leitlinien und andere Vorgaben des Trägers und der Vorgesetzten
- durch vorgeschriebene Verfahren im Rahmen der Leistungs-, Entgelt- und Qualitätsentwicklungsvereinbarungen (vgl. SGB VIII, §§ 78 b-g).

Rahmenbedingungen werden zu allen Zeiten mit dem Zusatz „prekär" versehen und überwiegend negativ konnotiert. Es wird signalisiert, dass zu knappe finanzielle Ressourcen und andere einschränkende Bedingungen eine konzeptionell und innovativ ausgerichtete Alltagsgestaltung kräftig beeinträchtigen - was ja prinzipiell auch stimmt. Dennoch sollte im Blick bleiben, dass „wir in einer Gesellschaft leben, in welcher mit der unterschiedlichen Verteilung von Ressourcen und entsprechenden Knappheiten umgegangen werden muss" und dass „individuelle Wünsche grenzenlos sein können und ... deren Erfüllung die Befriedigung der Bedürfnisse und der Wünsche anderer Menschen beeinträchtigen können", um nur einige „nicht vermeidbare ethisch-moralische Dilemmata" zu nennen, mit denen sich die Soziale Arbeit generell auseinander setzen muss (eine umfassendere Aufzählung dieser Dilemmata findet sich im Glossar des Buches von Heiner und anderen 1998, S. 324). Die Verteilung von begrenzten Ressourcen und die Unterstützung der Kinder und Jugendlichen bei der Ausbalancierung ihrer Rechte und Pflichten gegenüber sich selbst und anderen Mitgliedern der Gesellschaft gehören zu den zentralen pädagogischen Aufgaben und sind nicht allein mit „mehr" Ressourcen zu lösen.

Bevor man also von „prekären“ Rahmenbedingungen spricht, die das wünschenswerte pädagogische Handeln einschränken oder gar verhindern, müsste also im Einzelnen geprüft werden, ob Grundbedürfnisse und legitime Wünsche der Beteiligten wegen einer *ungerechten* Verteilung von Ressourcen nicht erfüllt werden können, ob Austauschbeziehungen *asymmetrisch* sind oder ob die Machtverhältnisse *behindernd* wirken. Erst im Zusammenhang von konzeptionellen Zielen der Einrichtung oder Wohngruppe, individuellen Zielen aus der Hilfeplanung und darauf *bezogenen* Prozessen und Strukturen lässt sich beurteilen, ob die Rahmenbedingungen hinderlich oder förderlich sind, welche man verändern kann und soll und welche eher unveränderlich sind. Nicht immer ist der Rahmen prekär, auch die Ziele oder das erzieherische Handeln können unangemessen sein. Da ich dieses Thema im Zusammenhang dieses Beitrages nicht annähernd erschöpfend behandeln kann, möchte ich mich hier daher auf solche strukturellen Komponenten beziehen, die gestaltbar, also von ErzieherInnen beeinflussbar sind.

Im zweiten Teil betrachte ich daher einige *Dimensionen* des Alltags genauer und überlege wiederum an ausgewählten Beispielen, wie man die Alltagsgestaltung innerhalb des hier eröffneten thematischen Dreiecks reflexiv qualifizieren kann.

2. Dimensionen der Alltagsgestaltung

a) Alltagssituationen

Wiederkehrende Situationen im Alltag sind etwa Essenssituationen, das Ankommen nach Schule und Arbeit, der Tagesausklang, um nur einige zu nennen. Solche Situationen leben von den Aktionen und den Befindlichkeiten *aller* Beteiligten (Stichwort: Koproduktion) und wir wissen, dass sie „schief“ gehen können, was wiederum Folgen für die Bewältigung weiterer Situationen hat. ErzieherInnen sollten den Anteil an der Situation *gestalten*, für den sie verantwortlich sind, sozusagen als pädagogisches und atmosphärisches Arrangement. Ich möchte das an dem Beispiel „Ankommen am Mittag“ demonstrieren:

Die Mittagszeit ist oft hektisch. Die Kinder und Jugendlichen kommen zu verschiedenen Zeiten und häufig schlechter Stimmung zurück. Sie sind erschöpft, suchen Streit mit anderen, was dazu führen kann, dass sie ihre Schularbeiten später oder vielleicht gar nicht erledigen. Sie hängen sich sofort ans Telefon, um ihre Verabredungen für den Nachmittag zu treffen, was zusätzliche Unruhe bringt und spätestens ab 14.00 Uhr gehen oder fahren sie zu ihren Förder-, Freizeit- und Therapieangeboten oder sie müssen dorthin gefahren *werden*.

Die Fachkräfte fühlen sich auch gestresst: Möglicherweise findet der Schichtwechsel und das damit verbundene Übergabegespräch in der Mittagszeit statt. Vielleicht müssen sie selbst kochen und haben Schwierigkeiten, das Essen zu einer bestimmten Zeit fertigzustellen. Es gibt ständig Störungen von außen, denn auch kooperierende Dienste und LieferantInnen wissen, dass zu dieser Zeit jemand da ist. In solchen Situationen ärgern sich die ErzieherInnen besonders über Nörgeleien bezüglich des Essens und die schlechte Stimmung der Kinder und Jugendlichen. Emotionale Gestimmtheiten (Prozesse) und Rahmenbedingungen (Strukturen) wirken also aufeinander. Mit Blick auf konzeptionelle (Demokratisierungs-)Ansprüche wäre zunächst zu sortieren, welche der strukturellen Bedingungen von den ErzieherInnen beeinflusst und umgestaltet werden können und welche nicht oder nicht gleich zu beeinflussen sind. Aus der eingangs beipielhaft vorgestellten Kriterienliste kommen in dieser Situation folgende Erwartungen junger Menschen zum Tragen:

- dass sie mit Würde und Respekt und als Individuen behandelt werden
- dass sie physisch versorgt und gut und ausreichend verpflegt werden
- dass auf ihre Bildung und Ausbildung geachtet wird, und dass sie dazu ermuntert werden (EUROARRCC 1998).

Die Planungsgruppe PETRA verwies schon 1988 darauf, dass den ErzieherInnen das Gespür für die *pädagogische* Bedeutung alltäglicher Situationen fehle. Situationen des Alltags würden eher bezüglich ihres zu organisierenden Funktionsablaufes statt in ihrer kulturellen Bedeutung gesehen. Als Beispiele werden das Mittagessen (Nahrungsaufnahme statt Kommunikationserlebnis) und die Abendsituation (Zubettgehen statt Tagesausklang und/oder Verabschiedung vom und Einstimmung auf den nächsten Tag) geschildert. Das Interessante an der Alltagsgestaltung ist aber gerade, solche Situationen mit Blick auf die konzeptionellen Ansprüche (hier: die o.g. *Erwartungen* der

Kinder und Jugendlichen) und die *beeinflussbaren* Rahmenbedingungen neu zu konstruieren und diese - wenn sie sich bewähren - ähnlich routiniert, doch inhaltlich anders gestalten.

Ein Beispiel: MitarbeiterInnen einer Wohngruppe für Kinder und Jugendliche haben überlegt, was sie dafür tun können, dass die Jugendlichen ihre Schularbeiten stärker eigenverantwortlich erledigen. Bei einer genaueren Beobachtung der Art und Weise der Hausaufgabenerledigung kamen sie zu der Hypothese, dass diese stark von der vorhergehenden Situation beeinflusst wird, nämlich dem „Ankommen am Mittag". Sie erstellten dann unter anderem durch genaue Situationsbeobachtungen und auch Interviews individuelle Profile der sieben Jugendlichen in ihrer Wohngruppe, die sich auf ihr Bedürfnis bezogen, sich angemessen empfangen zu fühlen. Drei Beispiele (Gieseler/Berger 2001, unveröffentlichtes Manuskript):

- Karin: Ruhe; vorbereitetes Essen für sie; Zeit für sie; sie erzählen lassen; erst relativ spät Fragen stellen, dabei Richtung vorgeben; Hilfe anbieten; klar ihre Eigenverantwortung ansprechen
- Lisa: Essen vorbereiten; Pläne für den Nachmittag aufgreifen; Realisierbarkeit durchsprechen; zu erledigende Aufgaben ansprechen; erst abends den nächsten Schultag ansprechen
- Kevin: Ruhe; ganz liebe persönliche Begrüßung; Gesprächsangebot alleine mit ihm (eventuell im Zimmer); im Verlauf des Nachmittages nach Befindlichkeit und Vorkommnissen im Unterricht fragen; Angebot von Hilfe, aber in Eigenverantwortung lassen; Motivation zum Üben, Hausaufgaben (zeig mal, was Ihr macht).

Diese Beispiele sollen genügen, um zu zeigen, wie verschieden Bedürfnisse von Kindern und Jugendlichen in einer strukturell ähnlichen Situation sein können. Die Profile wurden im Zusammenhang einer umfassenderen Selbstevaluation erstellt (andere Beispiele findet man in der Veröffentlichung des ECKART Fachverbandes 2000). Ich möchte hier nur berichten, dass die KollegInnen darauf hin die Ankommenssituation atmosphärisch verändert, beeinflussbare Störungsquellen ausgeschaltet sowie individuelle Empfangsstrategien entworfen und umgesetzt haben. Sie dokumentierten ihre Interventionen wie auch die Verhaltensweisen der Jugendlichen und beobachteten, wann und warum es ihnen (nicht) gelang, diese Strategien umzusetzen. Sie kamen unter anderem zu dem Schluss, dass sich ihre Hypothese eines direkten Zusammenhanges zwischen ihrem Handlungsziel „Atmosphäre schaffen“ und der gewünschten selbst verantwortlichen Erledigung der Hausaufgaben so nicht bestätigen ließ. Sie stellten aber fest, dass die Atmosphäre deutliche Auswirkungen auf die Offenheit der Jugendlichen hatte, über Schule zu sprechen. Dieses interpretierten sie als einen ersten Schritt in die richtige Richtung (Gieseler/Berger 2001).

b) Verfahren

Neben wiederkehrenden Alltagssituationen strukturieren systematisierte Abläufe (Verfahren) die Alltagsgestaltung. Verfahren werden im Unterschied zu Situationen eher auf der institutionellen Ebene entwickelt. Im Rahmen der Qualitätsentwicklung bezeichnen wir sie als Schlüsselprozesse. Beispiele sind etwa das Hilfeplanverfahren (besonders die Erziehungsplanung und die Vorbereitung der Fortschreibungsgespräche), der Ablauf des ersten Tages im Heim oder die Entlassungssituation sowie Verfahren der Beteiligung von Kindern, Jugendlichen und ihren Eltern (der Heimbeirat, das Gruppenparlament, das Beschwerdemanagement).

Die Fachliteratur thematisiert seit längerem besonders solche Verfahren, die Demokratisierungsansprüche aufgreifen. Blicke in den Alltag vieler Einrichtungen zeigen allerdings, dass deren Umsetzung noch Wünsche offen lässt (vgl. den Überblick von Ullrich Gintzel 2001). Die konzeptionellen Ansprüche liegen auf dem Tisch. Sie sind u.a. in folgenden Erwartungen junger Menschen aufgehoben:

- dass ihre Rechte geachtet werden
- dass die Rechte ihrer Eltern geachtet und dass diese - wo immer möglich - als PartnerInnen in die Erziehung eingebunden werden
- dass sie in Entscheidungen über ihre Belange und die Belange ihrer Umgebung einbezogen werden (EUROARRCC 1998).

In der Konstruktion von Verfahren liegt eine Chance, diese Ansprüche besser umzusetzen. Die Beschreibung von Schlüsselprozessen ist zurzeit en vogue, weil diese häufig zur Bedingung für Abschlüsse von Qualitätsentwicklungsvereinbarungen gemacht werden. In Qualitätshandbüchern und/oder Leistungsbeschreibungen findet man nun wunderbare, mit Power-Point gestaltete Flussdiagramme, die die einzelnen Prozess-Schritte mehr oder weniger gut nachvollziehbar darstellen. Ich möchte das nicht kritisieren. Im Gegenteil: Das ist der erste Schritt auf dem Weg zu einer *transparenten* Verankerung von Verfahren. Für eine gelungene Alltagsgestaltung macht es aber einen großen Unterschied, ob man ein Gruppenparlament lediglich zeitlich festlegt (einmal pro Monat) und darüber hinaus eine Geschäftsordnung für die Durchführung schreibt, oder ob man genau erkundet, *wie* ein Beteiligungsverfahren gestaltet und moderiert werden muss, damit es wirklich den Kommunikationsfähigkeiten und - erfordernissen von Kindern, Jugendlichen und ihren Eltern entgegenkommt. Erfahrungen zeigen nämlich, dass rein formale Verfahren ohne Zielbezug mit hoher Wahrscheinlichkeit ihren Zweck verfehlen, was dazu führen kann, dass die jungen Menschen auch die letzte Lust an der Mitwirkung verlieren.

Ich verweise auf die reichhaltige Literatur zur Partizipation und besonders auf den systematischen Beitrag von Jürgen Blandow, Ullrich Gintzel und Peter Hansbauer (1999). Im parallel erschienenen Buch „Beteiligung in der Jugendhilfe*praxis*“ (Kriener/Petersen 1999) findet man unter anderem den anschaulichen Erfahrungsbericht von Petra Walta und Klaus-Peter Pfeiffer (1999) über ihre Auseinandersetzung mit dem Beteiligungsthema im evangelischen Kinder- und Jugendheim Overdyck Bochum. Sie berichten über ihre Suchbewegungen und die damit verbundenen Vorbehalte in den Teams (etwa die Sorge, eine stärkere Beteiligung von Kindern und Jugendlichen könne dazu führen, dass Kinder nur noch Rechte und MitarbeiterInnen nur noch Pflichten hätten). Ich stelle hier nur einige Ergebnisse dieser Arbeit am Partizipationsthema heraus: Es gibt nun einen systematischen Beschwerdeweg, der allen bekannt ist; Kinder und Jugendliche, die schon länger in der Wohngruppe leben, „betreuen“ als PatInnen solche, die neu kommen (alle Beteiligten befinden gemeinsam darüber, wer diese Patenschaften zusammenstellt und welche Bereiche sie umfassen); die ErzieherInnen haben ihrerseits eine schriftliche Anleitung zur Gestaltung der Gruppengespräche mit sinnvollen Themen ausgearbeitet.

Wesentlich erscheint mir, dass im Kinder- und Jugendheim Overdyk mit der gemeinsamen Ausgestaltung solcher Schlüsselprozesse gleichzeitig eine *Kultur der Aushandlung und des Konsenses* zwischen Kindern und Jugendlichen (teilweise auch ihren Eltern) und ErzieherInnen etabliert wurde. Dass es *un*verhandelbare Vorgaben gibt, die nur die Heimleitung oder die ErzieherInnen entscheiden können, ist dabei kein Hinderungsgrund; es sollte lediglich deutlich sein, *welche* Verfahren und Entscheidungen verhandelbar sind, welche eben nicht und *warum* dies so ist.

c) Beziehungen

Fragt man junge Erwachsene danach, was sie selbst als förderlich für ihren eigenen Entwicklungs- und Verselbstständigungsprozess empfunden haben, kommt schnell die *Beziehungs*gestaltung in den Blick: Gaby Flößer (2000), die in ihrer Untersuchung Qualitätsstandards für „gute Erziehung" in Standardsituationen herausarbeitete, verweist auf den spezifischen Charakter der Koproduktion in der professionellen Erziehung und belegt diesen mit folgender Passage aus dem Interview mit einer Jugendlichen: „Weil einer alleine kann das nicht schaffen; also die Erzieher können nicht nur sagen, du musst das jetzt machen, da muss der Jugendliche auch von sich aus ein bisschen Hilfe in Anspruch nehmen, sage ich mal" (ebd., S. 91). Auch in der Studie von Norbert Wieland u.a. (1992) wird deutlich: „Sich wählen lassen für eine exklusive Beziehung ... ist das zentrale Angebot von Heimpädagogen, das junge Erwachsene - aus ihrer heutigen Sicht - als Unterstützung empfunden haben" (ebd., S. 175). Eine exklusive Beziehung lebt unter anderem von ihrer Beständigkeit und ihrer Kontinuität über die Zeit, sie ist einzigartig, verstehend, akzeptierend, notfalls auch parteiisch (im Sinne eines In-Schutz-Nehmens vor ungerechtfertigten institutionellen Ansprüchen) und sie hilft den Kindern und Jugendlichen, ihre Trennung von den Eltern, die häufig als „Schicksalsschlag" erlebt wird, zu bearbeiten (ebd., S. 176).

Dem entsprechen wiederum einige Kriterien aus dem schon mehrfach zitierten Katalog. Kinder und Jugendliche können erwarten:

- dass sie mit Würde und Respekt und als Individuen behandelt werden
- dass sie eine Privatsphäre und Würde haben, insbesondere dann, wenn sie persönliche Hilfe brauchen

- dass sie eine konkrete Bezugsperson haben und mit ihr vertraulich sprechen können
- dass sie die Möglichkeit haben, wenn nötig, emotionale Probleme zu bearbeiten
- dass sie vor Gefahren geschützt werden, auch vor solchen, die von ihnen selbst ausgehen
- dass ihnen vernünftige Grenzen gesetzt werden (EUROARRCC 1998).

Die strukturellen Rahmenbedingungen für das Entstehen solcher Beziehungen sind nicht optimal. Wir finden nach wie vor Wohngruppen mit häufigem ErzieherInnenwechsel, Kinder und Jugendliche werden in andere Gruppen oder Einrichtungen verlegt, Gruppenmitglieder wechseln angesichts zeitlich begrenzter Hilfefinanzierung in kürzeren Abständen. Vielfach wird es den BewohnerInnen schwer gemacht, Strukturen der Institutionen und der Kooperation von Jugendamt und Einrichtung und deren Folgen für die professionelle Beziehungsgestaltung nachzuvollziehen und zumindest in Ansätzen beeinflussen, was auch zu Ohnmachtsgefühlen führen kann (Wieland, S. 177 f.). Professionelle debattieren in Abständen darüber, ob die Bedingungen der „Lohnerziehung" in der öffentlichen Erziehung solche Beziehungen nicht eher ausschließen. Und Kinder und Jugendliche können auf Grund psychosozialer Hemmnisse ihrerseits daran gehindert sein, exklusive Beziehungen zu Erwachsenen zu „wählen" (etwa nach sexuellem Missbrauch). All diese Bedingungen müssen bedacht werden; ich beziehe mich hier wieder nur exemplarisch auf einige, von ErzieherInnen *beeinflussbare* Möglichkeiten der Optimierung der Beziehungsgestaltung.

Beziehungsgestaltung berührt „die soziale Dimension der Dienstleistungsqualität in der Heimerziehung" (Hansbauer/Kriener 2000, S. 254 ff.). In Beziehungen geht es um das „Wie" des Umganges und auch dieses kann erfasst, beurteilt, verbessert und (zumindest teilweise) in reflektierte Handlungsregeln (man könnte auch sagen: „Haltungsroutinen") überführt werden, ohne dass die vorhin herausgestellte Exklusivität von Beziehungen verloren gehen muss. Aus dem Aufsatz von Peter Hansbauer und Martina Kriener, die entsprechende Interviews mit Jugendlichen auswerten und kommentieren, lassen sich unter anderem zwei pädagogisch weiterführende Handlungsregeln ableiten:

Die erste Handlungsregel könnte man etwa so formulieren: „Wir (ErzieherInnen) erklären/begründen unsere Handlungen - besonders auch in Alltagssituationen - plausibel und nachvollziehbar". Diese berufliche Haltung könnte eine generelle Handlungsleitlinie bilden, die besonders auch für den problematischen Umgang mit Regeln in der Heimerziehung gelten kann. Gleichzeitig sollte transparent sein, welche Regeln unverhandelbar sind und welche immer wieder neu verhandelt werden können und müssen. Häufig ist nämlich nicht nachvollziehbar, wie Regeln entstanden sind und worauf sie sich beziehen. Regeln werden verkündet (oft wird sogar behauptet, sie seien ausgehandelt). Eine Begründung erscheint vielfach nicht nötig, denn Kinder und Jugendliche müssen ja generell lernen, sich an Regeln zu halten und sie wollen - so die *Definitions*routine - in einer kritischen Situation ohnehin nur versuchen, geltende Regeln außer Kraft zu setzen und persönliche Vorteile zu erhaschen. Plausibilitätslücken können auch entstehen, wenn sich ErzieherInnen auf die nicht explizit formulierte, aber anscheinend weithin geltende Handlungsregel berufen: „Regeln und entsprechende Sanktionen müssen nach dem Prinzip Verfahrensgerechtigkeit unter allen Umständen durchgesetzt werden" (und ich füge hinzu: auch wenn dieses in der konkreten Situation unsinnig erscheint). Neben der unhinterfragt gesetzten generellen Notwendigkeit des Lernens von Regeln wird in solchen Situationen häufig darauf verwiesen, dass ErzieherInnen ihre Autorität verlören, wenn sie sich jetzt nicht durchsetzten. Im erzieherischen Alltag verhalten sich ErzieherInnen dennoch recht individuell. Sie variieren die Gruppenregeln, ignorieren sie sogar oder setzen sie rigide um. Das wäre ja mit Blick auf die spezifische Situation der betroffenen Kinder oder Jugendlichen durchaus zu rechtfertigen, wenn es auf ein Prinzip des individuellen Eingehens auf die Kinder und Jugendlichen bezogen wäre. Es scheint aber so, als hingen diese Variationen überwiegend von der persönlichen Befindlichkeit der ErzieherInnen und weniger von der der Kinder oder Jugendlichen ab. In den Interviews von Hansbauer und Kriener (ebd., S. 260) interpretierten die Jugendlichen ein solches Verhalten durchaus als Willkür und Privileg der Mächtigen.

Eine zweite Handlungsregel könnte heißen: „Wir orientieren uns in unserem Alltagshandeln am Prinzip der Gegenseitigkeit." Im Heimalltag scheint es einen großen Unterschied zu machen, ob und wie sich beide Seiten an Absprachen und Zusagen halten. ErzieherInnen nehmen die mangelnde Verbindlichkeit der Kinder und Jugendlichen gerne zum Anlass für Kritik und Sanktionen; sie selbst reagieren jedoch oft ärgerlich auf diesbezügliche Anfragen und Hinweise. Hansbauer und Kriener betonen, dass „das eigentliche 'Normalitätsdefizit' nun nicht so sehr darin (besteht), dass Vereinbarungen nicht eingehalten werden, sondern ... darin, dass daraus üblicherweise resultierende Rechenschaftspflichten in der Heimerziehung offenbar folgenlos ignoriert werden können" (ebd., S. 262). Außerdem reklamieren Kinder und Jugendliche auch, dass ihnen mit ebenso viel Respekt begegnet wird, wie es umgekehrt ihre BetreuerInnen von ihnen erwarten (ebd., S. 263), was zum Beispiel einschließt, dass sich die ErzieherInnen entschuldigen, wenn sie sich geirrt oder falsch verhalten haben.

Ich fasse zusammen: Meine Absicht war, am Beispiel dreier *Dimensionen* der Alltagsgestaltung im Heim einige Ideen für eine konzeptionelle Qualifizierung des Alltags unter Zuhilfenahme von Routinen und Rahmenbedingungen herauszuarbeiten. Ich habe an Beispielen von Situationen und Verfahren (Schlüsselprozessen) gezeigt, dass man beides im Prinzip als ziel- oder kriterienorientierte und vor allem reflektierte *Routinen* konstruieren kann. Es ist evident, dass solche Routinen im Alltag entlastende Funktionen einnehmen können. Darüber hinaus habe ich deutlich gemacht, dass man durch die Entwicklung von „Haltungsroutinen" nicht nur das „Was", sondern auch das „Wie" reflexiv qualifizieren kann, denn hinter jeder Handlung steht eine Haltung und jede Haltung drückt sich in entsprechenden Handlungen aus. Handlungsregeln übernehmen die Funktion eines Geländers, das den ErzieherInnen eine gewisse Verhaltenssicherheit bei der Alltagsgestaltung vermitteln kann, ohne dass dadurch das individuelle Handeln in aktuellen und unverwechselbaren Situationen normiert wird.

Ich weiß, dass es im überwiegend reaktiven Alltag an der Zeit zur sorgfältigen Aushandlung und Ausarbeitung von Entwürfen und zur Dokumentation und Auswertung der Umsetzung fehlt. Es fehlt auch geeignetes externes Personal, das solche Prozesse initiieren und begleiten kann und dafür bezahlt werden muss. Ich denke aber, dass *diese* Bedingungen prinzipiell beeinflussbar sind und dass sich die notwendigen zeitlichen und finanziellen Ressourcen durchaus rentieren.

Es käme also darauf an, gelassen und doch auch kreativ und kriterienorientiert innerhalb derjenigen Rahmenbedingungen zu experimentieren, die man nicht oder nicht sofort verändern kann, mit Ausdauer und Zähigkeit die Bedingungen zu gestalten, die tatsächlich beeinflussbar sind und die Weisheit zu entwickeln, das eine vom anderen zu unterscheiden.

Literatur

Blandow, J./**Gintzel**, U./**Hansbauer**, P. (1999): Partizipation als Qualitätsmerkmal in der Heimerziehung. Eine Diskussionsgrundlage. Münster.

ECKART (Ev. Fachverband für Erziehungshilfen in Westfalen-Lippe e.V.) (2000): Dokumentation des Fortbildungsprojektes „Selbstevaluation als Methode der Qualitätsentwicklung in der Erziehungshilfe". In: Kontakte spezial.

European Association for Research into Residential Child Care (EUROARRCC) (1998): Care to listen? Vertrieb: Centre for Residential Child Care, Southbrase Drive, Glasgow, G13 1SK, Scotland 8. ISBN 1900743019.

Flößer, G. (2000): Was ist gute Heimerziehung? - Forschungsergebnisse und Praxis der Qualitätsentwicklung. In: ECKART (Hg.) Kontakte Nr. 1 März.

Gieseler, E./**Berger**, K. (2001): Wohngruppe für Kinder und Jugendliche: unveröff. Dokumentation einer Selbstevaluation zur Untersuchungsfrage: Wie können wir die Einsicht in die Bedeutung von Hausaufgaben fördern? Und wie gelingt uns die Umsetzung? wg@wohngruppe-ev.de .

Gintzel U. (2001): Partizipation, Mitbestimmung und Demokratisierung in der Erziehungshilfe. In: Forum Erziehungshilfen. Heft 4/01, S. 215-219.

Hansbauer, P./**Kriener**, M. (2000): Soziale Aspekte der Dienstleistungsqualität in der Heimerziehung. Anmerkungen und empirische Hinweise zu den anstehenden Qualitätsentwicklungsvereinbarungen nach § 78 a-g SGB VIII. In: Neue praxis, Heft 3/00, S. 254 - 270.

Heiner, M./**Meinhold**, M./**von Spiegel**, H./**Staub-Bernasconi**, S. (1998): Methodisches Handeln in der Sozialen Arbeit. Freiburg i. Brsg. 4. Aufl.

Kriener, M./**Petersen**, K. (Hg.) (1999): Beteiligung in der Jugendhilfepraxis. Sozialpädagogische Strategien zur Partizipation in Erziehungshilfen und bei Vormundschaften. Münster.

Kinder haben Rechte e.V. [Hg.] (1998): Broschüre: Kinder haben Rechte - auch in der Erziehungshilfe!? Individuelle und kollektive Rechte und ihre Umsetzung. Info 2/98.

Planungsgrupppe PETRA (1988): Analyse von Leistungsfeldern der Heimerziehung. Frankfurt/M., 2. Aufl.

Walta, P./**Pfeiffer**, K.-P. (1999): „Hier kommt keiner unbeteiligt raus." Erfahrungen in der Auseinandersetzung mit Beteiligung im evangelischen Kinder- und Jugendheim Overdyck. Bochum.

Wieland, N./**Marquard**, U./**Panhorst**, H./**Schlotmann**, H.-O. (1992): Ein Zuhause - kein Zuhause. Lebenserfahrungen und -entwürfe heimentlassener junger Erwachsener. Freiburg im Breisgau.

Wolff, J. (1984): Routine und Gefühle im Entscheidungshandeln von Sozialarbeitern. Vernachlässigte Themen der Professionalisierung. In: Neue Praxis, Heft 1/84, S. 26 - 42.

Trede, W./**Winkler**, M. (1995): In: Krüger/Rauschenbach (Hg): Einführung in Arbeitsfelder der Erziehungswissenschaft. Neuwied.

Peter Hansbauer

Das Ende der Gruppe? Heimerziehung im Rahmen von Ambulantisierung, Differenzierung, Diversifizierung

Entwicklungen in der Heimerziehung und der Diskurs darüber

Betrachtet man die strukturellen Entwicklungen, die sich während der letzten drei Jahrzehnte in der Heimerziehung vollzogen haben, so lassen sich die folgenden drei großen Trends festhalten (vgl. Winkler 2000a, S. 207 ff., 2000b):

- Heimerziehung hat ihre herausgehobene Stellung innerhalb des Gefüges von Hilfen zur Erziehung immer mehr eingebüßt. Zwar nehmen absolut betrachtet die Maßnahmen im Rahmen der stationären Unterbringung nach § 34 SGB VIII noch immer den größten Anteil aller Hilfen zur Erziehung ein, relativ betrachtet ist aber der Anteil der Heimerziehung im Verhältnis zu den ambulanten und teilstationären Maßnahmen in den letzten Jahren kontinuierlich gesunken.[1] Heimerziehung ist damit zwar noch immer die vorherrschende Form der Hilfe innerhalb des Gesamtspektrums der Hilfen zur Erziehung, wird aber relativ gesehen immer mehr zu einer Hilfeform neben anderen. In diesem Sinne lässt sich also von einem Trend zur Ambulantisierung sprechen.

- Heimerziehung hat sich intern differenziert. Im Vergleich zur ursprünglichen Form der Anstaltserziehung, in der Kinder und Jugendliche in großen, baulich geschlossenen und oftmals auch räumlich abgelegenen Gebäuden untergebracht wurden, findet Heimerziehung heute zunehmend in kleineren, dezentralen Einheiten statt (vgl. auch Arieli 1991), die oftmals durch eine größere Nähe zum Herkunftsmilieu gekennzeich-

[1] Gemessen am Bestand zum 31.12. ist der relative Anteil der Heimerziehung (§ 34 SGB VIII) im Verhältnis zu den gesamten Hilfen zur Erziehung (§§ 29 - 33 SGB VIII) mit Ausnahme der Erziehungsberatung (§ 28 SGB VIII) bezogen auf die unter 21- Jährigen von 46,6 % im Jahr 1991 auf 43,2 im Jahr1998 gesunken (vgl. StBA: Fachserie 13, Reihe 6.1.2).

net sind. Gleichzeitig sind die Übergänge zu anderen Formen der Hilfe, etwa zur Vollzeitpflege (§ 33 SGB VIII) oder zu den ambulanten Hilfen, fließend geworden. Mit anderen Worten: Der konjunktive Erfahrungsraum der „klassischen" Anstaltserziehung als physisch und sozial erlebbare Einheit von Gebäuden und Personen, die nach bestimmten Regeln zusammenleben (müssen), ist zunehmend einer "virtuellen" Organisationsform gewichen, die nur noch "abstrakt" als rechtliche Einheit besteht. Insofern lässt sich von einem Trend zur Differenzierung sprechen.

- Die Angebote der Heimerziehung haben sich konzeptionell ausdifferenziert (vgl. Hansbauer 1999, S. 55 ff.). Infolgedessen lassen sich einzelne Angebote in Heimen kaum noch miteinander vergleichen, vielmehr unterscheiden sich diese oftmals ganz erheblich darin, was sie trotz formaler Ähnlichkeiten an konkreten Hilfeangeboten für Jugendliche bereithalten, an welche spezifischen Zielgruppen (Mädchen, Ausländer, drogenabhängige Jugendliche usw.) sie sich wenden und nach welchen therapeutischen oder pädagogischen Konzepten sie arbeiten. Drittens also lässt sich ein Trend zur Diversifizierung konstatieren.

Diese Trends - Ambulantisierung, Differenzierung und Diversifizierung -, die durch die vorliegenden statistischen Daten und empirischen Untersuchungen schon seit längerem gut belegt sind, scheinen zunächst darauf zu verweisen, dass Heimerziehung sich analog zu gesellschaftlichen Individualisierungsprozessen und der Pluralisierung biografischer Muster verändert hat, auch wenn diese gesellschaftlichen Entwicklungen selbst nur begrenzt zur Erklärung dieser Trends in der Heimerziehung herangezogen werden können (dazu ausführlich Hansbauer 1999b). Allerdings verdeckt dieses Insistieren auf die erfolgten Differenzierungsleistungen den Blick auf Konstanten in der Heimerziehung. Hierzu gehört u.a., dass Heimerziehung über Jahrhunderte hinweg fast ausschließlich in Gruppen unterschiedlicher Größe erfolgt ist (vgl. Späth 1988; Niederberger 1997). Auch die Reformen der letzten Jahrzehnte haben hieran kaum etwas geändert, wenngleich sich die Größe der Gruppen verringert und ihre organisatorische und räumliche Anbindung an eine Zentraleinrichtung vielfach gelockert hat. Die Daten des statistischen Bundesamtes, die in Tab. 1 zusammengefasst sind, verdeutlichen dies.

Heimerziehung gemäß § 34 SGB VIII nach Hilfeformen und Alter in Deutschland sowie Gesamtzahl der Intensiven sozialpädagogischen Einzelbetreuung nach § 35 SGB VIII											
	Heimerziehung (§ 34 SGB VIII)	davon: Heimerziehung in Heimen			davon: Heimerziehung in Wohngemeinschaften			davon: Heimerziehung in eigener Wohnung			ISE (§ 35 SGB VIII)
		gesamt	davon: alte Bundesländer	davon: neue Bundesländer	gesamt	davon: alte Bundesländer	davon: neue Bundesländer	gesamt	davon: alte Bundesländer	davon: neue Bundesländer	
1991	68.190 100%	63.423 93,0%	46.922 68,8%	1[illegible].501 2[illegible],2%	3.327 4,9%	3.225 4,7%	102 0,2%	1.440 2,1%	1.417 2,1%	23 -	865
1994	80.077 100%	70.880 88,5%	50.905 63,6%	1[illegible].975 2[illegible],9%	6.005 7,5%	5.097 6,4%	908 1,1%	3.192 4,0%	3.114 3,9%	78 0,1%	1.505
1997	78.212 100%	66.543 85,1%	48.402 61,9%	1[illegible].141 2[illegible],2%	7.850 10,0%	5.955 7,6%	1.895 2,4%	3.819 4,9%	3.599 4,6%	220 0,3%	2.303
2000	69.723 100%	57.651 82,7%	43.911 63,0%	1[illegible].740 1[illegible],7%	8.183 11,7%	5.652 8,1%	2.531 3,6%	3.889 5,6%	3.549 5,1%	340 0,5%	2.692
	unter 18 Jahren										
1991	56.922 100%	54.515 95,8%	38.908 68,4%	15.607 27,4%	2.120 3,9%	2.048 3,6%	72 0,3%	287 0,5%	278 0,5%	9 -	
1994	59.819 100%	56.342 94,2%	39.616 66,2%	15.726 23,0%	3.037 5,1%	2.583 4,3%	454 0,8%	440 0,7%	425 0,7%	15 -	
1997	59.856 100%	54.566 91,2%	40.046 66,9%	1[illegible].520 2[illegible],3%	4.494 7,5%	3.508 5,9%	986 1,6%	796 1,3%	764 1,3%	32 -	
2000	56.424 100%	49.758 88,2%	37.329 66,2%	12.429 22,0%	5.541 9,8%	3.724 6,6%	1.817 3,2%	1.125 2,0%	1.013 1,8%	112 0,2%	
	über 18 Jahren										
1991	11.268 100%	8.908 79,1%	8.014 71,1%	8[illegible]4 8,0%	1.207 10,7%	1.177 10,4%	30 0,3%	1.153 10,2%	1.139 10,1%	14 0,1%	
1994	20.258 100%	14.538 71,8%	11.289 55,7%	3.249 15,1%	2.968 14,7%	2.514 12,4%	454 2,3%	2.752 13,6%	2.689 13,3%	63 0,3%	
1997	18.356 100%	11.977 65,2%	8.356 45,5%	3.621 19,7%	3.356 18,3%	2.447 13,3%	909 5,0%	3.023 16,5%	2.835 15,4%	188 1,1%	
2000	13.299 100%	7.893 59,3%	6.582 49,5%	1.311 9,8%	2.642 19,9%	1.928 14,5%	714 5,4%	2.764 20,8%	2.536 19,1%	228 1,7%	

Tabelle 1: StaBu; Kinder- und Jugendhilfestatistik; eigene Berechnungen

Aus der Tabelle wird deutlich, dass zwischen der bundesweiten Einführung des KJHG und 2000 zwar Verschiebungen zwischen verschiedenen Formen der Heimerziehung erfolgt sind, absolut betrachtet fallen diese Veränderungen aber kaum ins Gewicht: Zwar stieg in diesem Zeitraum die Zahl der im Rahmen von Heimerziehung in einer eigenen Wohnung untergebrachten Jugendlichen und jungen Erwachsenen kontinuierlich von 2,1 auf 5,6 % an, umgekehrt bedeutet dies aber, dass im Jahr 2000 rund 95 % aller Minderjährigen und jungen Erwachsenen, die Leistungen nach § 34 SGB VIII erhielten, in Gruppenarrangements untergebracht waren (in Heimen oder Wohngemeinschaften). Auch wenn man die Zahl der nach § 35 SGB VIII (Intensive sozialpädagogische Einzelbetreuung) Untergebrachten hinzunimmt, hinter denen sich zum Teil ebenfalls Unterbringungen verbergen, die denen von Heimerziehung in eigener Wohnung gleichen, verändern sich die prozentualen Anteile nicht erheblich.

Betrachtet man ausschließlich die Zahl der unter 18-Jährigen, die in Heimerziehung untergebracht sind, so werden Formen der Heimerziehung, die nicht gruppenförmig erfolgen, fast zu einer Marginalie: Der Anteil derjenigen, die im Jahr 2000 in gruppenförmigen Arrangements untergebracht waren, lag hier bei 98 %. Unterbringungen in einer eigenen Wohnung erfolgen also fast ausschließlich bei jungen Volljährigen. Darüber hinaus ist die Unterbringung von Minderjährigen und jungen Volljährigen in einer eigenen Wohnung fast ausschließlich ein Phänomen der alten Bundesländer. Dagegen sind Unterbringungen in einer eigenen Wohnung in den neuen Bundesländern bei den unter 18-Jährigen faktisch zu vernachlässigen und auch bei jungen Volljährigen eine kaum genutzte Form der Unterbringung.

Anhand der vorliegenden statistischen Daten wird also deutlich: Trotz der erfolgten Veränderungen lebt der allergrößte Teil aller Minderjährigen und jungen Erwachsenen in der Heimunterbringung in Gruppen mit anderen zusammen, wie unterschiedlich diese im Einzelnen auch sein mögen. Individualisierte Hilfen, d.h. Einzelbetreuungen in Wohnungen - und daran gebunden i.d.R. keine 24-stündige Präsenz des Betreuungspersonals -, sind dagegen gemessen an ihrem quantitativen Umfang eine Randerscheinung, erst recht, wenn man die Gruppe der Minderjährigen betrachtet.

Diese Fakten stehen in einem merkwürdigen Kontrast zum aktuellen fachöffentlichen Diskurs über Heimerziehung, der, soweit pädagogische Fragen berührt sind, vor allem ein Diskurs über individualisierende Hilfen und darüber ist, wie Hilfen flexibel und individuell an die Bedürfnisse von Kindern und Jugendlichen angepasst werden können. Begründet wird dies oftmals mit dem Hinweis auf gesellschaftliche Individualisierungs- und Pluralisierungsprozesse, während Fragen zur Gruppenpädagogik nicht oder allenfalls am Rande thematisiert werden. Es verwundert deshalb kaum, dass sich in den letzten Jahren in Verlagsprogrammen der einschlägigen Fachverlage, ebenso in den entsprechenden Fachzeitschriften, nur vereinzelt Monografien und Beiträge finden, die sich explizit mit Fragen der Pädagogik in Gruppen auseinander setzen. Und selbst bei den entsprechenden Fachverbänden der Heimerziehung ist dieses Thema in den letzten Jahren bis zur Unkenntlichkeit in den Hintergrund getreten. Hat der fachöffentliche Diskurs also an "Bodenhaftung" verloren?

Mögliche Ursachen für den Diskurs um individualisierende Hilfen

Der Bereich dessen, was man gemeinhin als "Policy"-Forschung bezeichnet, ist im Bereich der Sozialen Arbeit im Allgemeinen und in dem der Jugendhilfe im Speziellen in der Bundesrepublik bisher kaum entwickelt. Da deshalb systematische, methodisch gesicherte Untersuchungen fehlen, wie fachöffentliche Diskurse und Praxisentwicklungen sich wechselseitig beeinflussen, müssen Aussagen über das Verhältnis fachöffentlicher Diskurse und deren Praxisrelevanz zwangsläufig spekulativ bleiben. Dennoch lassen sich aufgrund verschiedener Beobachtungen einige Vermutungen darüber formulieren, weshalb im pädagogischen Diskurs über Hilfen zur Erziehung im letzten Jahrzehnt vor allem Fragen nach individualisierenden Hilfeformen in den Vordergrund gerückt sind. Von Bedeutung dürften dabei sowohl (a) sich verändernde Lebenslagen von Kindern und Jugendlichen, (b) „erodierenden Selbstverständlichkeiten“ auf Seiten der PädagogInnen als auch (c) professionslogische Motive sein. Diesen Aspekten kommt freilich eher der Charakter von forschungsleitenden Hypothesen als von wissenschaftlich gesicherten Aussagen zu.

(a) In den letzten Jahrzehnten ist die bundesdeutsche Gesellschaft von einem "Individualisierungschub" erfasst worden. Historisch reiht sich dieser Prozess ein in einen kontinuierlichen Wandel der Vergesellschaftungsform von der Neuzeit bis zur Gegenwart, der letztlich erst zur Herausbildung des Individuums in unserem heutigen Verständnis geführt hat. Schon Soziologen wie Weber, Durkheim, Marx oder Simmel haben deshalb immer wieder auf den Verlust der Tradition als Strukturmoment der Moderne hingewiesen und diesen entweder negativ als Moment der "Entfremdung" oder positiv als Akt der Emanzipation zur Kenntnis genommen. Neu ist also nicht der gesellschaftliche Prozess der Individualisierung - als Akt der Freisetzung von traditionalen sozialen (Ein-)Bindungen -, ohne historische Präzedens scheint hingegen die Geschwindigkeit des Verlaufs dieses Prozesses nach dem Zweiten Weltkrieg zu sein (Hoffmann-Nowottny 1988: 659).
In der Jugendhilfe hat dieser Diskurs seinen Niederschlag in der These vom "Strukturwandel der Jugendphase" (Hornstein 1988) gefunden, die - etwas vereinfacht - meint, dass das, was Jugend historisch-gesellschaftlich war, eine von Verantwortung weitgehend entlastete kollektiv erlebte Übergangsphase zwischen Kindheit und Erwachsensein, als soziales Konstrukt fragwürdig geworden ist. Die Folge dieser "Entstrukturierung der Jugendphase“ (Olk 1985) ist eine Diverisifizierung jugendlicher Lebenslagen und Lebenswelten einerseits und eine Pluralisierung biografischer Kohortenmuster andererseits. Unabhängig davon, dass diese Prozesse womöglich als weitreichender beschrieben werden, als sie tatsächlich empirisch vorfindbar sind (vgl. z. B. Georg 1996), ist es wichtig darauf hinzuweisen, dass dieser Prozess ein sozialstrukturelles, kein individuelles Phänomen beschreibt: Entstrukturierung meint nicht, dass sich individuelle Biografien von den sozialstrukturellen Bedingungen, die sie präformieren, abgelöst hätten - sich biografische Wahlmöglichkeiten also unabhängig von den Dimensionen sozialer Ungleichheit oder ethnischer Diskriminierung vollziehen -, sie meint vielmehr, dass die gesellschaftlichen Bedingungen in ihrer Gesamtheit zunehmend biografische Brüche und Verwerfungen erzeugen, die nicht mehr problemlos in die Vorstellung von Kindheit und Jugend als Moratorium zu integrieren sind.

Gerade die Diskussion um erzieherische Hilfen scheint aber oftmals von dem Missverständnis geprägt, dass für die Klientel der Heimerziehung gelte, was für die Lebensphase Jugend in ihrer Gesamtheit gilt. Auch in individualisierten Gesellschaften setzen biografische Wahlmöglichkeiten auf strukturellen Antezedenzien [= *Ursachen, Gründe, Vorausgegangenes*; die Hg.] auf, sodass Bedingungen gesellschaftlicher Ungleichheit - sozial, kulturell und ökonomisch - die individuellen Wahlmöglichkeiten limitieren. Nach wie vor finden sich aber in der Heimerziehung vor allem solche Kinder und Jugendliche, deren Lebenslagen durch soziale Benachteiligung und Ausgrenzung in einer Weise präformiert sind, dass sie vielfach von den ihnen angebotenen Wahlmöglichkeiten emotional und kognitiv überfordert sind. Die verschiedenen quantitativen Untersuchungen über die Klientel der Heimerziehung (Biermann/Wälte, Hansen, Bürger, Hamburger u.a., Thiersch u.a.) sprechen hier eine deutliche Sprache: Trotz unterschiedlicher Erhebungsmethodik liegt der Anteil der Kinder und Jugendlichen, deren Eltern Sozialhilfe- bzw. Arbeitslosenhilfebezüge erhalten, bei allen Untersuchungen in einer Größenordung von 30 - 50 %. Noch immer stammt also ein erheblicher Teil der Heimpopulation aus sozial benachteiligten Bevölkerungsgruppen. Womöglich ist also die eigentliche Heimpopulation weit homogener als der Diskurs über sie unterstellt.

(b) Dies erklärt jedoch noch nicht die große Resonanz, auf die der Diskurs über individualisierende Hilfen in der Praxis stößt. Breit geführte Diskurse - und der Individualisierungsdiskurs ist ein solcher - müssen auf aktuelle Befindlichkeiten treffen und auf aktuelle Probleme zurückkommen, sonst bleiben sie auf einige wenige Spezialisten begrenzt. Insofern muss man auch nach den Nöten von PädagogInnen fragen, denn erst über diese Frage erschließt sich der Widerhall von Diskursen in der Praxis. Vermutlich darf man deshalb ein weiteres Moment nicht unterschätzen, wenn man über die Diskurskonjunktur individualisierender Hilfen redet: An die Stelle einer quasi an objektiven kulturellen und sozialen Vorgaben orientierten Wert-Erziehung ist inzwischen immer mehr eine - bestenfalls! - wertgeleitete Verständigung mit unentschiedenem Ausgang getreten. Gerade bei „offenen" - also nicht routinisiert entscheidenden PädagogInnen - führt dies jedoch häufig zur permanenten Konfrontation mit der eigenen Ratlosigkeit, angesichts erheblich differenter Lebensentwürfe von Jugendlichen. Vor diesem Hintergrund können individualisierende Hilfen, die per definitionem die Bedürfnisse des Jugendlichen in den Vordergrund rücken und in denen sich zugleich ein grundlegendes Akzeptanzverhältnis ausdrückt, auch als Möglichkeit der eigenen professionellen Unsicherheitsbewältigung verstanden werden.

(c) Schließlich kann diese Diskurskonjunktur nicht unabhängig von professionslogischen Motiven gesehen werden: Statusunsicherheiten von SozialpädagogInnen, die kaum vorhandenen Aufstiegsmöglichkeiten und daraus resultierende "Profilierungsbestrebungen" dürften die Entwicklung individualisierender Hilfen mindestens ebenso vorangetrieben haben wie das Bemühen um die angemessene Hilfe für die von ihr Betroffenen. Kurz: Es ist nach der Rangskala sozialpädagogischer Tätigkeitsfelder einfach „schicker“ in flexiblen Hilfeformen zu arbeiten als in der "angemufften" Heimerziehung, entsprechend gibt es natürlich auch ein professionslogisches Interesse daran, für "attraktive" Hilfeformen entsprechend zu werben.

Literatur

Georg, W. (1996): Zwischen sozialer Strukturierung und Entwurzelung. Determinanten der Jugendbiographie. In: Mansel, Jürgen/Klocke, Andreas (Hg.): Die Jugend von heute: Selbstanspruch, Stigma und Wirklichkeit. Weinheim/München, S. 17-31.

Hansbauer, P. (1999a): Traditionsbrüche in der Heimerziehung: Analysen zur Durchsetzung der ambulanten Einzelbetreuung. Münster.

Hansbauer, P. (1999b): Wie aus Innovationen Institutionen werden. In: Zeitschrift für Erziehungswissenschaft, 2. Jg., Nr. 1, S. 73-97.

Hornstein, W. (1988): Strukturwandel der Jugendphase in Deutschland. In: Ferchhoff, W./Olk, T. (Hg.): Jugend im internationalen Vergleich. Sozialhistorische und sozialkulturelle Perspektiven. Weinheim/München, S. 70-92.

Niederberger, J. M. (1997): Kinder in Heimen und Pflegefamilien: Fremdplazierung in Geschichte und Gesellschaft. Bielefeld.

Olk, T. (1985): Zur Entstrukturierung der Jugendphase. In: Heid, H./Klafki, W. (Hg.): Arbeit - Bildung - Arbeitslosigkeit. Beiträge zum 9. Kongreß der Deutschen Gesellschaft für Erziehungswissenschaft, 19. Beiheft der Zeitschrift für Pädagogik. Weinheim, S. 290-307.

Späth, K. (1988): Die Entwicklung der unterschiedlichen Betreuungsformen in der Heimerziehung unter besonderer Berücksichtigung der individualisierenden Hilfeformen. In: EREV-Fortbildungsbrief, 29. Jg., Nr. 3/4, S. 23-31.

Winkler, M. (2000a): Heimerziehung heute - Ein Rückblick auf den Fortschritt. In: Bundesministerium für Familie, Senioren, Frauen und Jugend (Hg.): Mehr Chancen für Kinder und Jugendliche: Stand und Perspektiven der Jugendhilfe in Deutschland, Bd. 1. Münster, S. 202-229.

Winkler, M. (2000b): Kinder im Heim. Expertise zum 10. Kinder- und Jugendbericht. In: Sachverständigenkommission Zehnter Kinder- und Jugendbericht (Hg.): Materialien zum Zehnten Kinder- und Jugendbericht, Bd. 5. München.

Jürgen Hast und Gerald Rieken

Abenteuer Gruppe - Gruppendynamik im Alltag der Heimerziehung und gelungene gruppenpädagogische Konzepte

In dem folgenden Beitrag geht es nicht darum, das gruppenpädagogische Rad neu zu erfinden; vielmehr sollen Bausteine und Muster einer befriedigend erlebten und insofern gelungenen gruppenpädagogischen Praxis beschrieben werden. Eine besondere Wertschätzung genießen dabei alltägliche Erfahrungen aus dem pädagogischen Prozess; sie liefern ähnlich wertvolle Impulse und Erkenntnisse, wie sie an anderen Orten und zu anderen Zeiten von den vermeintlichen pädagogischen „highlights" (z.B. einer Kanutour) erwartet werden.

Ohne eine regelmäßige und gründliche Reflexion der *Rahmenbedingungen* können wir über Gruppenpädagogik in der Heimerziehung nicht diskutieren; zu unterschiedlich setzen sich die Wohngruppen zusammen: nur Jungs, nur Mädchen oder koedukative Settings; Altersmischung oder Altershomogenität; Kriseninterventionskonzept oder Beheimatung; unterschiedliche Gruppenstärken und Personalschlüssel. Auch wenn wir die Rahmenbedingungen an dieser Stelle nicht ausführlich behandeln wollen, müssen sie mitbedacht werden. Weiter geht es uns darum, keine allgemeingültigen Erkenntnisse zu vermitteln, sondern bestimmte Erkenntnisse im jeweils eigenen pädagogischen Milieu auf ihre Angemessenheit hin zu überprüfen.

Von folgenden Faktoren wird die *Gruppendynamik* einer Wohngruppe in der Heimerziehung nachhaltig beeinflusst:

- Die in der Regel sehr unterschiedlichen Biografien und Problembilder der Kinder und Jugendlichen führen zu einem „Obstgarten" an Phänomenen, in dem die Gestaltung des Gemeinschaftlichen große Energie, Durchhaltevermögen und genügend Zeit erfordert. Der Pädagoge muss eine Vorstellung vom Ganzen der Gruppe und einen Blick für das Ganze erstens entwickeln und zweitens bewahren, wenn er den vielen Individuen und der Fülle ihrer jeweiligen kleinen und großen Anliegen gegenübersteht.

- Wechselprozesse durch Neuaufnahmen und Entlassungen bilden ein Störfeuer für das Andauern eines gruppenpädagogischen Prozesses. So wird es zu einer bedeutenden Kunst, immer wieder neu zu integrieren, was spaltet, wegtreibt oder sich eben gerade nicht integrieren lassen will. Ohne behutsame Integration der Teile eines Ganzen kann Gruppenpädagogik nicht gelingen.
- Hinzu kommt fast schon regelmäßig die Notwendigkeit, sogenannte „schwierige" Kinder und Jugendliche in eine Gruppe zu integrieren. Diese Kinder wollen weder Regeln noch Strukturen akzeptieren, weil sie diese nicht kennen oder als fremd empfinden und demnach strikt ablehnen. Die Gruppendynamik kann kippen oder explodieren, die vorhandenen Regeln und Strukturen werden über den Haufen geworfen. Stück für Stück müssen sie wieder in pädagogischer Handarbeit überprüft und im Prozess mit der Gruppe re-installiert werden (vergleichbar etwa den Folgen eines Wasserrohrbruchs). Es ist also eine bedeutende Frage, wie viele „schwierige" Kinder und Jugendliche eine Wohngruppe verträgt bzw. zu integrieren vermag.

Auf diesen Hintergründen stellen wir folgende Behauptungen auf :

1.) *Soziales Lernen*, die Entwicklung der Fähigkeit zu einem gemeinsamen Tun und Handeln, die Entwicklung der Fähigkeit zu *Partizipation*, soll heißen: Das Mitgestalten von Prozessen und die Teilhabe an Prozessen, das Erleben von Gemeinsamkeit und das Erlernen sozialer Einstellungen stehen im Vordergrund der pädagogischen Arbeit mit verhaltensauffälligen und beziehungsgestörten Kindern und Jugendlichen in unseren Wohngruppen.
2.) Voraussetzung gelingender Gruppenpädagogik ist die Summe von Integrationsprozessen auch schwieriger Kinder und Jugendlicher. Diese *Integration* geschieht nicht zuletzt durch die Gestaltung und Bewältigung erheblicher Krisen, z.B. von Diebstählen oder Körperverletzungen und die hierbei innerhalb der Gruppe geteilten Erfahrungen (z.B. in der Rolle des Täters oder Opfers).

3.) Die Gruppe stellt für die Entwicklung des Einzelnen einerseits ein Experimentierfeld dar und fungiert andererseits als prüfende und korrigierende Instanz. Sie ermöglicht über einen längeren Zeitraum die Übernahme und die Überprüfung bestimmter persönlicher und sozialer *Rollen* und verlangt - neben der eigenen Reflexivität - viele Rollen - Feedbacks. Dies trifft auf die Gruppe der Kinder ebenso zu wie auf die Gruppe der Mitarbeiter. Die gegenseitigen Abhängigkeiten und Beziehungen schaffen ein bedeutungsvolles grundlegendes Geflecht für die entsprechenden Rollenlernprozesse. Es entsteht ein Rollen - Spiel zwischen mir und dem sozialen Kosmos „Gruppe".

4.) Unerlässliche Grundlagen eines effektiven Gruppenarrangements sind *Verlässlichkeiten*, beispielsweise die persönliche Verlässlichkeit seitens der Pädagogen. Hierzu zählen Eigenschaften wie Empathie und Glaubwürdigkeit; ebenso die strukturelle Verlässlichkeit durch Einhaltung von Regeln und Ritualen. Zentrale Bedeutung im Gruppenalltag nehmen unseren Erachtens gemeinsam eingenommene Mahlzeiten, regelmäßige Gruppengespräche und/oder Gruppenabende ein.

5.) Erst die gemeinsam durchstandene, pädagogisch begleitete *Krise* oder Belastung führt langsam zu anhaltender sozialer Kompetenz. Die Pädagogen haben es in der Hand, solche Situationen des Aushaltens und Überwindens immer wieder im Alltag der Wohngruppen zu schaffen, zu steuern, zu begleiten. Ihr Beziehungsangebot ist wie eine Brücke über den nie endenden Konfliktstrom. Meistens herrscht ein Überangebot an Konflikten, nebensächlichen wie extrem bedeutsamen. Viele *Konflikte* schmoren latent, andere fallen wie Äpfel von den Bäumen. Hier angemessen zu agieren und zu reagieren ist eine besondere pädagogische Kunst, die man nie perfekt beherrschen kann, die aber ausgeübt werden muss und trainiert werden kann.

6.) Das strukturierte und von Regeln, Rechten und Pflichten geprägte Wohngruppenleben ermöglicht nicht nur soziale Erfahrungen, sondern die Gruppenerfahrungen begleiten den Einzelnen in seiner besonderen individuellen Entwicklung. Die Pädagogen versuchen Prozesse zu initiieren, zu begleiten und zu steuern, die dem Einzelnen elementare soziale Erfahrungen ermöglichen. Gleichzeitig muss dem Einzelnen im Rahmen der Gruppe Einzigartigkeit ermöglicht und vermittelt werden, indem seine privaten Besitztümer, sein Zimmer und seine einzigartige Persönlichkeit respektiert werden. Es handelt sich um einen dialektisch-dynamischen Entwicklungsprozess zwischen den Polaritäten *Individuum und Gruppe.*

7.) *Erlebnispädagogische Aktivitäten* können die Beziehungen der Kinder und Jugendlichen untereinander und zwischen ihnen und den Pädagogen intensivieren. Sie können gezielt eingesetzt werden, um bestimmten Zielen wie z.B. Steigerung des Selbstwertgefühls, Bearbeitung von Verwöhnungshaltungen, Förderung des Gemeinschaftsgefühls, Einübung von Verantwortung für sich selbst und für die Gruppe näher zu kommen. Bei der Fahrradtour durch die Provence zum Mittelmeer zählt nicht nur die Fahrt selbst, sondern ebenso die gründliche Vorbereitung in der Fahrradwerkstatt und die Nachbereitung in Form des Tourtagebuches. Während Campingurlauben, Kanutouren, Berg - oder Nachtwanderungen wird die Gruppengemeinschaft herausgefordert; häufig sind die Gruppenmitglieder in besonderer Weise aufeinander angewiesen. Sie können oder müssen gemeinsam ihre Angst vor der Dunkelheit oder vor einem Gewitter bewältigen, die Strapazen des Aufstiegs spüren und das Gipfelglück teilen, das Aufbauen eines Zeltdorfes miterleben und die erste Pasta mit Soße vom Campingkocher genießen.

Für die tägliche Arbeit in der Gruppe gilt es daher, drei Kernbereiche zu beachten:

a) Beziehungen

Das Bezugserziehersystem ist weitverbreitet; während im Alltag eine weitgehende Zuständigkeit aller Teammitglieder gegenüber allen Kindern und Jugendlichen besteht, gestaltet der Bezugserzieher eine besondere Beziehung zum Bezugskind/-jugendlichen und ist für wesentliche interne und externe Kontakte mitverantwortlich. Eine Berücksichtigung des Bezugserziehersystems im Dienstplan könnte z.B. vier Wochenstunden für die besondere Beschäftigung des Bezugserziehers mit seinem Bezugskind vorsehen. Ein entsprechender Stellenschlüssel (z.B. acht Kids zu fünf MitarbeiterInnen) ist vorausgesetzt. Die Bezugspersonenauswahl ist zu Beginn häufig eine technische Vorgabe, z.B. das Ergebnis einer vernunftgeprägten Beratung des Teams. In zweiter Linie können im Laufe der Zeit emotionale „Wahlen“

zwischen Kind und Erwachsenen stattfinden. Bei zu großer Nähe in pädagogischen Beziehungen entstehen häufig Rat- oder Hilflosigkeit aufgrund entsprechender Verwicklungen. Überversorgung und Verwöhnungshaltungen verhindern die Ausbildung von Selbstständigkeit.

Insofern erscheinen „Schwingungen“ zwischen Nähe und Distanz, eine gute Kommunikation innerhalb des Teams hierüber und Supervision unerlässlich für professionelles Beziehungs-Handeln. Ansprüche und Realitäten sollten wir regelmäßig überprüfen: ich muss nicht immer die super-emotionale Beziehung zu meinem Bezugskind haben oder unbedingt entwickeln wollen, aber ich sollte weitgehend verlässlich und ansprechbar sein. Die Parteilichkeit des Bezugserziehers für „sein“ Kind führt zu spannenden Auseinandersetzungen mit anderen Teammitgliedern, die gerade extrem genervt von diesem Kind sind. Die Zustände der einzelnen Beziehungen müssen so beeinflussbar sein, dass in der Summe erträgliche Beziehungen entstehen; sonst ist keine fruchtbare pädagogische Arbeit möglich. Permanente Spaltungsprozesse gefährden den Erfolg. Wenn ein Kind regelmäßig auf zwei Mitarbeitern herumhackt, seinen Kontakterzieher aber umsäuselt, ist dauerhaft keine Gruppenarbeit möglich. Wenn Kollegen schlecht übereinander reden, ebenso. Gegenseitige Beziehungen mit respektvollem Gehalt lassen sich nicht verordnen und planen; sie benötigen Zeit, um sich zu entwickeln und wir müssen sie aufmerksam pflegen. Schlüsselerlebnisse für solidarische Unterstützung oder kritischen Beistand sind während Elterngesprächen, Hilfeplankonferenzen, in Kontakt mit den Schulen oder selbst vor Gericht möglich. Emotional getragene, glaubhaft vermittelte professionelle Beziehungen zu Kindern und Jugendlichen stellen eine Grundlage für das Gelingen jeder pädagogischen Maßnahme dar. Ohne die Entwicklung dieser von Echtheit und Selbstreflexion getragenen pädagogischen Beziehungen sind keine zufriedenstellenden Gruppenarrangements möglich.

b) Welches sind nun *alltägliche Gruppenarrangements* mit besonderem pädagogischen Gewicht?

Die Gestaltung der kleinen und großen *Mahlzeiten*, das gemeinsame Kochen, die Freude am Gestalten des Esstisches mithilfe von Kerzen und Servietten - eine Küchen - Kultur der Wohngruppe: Diese Tätigkeiten stellen elementare und zentrale pädagogische Inter-Aktionen dar. Dabei sind die jeweiligen Formen der Dienstverpflichtung unterschiedlich ausgeprägt zwischen Verordnung und Freiwilligkeit, wobei es sehr unterschiedliche Erfahrungen mit allen möglichen Formen der Verpflichtung gibt. Ob Küchendienste abgeschafft werden oder gar mit Belohnungsprinzipien gearbeitet wird: Uns erscheinen die entsprechenden Regulationsprozesse innerhalb der Gruppe von Belang. Die Mahlzeiten können der Gruppenfindung dienen und sie bieten Gesprächsmöglichkeiten. Im Verselbstständigungsalter wird es schwieriger, aber nicht überflüssig, die verpflichtende Teilnahme an bestimmten gemeinsamen Mahlzeiten zu erklären und durchzusetzen.

Am Thema *Gruppengespräch* oder Gruppenabend entspinnt sich die nächste Grundsatzfrage: Kann und soll die „Gruppe als solche" konstruiert werden? Zum einen kann man mit Entschiedenheit vertreten, die Gruppe müsse in regelmäßigen Rhythmen zusammengeführt und dabei pädagogisch gelenkt werden; zum anderen ist eine gehörige Portion Skepsis, wie dies gelingen kann, angebracht. Das Zusammenleben in der Gruppe setzt sich aus unverzichtbaren Ritualen zusammen, wie z.B. regelmäßigen Stadtgängen, Schwimmbadbesuchen, Gruppenunternehmungen am Abend oder am Wochenende, besonderen Aktivitäten bei Geburtstagen, Entlassungen, Mitarbeiterwechseln. Die im Gruppenwochenplan ersichtlichen Aktivitäten ergänzen die sich alltäglich wiederholenden „regenerativen" Gruppenprozesse. Auch hier steht der Verpflichtung zur Gemeinschaftlichkeit das Aushandeln individueller Freiheiten gegenüber, wobei die Pädagogen einerseits klare Vorgaben machen sollten, andererseits Spielräume ermöglichen können, die z.B. die Häufigkeit eines Gruppenabends oder die Dauer eines Gruppengesprächs betreffen. Vielleicht steht der Pflichtveranstaltung am Samstagnachmittag die freie Verfügung über den Sonntag gegenüber. Bei aller Skepsis und genügend missratenen Erfahrungen bleibt aber konsensfähig, dass regelmäßige, gemeinsam verbrachte und in Teilen ritualisierte Pflichtveranstaltungen in der Arbeit mit Wohngruppen unverzichtbar sind. Sie sollten allerdings nicht mit zu vielen Ansprüchen überfrachtet werden. Von besonderer Bedeutung ist, ob die gemeinsamen Aktivitäten als gelungene Veranstaltung erlebt werden können und wie mit Pleiten umgegangen wird. Die Pädagogen stehen in der Verantwortung, die Gruppenprozesse sensibel zu begleiten und einfühlsam mitzusteuern. Sie können als Impulsgeber agieren, die gezielt Gemeinschaftlichkeit schaffen oder unterstützen (z.B. mit einem Schlachtruf); sie müssen immer wieder die Standards des Gruppenlebens definieren (Respekt oder Verzicht auf Gewalt); sie müssen die Dynamik des Gruppenprozesses beobachten und entsprechend anschiebend oder bremsend reagieren. Häufig ist die Gruppe mit einem moralischen Appell oder in konfrontierender Form herauszufordern, wenn es gilt, einem Schwächeren beizustehen, eine kollektive Angst oder Unruhe zu bewältigen, einen Aggressor zu sensibilisieren, ein Unrecht zu begreifen. Der weitverbreiteten Unlust auf Gruppenabende könnte begegnet werden, indem themenzentriert darüber gesprochen wird, wo es günstig die tollsten Klamotten zu kaufen gibt oder welches die verrücktesten Videos sind, die trotz Beachtung der Altersgrenzen ausgeliehen werden können.

Die Gruppengespräche helfen, Partizipation zu verwirklichen, das heißt, die Teilhabe und Teilnahme der Kinder und Jugendlichen bei Entscheidungsprozessen zu gewährleisten. Während die Pädagogen ihre Machtposition und ihre privilegierten Gestaltungsmöglichkeiten überdenken müssen, gilt es für die Kinder und Jugendlichen, gelernte Hilflosigkeiten oder Haltungen der Resignation Schritt für Schritt zu überwinden. Sich interessieren, sich für etwas einsetzen, begeistert sein: Häufig genug sind diese Fähigkeiten verlernt, vergraben oder nie angemessen entwickelt worden. Bestimmte Entscheidungen oder der Verlauf von Konflikten werden bei ihrer Darstellung im Gruppengespräch transparent. Sinn und Zweck des Gruppengesprächs bestehen in erheblichem Maße darin, Auseinandersetzungen untereinander und Auseinandersetzungen mit Erwachsenen rücksichtsvoller und erfolgreicher zu gestalten.

Eine Kurzform des Gruppengesprächs ist nach dem täglichen Abendbrot möglich: Ein „Blitzlicht" ermöglicht ein Stimmungsbild der Gruppenmitglieder. Tiefschürfende Konflikte müssen in der Regel in weiteren und manchmal auch kleineren Gesprächszirkeln nachbereitet werden.

Wenn Verbindlichkeiten seitens der Pädagogen formuliert und von Kindern und Jugendlichen anerkannt werden sollen, wenn also der Prozess des Aushandelns von Verbindlichkeiten - ein gemeinsames Lernen mit dem Ziel der Gruppenfindung - gelingen soll, rückt noch einmal die Verlässlichkeit des Pädagogen als grundlegende pädagogische Haltung in unseren Blick. Verbindliche Gruppenpädagogik - mehr als das Zusammenleben von x Individuen - bedarf der Verlässlichkeit und der Partizipationsbereitschaft der Erwachsenen.

Beim Aushandeln der verbindlichen Regeln und Strukturen des Lebens und Arbeitens auf der Gruppe stellen „Lust“ oder „Bock“ keine Maßstäbe dar. „Ich habe keinen Bock“ oder „das macht keinen Bock“ sind real existierende Zustände und Haltungen; sie blockieren häufig jedes Gemeinsame. Insofern ist es eine pädagogische Kunst, nicht nur zu verpflichten, sondern Interesse zu wecken und Spaß zu vermitteln. Die sich langsam entwickelnde Gruppenstruktur sollte sich an den Interessen, Gewohnheiten und Existenzbedingungen der Kinder und Jugendlichen orientieren.

Integration wird durch Regelmäßigkeit möglich. Alltägliches, Regelmäßiges und Herausragendes bilden in ihrer Gesamtheit ein für die Entwicklung der Individuen und der Gruppe wirksames pädagogisches Milieu.

c) Wie gehe ich in der Wohngruppen-Praxis mit *Konflikten* um?

Konflikte sehen wir als etwas Positives an. Konflikte zu gestalten, sie bewusst einzugehen und zu suchen, Konflikte manches Mal zu provozieren sind Spielarten pädagogischen Handelns. Wie nun ein Konflikt ausgetragen werden kann: dies ist das Lernfeld für alle Beteiligten. Wer Konflikte vermeiden will, kann nichts hinzulernen.

Konflikte ergeben sich häufig und gerne um Regeln. Also ist zu klären, welche Regeln in einer Gemeinschaft gesetzt sind („Keine Gewalt“ und über welche Regeln diskutiert werden kann (Ausgangszeiten, Fernsehkonsum etc.). Bei der Bearbeitung und Lösung von Konflikten müssen die Konfliktanteile jedes Einzelnen dargestellt werden. Beachtenswert sind die Konfliktbedingungen innerhalb der Gemeinschaft (z.B. räumliche Enge) und die Auswirkungen auf die Gemeinschaft (z.B. Klima der Bedrohung). Immer müssen eskalierende und deeskalierende Verhaltensweisen oder Methoden bereitstehen. Durch die Möglichkeiten zum Austragen von Konflikten unter pädagogischer Begleitung wird die Gruppe ein Lernfeld für soziale Kompetenz. Bei der Bearbeitung von Konflikten in Gruppengesprächen soll jedes Gruppenmitglied seine Beteiligung am Entstehen und der möglichen Lösung des Konflikts spüren. Manche Konflikte müssen zuerst in der Gruppe transparent und erklärbar gemacht werden; bestimmte Konflikte sind nicht mit einem Mal lösbar; sie müssen in bestimmtem Maße ausgehalten oder ertragen werden (z.B. Spannungen zwischen den Geschlechtern). Die Art der Gestaltung von Konflikten gehört zur jeweiligen Gruppendynamik. Möglicherweise dauert es ein halbes Jahr, bis z.B. nach einem gewalttätigen Übergriff spürbare Formen der Verarbeitung bei einzelnen Gruppenmitgliedern oder in Teilen der Gruppe zu beobachten sind. Dies betrifft nicht den notwendigen schnellen Täter-Opfer-Ausgleich, sondern echte Formen der Reue und Verantwortungsübernahme. Pädagogen müssen sich immer wieder fragen: Mit welcher Haltung gehe ich an diesen bestimmten Konflikt zwischen Gruppenmitgliedern oder in der Gruppe heran? Konfrontiere ich? Deeskaliere ich? Brülle ich oder lache ich? Meine Betroffenheit, meine persönliche Echtheit, meine Emotionalität sind mitentscheidend.

Abschließend sei angemerkt, dass es sich lohnt, mit gleichermaßen Betroffenen über Alltägliches und Herausragendes in der Praxis der Heimerziehung nachzudenken; so entstehen Maßstäbe und Standards für die pädagogische Arbeit mit Gruppen, die wiederum in jedem pädagogischen Milieu angewandt und überprüft werden können. Interne und externe Fortbildungen sollten verstärkt gruppenpädagogische Settings zum Thema haben.

Martina Kriener

Partizipation: Vom Schlagwort zur Praxis

1. Einleitung

Für die Realisierung von Partizipation in der Heimerziehung gibt es viele gewichtige Gründe. Rechtlich gesehen verpflichtet zum einen die Kinderrechtskonvention der Vereinten Nationen auch die Jugendhilfe Partizipation für Mädchen und Jungen zu sichern, insbesondere durch die Artikel 12 (Berücksichtigung des Kindeswillens), Artikel 13 (Meinungs- und Informationsfreiheit), Artikel 14 (Gedanken, Gewissens- und Religionsfreiheit) und Artikel 15 (Vereinigungs- und Versammlungsfreiheit). Zum anderen sind im Kinder- und Jugendhilfegesetz Beteiligungsrechte für Kinder und Jugendliche verankert. Bereits in den Allgemeinen Vorschriften, die Grundlegendes für alle Aufgabenbereiche der Jugendhilfe regeln, schreibt der § 8 KJHG fest, dass Kinder und Jugendliche an allen sie betreffenden Entscheidungen zu beteiligen sind. Im § 36 KJHG wird darüber hinaus für die Erziehungshilfe die Mitwirkung von Kindern und Jugendlichen an der Planung, Auswahl, Ausgestaltung und Fortschreibung einer Hilfe konkretisiert.

Auch in den Konzepten, die die Theorie und Praxis der Jugendhilfe bestimmen, ist Partizipation von hoher Bedeutung. Im Konzept einer lebensweltorientierten Jugendhilfe wird Partizipation betont als eine zentrale Strukturmaxime: „Wenn lebensweltorientierte Jugendhilfe darauf hinzielt, dass Menschen sich als Subjekte ihres eigenen Lebens erfahren, ist Partizipation eines ihrer konstitutiven Momente" (BMJFFG 1990, S. 88). Und Partizipation gilt als zentrales Merkmal einer dienstleistungsorientierten Jugendhilfe, verankert im „uno actu-Prinzip“. Ein Prinzip, das besagt, dass die „Ko-Produzentenschaft“, die Beteiligung der „Konsumenten“ an der Produktion einer humanen Dienstleistung konstitutiv für deren Gelingen ist (Petersen 1999). Beide Konzepte unterstreichen, dass ohne die Realisierung von Partizipation Angebote und Leistungen der Jugendhilfe nicht effektiv sind, zu kurz greifen oder gar an den AdressatInnen vorbeigehen.

Mit Blick auf die Heimerziehung oder - wie sie Trede und Winkler (1995) genannt haben - die „Erziehung an einem anderen Ort“ kommen weitere Gründe hinzu, die mit ihren besonderen Strukturen und Bedingungen zu tun haben (vgl. im Folgenden Blandow u.a. 1999). Heimerziehung ist ihrem grundlegenden Charakter nach ein öffentlich verantwortetes und nach rechtlichen Standards organisiertes Gebilde, das sich nicht leisten kann, gegen grundgesetzlich geschützte Rechte zu verstoßen. Gleichzeitig ist sie in administrative Entscheidungsstrukturen eingebunden, muss sich gegenüber den „belegenden“ Behörden, aber auch den Eltern legitimieren. Daneben verfolgen Einrichtungen auch eigene institutionelle Interessen (z.B. Vollbelegung). In ihrer organisatorischen Verfasstheit ist Heimerziehung auf Regelungen angewiesen, die sich zunächst eher an der Organisation von Erziehung und weniger an der Subjektivität der Betreuten orientieren. Und gerade Einrichtungen der Hilfen zur Erziehung stehen in der Gefahr als helfende Dienste, die dann zum Einsatz kommen, wenn es Probleme gibt, die Kinder und Jugendlichen als hilfebedürftig, problematisch und defizitär wahrnehmen und - so eine mögliche Annahme - Kinder dann aufgrund individueller Defizite für wenig kompetent halten, ihre Bedürfnisse und Interessen zu vertreten (Wolf 1999). In diesem wechselwirkenden und komplexen Geflecht von Verantwortlichkeiten und Interessen ist Partizipation unverzichtbar, um den Interessen und Bedürfnissen der Mädchen und Jungen (mehr) Geltung zu verschaffen.

Partizipation ist für die Mädchen und Jungen, die in stationären Erziehungshilfen leben, von großer Bedeutung. Wenn erzieherische Hilfen darauf zielen, dass Mädchen und Jungen zukünftig unabhängig von Pädagogik leben, also autonom und selbstregulativ handeln, ergibt sich notwendigerweise, dass den Kindern und Jugendlichen Gelegenheit gegeben werden muss, Verantwortung zu übernehmen, Entscheidungen zu treffen und sich in Selbstständigkeit zu erproben (vgl. Blandow u.a. 1999). Hier hat Walter Gehres (1997) in seiner retrospektiven Befragung von Heimkindern belegt, dass für den Erfolg von Heimerziehung auch Beteiligungserfahrungen von zentraler Bedeutung sind. Erfolg, so wurde deutlich, ist, wenn die ehemaligen Heimkinder „mit ihrem Leben heute alles in allem zurechtkommen und somit eine erfolgreiche Persönlichkeitsentwicklung hinter sich haben“ (ebd., S. 196) und dafür war (u.a.) wichtig, dass sie umfassend am Prozess der

Fremdunterbringung beteiligt waren, dass sie sich nicht als „Spielball und Objekt der Jugendhilfe“ empfinden, dass sie sich angenommen und verstanden fühlen, dass sie eigene Bedürfnisse und Wünsche artikulieren (lernen) und in ihrem sozialen Kontext nachhaltig einbringen können.

Für Partizipation von Kindern und Jugendlichen in der Heimerziehung gibt es also vielschichtige Gründe, die hier sicherlich noch nicht umfassend aufgezählt sind. Demgegenüber ist allerdings eine deutliche Diskrepanz festzustellen zwischen den rechtlichen und fachlichen Anforderungen einerseits und einer eher zögerlichen Konkretisierung und Verankerung in der Praxis der Heimerziehung andererseits - so auch aktuell der Elfte Kinder- und Jugendbericht (BMFSFJ 2002, S. 202). Zwar gibt es eine seit Beginn der 1990er Jahre schon fast inflationäre Partizipationsdebatte (Winklhofer/ Schneider 1997) und ist Partizipation mittlerweile Gegenstand zahlreicher Verlautbarungen in der Jugendhilfe, z.B. Zehnter Kinder- und Jugendbericht 1998, Bundesarbeitsgemeinschaft der Landesjugendämter 1998, Jugendministerkonferenz 1998, Elfter Kinder- und Jugendbericht 2002. Auch taucht der Begriff Partizipation in den meisten Konzeptionen, Qualitäts- oder Leistungsbeschreibungen von Einrichtungen und Trägern auf und wird die Notwendigkeit von „partizipativen Prozeduren“ unterstrichen, selten wird jedoch ausgeführt, wo und wie Beteiligung realisiert wird (vgl. Blandow u.a. 1999, S. 10).

Ein Grund für die mangelnde Konkretisierung von Beteiligungsansätzen und -strategien, so eine zentrale These dieses Beitrages, liegt in der undifferenzierten Nutzung des Begriffes Partizipation. Das Wort Partizipation geht nämlich schneller über die Lippen, als Gewissheit darüber hergestellt wird, was es denn nun meint (Blandow u.a. 1999). Was Partizipation genauer bedeutet und welche Bedingungen für die Umsetzung von Partizipationsansätzen günstig sind, damit beschäftigt sich der vorliegende Beitrag im Weiteren. Dazu geht es im nächsten Schritt darum, Partizipation zum einen im ursprünglichen demokratischen/politischen und zum anderen im pädagogischen Verständnis zu konkretisieren, da erst die Wahrnehmung beider Perspektiven eine notwendige Beteiligungskultur ausmacht. Anschließend werden verschiedene Bedingungen in acht Punkten zusammengefasst, die sich in

Untersuchungen und Praxiserfahrungen als wichtig für eine gelingende Partizipationspraxis erwiesen haben.

2. Partizipation in der Heimerziehung als pädagogisches *und* demokratisches Prinzip

In Diskussionen über die Umsetzung von Partizipation mit bzw. zwischen Fachkräften aus der Heimerziehung verdichten sich immer wieder zwei Positionen. Zum einen wird argumentiert, dass Partizipation sich am besten innerhalb der Beziehung zwischen PädagogInnen und Kindern/Jugendlichen realisieren lässt[1]. Anstehende Fragen und Entscheidungen könnten so im Alltag direkt und persönlich mit den „Kids" geklärt werden; ein Heimrat würde viele Kinder und Jugendliche überfordern, da sie oft schon in Gruppengesprächen kaum bereit wären mitzuarbeiten; viele Mädchen und Jungen müssten erst lernen, ihre Bedürfnisse und Interessen zu äußern, mitzubestimmen und Verantwortung zu übernehmen, so oder ähnlich wird dann häufig argumentiert. Die VertreterInnen dieses Argumentationsstranges sehen Partizipation dann gesichert, wenn PädagogInnen die Interessen und Bedürfnisse von Kindern und Jugendlichen verantwortlich in den Blick nehmen, sie alters- bzw. entwicklungsgemäß an Entscheidungen beteiligen und ihnen Verantwortung übertragen.

Andere hingegen betonen, dass es für Partizipation gesicherter Mitbestimmungsmöglichkeiten bedarf. So unterstreichen z.B. Vertreter der Heimräte in Hessen, wo die Einrichtung von Interessensvertretungen in den Heimrichtlinien verankert ist, dass man von realisierter Partizipation erst dann sprechen kann, wenn es formalisierte Mitbestimmungsverfahren, z.B. gewählte GruppensprecherInnen, Heimräte o.ä. in den Einrichtungen gibt. Schließlich könne man Partizipation nicht ausschließlich in das „Belieben" von PädagogInnen stellen; wenn es Störungen in der pädagogischen Beziehung gibt, wirken sich diese gleichzeitig auf die Mitbestimmungsmöglichkeiten der Kinder aus, und Mädchen und Jungen können Beteiligung und Verantwortungsübernahme nur für sich als demokratische Werte überneh-

[1] In einer Trägerbefragung in verschiedenen Bundesländern wurde diese Position von den meisten Einrichtungen vertreten (vgl. Kriener 1999, S. 122).

men, wenn sie tatsächliche, gesicherte Möglichkeiten haben, mitzubestimmen und Einfluss auszuüben.

Diese kurz dargestellten Positionen verdeutlichen, dass Partizipation einerseits - pointiert formuliert - als „Lernen von Mitbestimmung“ in einen pädagogischen und andererseits als „Ausübung von Mitbestimmung“ in einen demokratischen und damit politischen Begründungszusammenhang gestellt wird. Häufig bleibt in den Partizipationsdebatten allerdings ungeklärt, wie sich die pädagogische Dimension zur politischen verhält (Winkler 2000). Sich dieses Verhältnis von Pädagogik und Politik deutlicher zu erschließen, ist allerdings eine wichtige Voraussetzung für eine gelingende Partizipation.

Meistens wird Partizipation als Sammelbegriff benutzt und unterschiedlich übersetzt mit Teilhabe, Teilnahme, Beteiligung, Mitwirkung oder Mitbestimmung. Der Begriff Partizipation ist seinem Ursprung nach ein politischer Begriff und stammt aus demokratietheoretischen Konzepten. In einer Demokratie - was wörtlich übersetzt Volksherrschaft bedeutet - soll Partizipation den BürgerInnen Einfluss auf politische Entscheidungen sichern. Es geht also um Teilhabe an Macht und Entscheidungsgewalt und Mitwirkung an politischen Entscheidungen, einerseits um die Bestimmung der BürgerInnen über sich selbst und andererseits um auf Entscheidungen und Geschehnisse Einfluss zu nehmen, die das eigene Leben im Allgemeinen, aber auch in seiner besonderen alltäglichen Wirklichkeit bestimmen (Winkler 2000, S.190). Die Teilhabe an politischen Entscheidungen ist wesentlich strukturell geregelt, d.h. über die Mitgliedschaft in einer politischen Gemeinschaft (Partei, Verein, Planungsgruppe etc.). Als Mitglied nimmt man an Entscheidungsprozessen teil und übt Macht aus nach den Vorgaben, die sich die Gemeinschaft selbst gegeben hat (ebd., S. 197). Die Forderung nach mehr Partizipation ist vor allem im Rahmen der Forderung nach mehr Demokratisierung virulent geworden. Demokratisierung bedeutet die Verwirklichung demokratischer Grundsätze wie Gleichheit, Ersetzung von Anordnungsgewalt wo immer möglich durch direkte Mitbestimmung (Partizipation) der Betroffenen in allen gesellschaftlichen Bereichen.

Was folgt aus diesen Ausführungen nun zum Thema „Partizipation in der Heimerziehung“? Für die Umsetzung einer Partizipation von Kindern und

Jugendlichen, die auf Demokratisierung der Heimerziehung zielt, können hier bereits einige zentrale Kriterien abgeleitet werden:

- Partizipation sichert Mädchen und Jungen formelle, verbindliche Möglichkeiten der Einflussnahme auf politische Entscheidungen.
- Als politisch sind alle Entscheidungen zu verstehen, die die Gemeinschaft betreffen und die folgenreich für alle sind.
- Teilhabemöglichkeiten sind strukturell zu verankern und können von den Kindern und Jugendlichen als „Mitglieder" einer Gruppe/eines Heimes wahrgenommen werden.

Demgegenüber folgt Pädagogik einer anderen „Logik". „Pädagogik ist nicht strukturell angelegt, sondern prozessual und individualisierend. Sie hat mit Veränderung, mit Entwicklung, mit Lernen, vor allem mit Bildung zu tun, wobei es um konkrete Individuen mit ihren je besonderen Fähigkeitspotentialen geht. In pädagogischen Prozessen werden wir zu Subjekten, die mit Macht umgehen, diese für uns und uns für sie zivilisieren" (Winkler 2000, S. 197). In pädagogischer Perspektive wird Partizipation in individuell auszugestaltenden Lern-, Bildungs- und Hilfeprozessen verortet, mit dem Ziel, Kinder zu bemächtigen, zunehmend Verantwortung zu übernehmen. In diesem Sinne fasst auch der Zehnte Jugendbericht (BMFSFJ 1998, S.145 ff.) Partizipation als Übernahme wachsender Verantwortung und als Sozialisationsaufgabe, die es erfordert, dass in allen Bereichen, Familie, Schule und der Jugendhilfe, für Mädchen und Jungen Verantwortungsbereiche zur Verfügung gestellt werden. Partizipation als Erziehungsziel kann nicht nur unter dem Zukunftsaspekt gesehen werden, sondern es bedarf gegenwärtiger und aktueller Möglichkeiten und Räume für Kinder verantwortlich zu handeln.

Dabei darf es nicht zu einer Überforderung oder einer Verlagerung von Erwachsenenverantwortung kommen. Gerade Kinder und Jugendliche in belasteten Lebenssituationen verfügen nicht unbedingt über ausreichende Kompetenzen, ihre Beteiligungsrechte wahrzunehmen oder sind aufgrund erlittener Ohnmachtserfahrungen zunächst misstrauisch gegenüber Partizipationsangeboten oder empfinden sie gar als Zumutung. Partizipation verlangt hier von den Fachkräften zunächst Beteiligungsfähigkeit (wieder) herzustellen, verstanden als Prozesse, in denen Mädchen und Jungen sensibel, alters- und bedürfnisorientiert unterstützt werden, eigene Bedürfnisse und Stärken (wieder) zu entdecken und Wünsche deutlich zu machen, die dann allerdings auch für sie sichtbar berücksichtigt werden müssen. Wie viel Verantwortung Kinder alters- bzw. entwicklungsgemäß übertragen oder zugetraut wird, wird letztlich immer von Erwachsenen definiert (Blandow u.a. 1999).

Wie ernst Beteiligung von Mädchen und Jungen genommen und wie weitgehend sie realisiert wird, hängt wesentlich vom Menschenbild ab, denen sich PädagogInnen verpflichtet fühlen. Partizipation als pädagogisches Prinzip erfordert die Grundlegung eines Menschenbildes, das Mädchen und Jungen nicht nur als an Erwachsenen und deren Erwartungen zu messende Heranwachsende sieht, sondern zuerst als junge Menschen mit eigenen Erwartungen, Vorstellungen und Ideen für das Zusammenleben mit anderen, für die Organisation des Alltags oder die Gestaltung von Lebensräumen. Sie haben eigene Sichtweisen und Erfahrungen und einen starken Willen, Probleme und Aufgaben zu meistern, die sich Erwachsene in ihrer existenziellen Bedeutung für Kinder kaum vorstellen können (BMFSFJ 1998, S. 16). Dieses Bild knüpft an die neuere Kindheitsforschung an, die Kinder als eigenständige Subjekte sieht, die sich von der Welt der Erwachsenen nicht durch einen „Entwicklungsrückstand“, sondern durch eine andere Gestalt ihrer Subjektivität unterscheiden (Honig/Leu/Nissen 1996). Entsprechend erfordert die Wahrnehmung und Anerkennung der Kinder als Subjekte mit eigenen Vorstellungen und Wünschen eine direkte Beteiligung von Mädchen und Jungen, es reicht nicht mehr aus, dass Erwachsene stellvertretend für sie handeln und entscheiden.

Zusammenfassend sind für die Realisierung von Partizipation als pädagogischer Prämisse folgende Aspekte wesentlich:

- Partizipation wird in pädagogischen Prozessen informell realisiert.
- Eine partizipative Erziehung ist einem subjektorientierten Kinder-/Menschenbild verpflichtet.
- Mädchen und Jungen lernen zunehmend Verantwortung zu übernehmen und Macht auszuüben, bei gleichzeitigen aktuellen Möglichkeiten verantwortlich zu handeln.
- (Re-)Aktivierung und Förderung von Teilhabe orientieren sich an den besonderen Bedürfnissen und Fähigkeiten einzelner Kinder oder auch Gruppen.

Deutlich wird, dass Partizipation in der Pädagogik weniger strukturell abgesichert ist, sondern vielmehr pädagogischen Beziehungen und Prozessen und damit stark den PädagogInnen überantwortet wird, die, jeweils orientiert an den individuellen Bedürfnissen und Kompetenzen von Kindern und Jugendlichen, diese unterstützen, anregen und ihnen Teilhabemöglichkeiten eröffnen.

Offensichtlich führt die aufgezeigte systematische Unterschiedlichkeit, die bzgl. der Realisierung von Partizipation in pädagogischer und demokratischer Perspektive besteht, dazu, dass die beiden Perspektiven immer wieder gegeneinander diskutiert werden. Sie sind aber, so die deutliche Position dieses Beitrages, beide integrale Bestandteile einer Forderung nach mehr Partizipation in der Heimerziehung. Einerseits kann Partizipation nicht nur auf formelle Mitbestimmungsstrukturen wie z.B. Heimrat, GruppensprecherIn, Gruppenentscheidungen etc. reduziert werden. Diese können in einer intoleranten Atmosphäre faktisch wirkungslos werden, wenn die Kinder nicht auch sonst spüren, dass sie ernst genommen werden, dass ihnen etwas zugetraut wird und ihre Sichtweisen und Wünsche Einfluss erhalten. Andererseits kann sich Partizipation auch nicht in dem Argument erschöpfen, welches besagt, dass Kinder zu beteiligen zu den Selbstverständlichkeiten einer aufgeklärten Pädagogik gehört und tatsächlich denken ErzieherInnen zum großen Teil liberal und „parteiisch" und bemühen sich um einen partnerschaftlichen Erziehungsstil (vgl. Blandow u.a. 1999, S. 52). Da aber nicht immer alle PädagogInnen diese Selbstverständlichkeit in gleichem Maße teilen, wäre Partizipation so abhängig vom „Belieben" der PädagogInnen. Zudem gibt es Diskrepanzen zwischen dem Selbstverständnis von PädagogInnen und ihrem tatsächlichen Handeln sowie auch in der Wahrnehmung von funktionierenden Beziehungen zwischen ErzieherInnen und Kindern, weil Heimerziehung eben mehr ist als eine Zweierbeziehung. Sie ist eben auch öffentliche Erziehung, auch Lohnerziehung, auch Leben unter Fremden und auch Leben in Abhängigkeit von den Entscheidungen anderer (vgl. ebd.). Notwendig ist also sowohl die partizipative Haltung der PädagogInnen und das pädagogische Konzept als auch das Vorhandensein demokratischer Beteiligungsverfahren, die Kindern und Jugendlichen dokumentieren, dass ihre Einflussnahme gewollt ist und ihnen entsprechende Möglichkeiten der Mitbestimmung sichert.

Wie bedeutsam die pädagogische und die politische Ebene von Partizipation sind, wie sich demokratische Mitbestimmung und Pädagogik in der konkreten Umsetzung zueinander verhalten, das wird im nächsten Kapitel nochmals konkretisiert, wenn es nun darum geht gelingende Bedingungen für die Realisierung von demokratischen Ansätzen in der Heimerziehung auszuführen.

3. Ansätze und Kriterien zur Demokratisierung von Heimerziehung

Im Rahmen der Heimerziehung wurden und werden verschiedene Ansätze demokratischer Mitbestimmung realisiert, durch die Kinder und Jugendliche als Mitglieder einer Gemeinschaft „Heim" oder „Gruppe" Einfluss auf die sie betreffenden Angelegenheiten nehmen können. Folgende Formen kollektiver Mitbestimmung können unterschieden werden:

Ansätze demokratischer Mitbestimmung

Repräsentative Formen	Institutionalisierte, direkte Formen	Projektorientierte Formen

Repräsentative Formen sind Gremien mit gewählten oder delegierten Kindern und Jugendlichen, deren Rechte, Aufgaben und Einwirkungsmöglichkeiten per Satzungen festgeschrieben sind. Dazu gehören GruppensprecherInnen, Beiräte oder Heimräte und auch Landesheimräte. Verglichen mit der Diskussion um Kinderparlamente im kommunalpolitischen Raum, spielen gewählte Interessenvertretungen in der Heimerziehung insgesamt eher eine marginale Rolle. Laut einer Erhebung der Kinder haben Rechte e.V. in vier Bundesländern (Kriener 1999) gaben 16 % der befragten Einrichtungen an, gewählte Interessensvertretungen institutionalisiert zu haben. Die Kritik, dass Heimräte, die sich in der Regel auf zentrale große Einrichtungen beziehen und angesichts zunehmender Differenzierung und Regionalisierung nicht mehr zeitgemäß seien oder dass die formalisierte Form solcher gewählter Interessenvertretungen nur bedingt den Ausdrucks- und Handlungsmöglichkeiten der Kinder und Jugendlichen entsprechen (Boomgaarden 1999), erklärt die marginale Rolle dieser Beteiligungsformen nur bedingt. Gleichzeitig zeigen gelingende Beispiele solcher Mitbestimmungsformen, dass sie durchaus für Mädchen und Jungen attraktiv sein können und von ihnen als Möglichkeiten der Mitbestimmung gesehen und genutzt werden.

Institutionalisierte, direkte Formen der Partizipation sind auf Dauer angelegte, zumeist verfasste Orte und Möglichkeiten der Mitbestimmung. Hierunter fallen im wesentlichen Gruppen- oder Vollversammlungen, die über die die Gemeinschaft betreffende Angelegenheiten entscheiden. Auch hier sind die Entscheidungsbereiche und Entscheidungskompetenzen in der Regel festgelegt. Institutionalisierte Mitbestimmungsformen können auch regelmäßig durchgeführte Befragungen sein, die sich sowohl auf anstehende Entscheidungen beziehen als auch auf die Erhebung der Zufriedenheit und Veränderungswünsche von Kindern und Jugendlichen zielen können.

Projektorientierte Beteiligungsformen zeichnen sich durch zeitliche und thematische Begrenzungen aus. Dies können Projekte oder Workshops sein, die sich z.B. auf die Neugestaltung einer Gruppe, auf die Mitwirkung im Stadtteil, auf einen anstehenden Organisationsentwicklungsprozess oder ein zu planendes Sommerferienprogramm beziehen. Auch gibt es Beispiele von Veranstaltungen, in denen sich Kinder und Jugendliche gemeinsam mit BetreuerInnen, Eltern oder MitarbeiterInnen von Jugendämtern zu Themen wie Kinderrechte, Regeln, BezugsbetreuerInnen, Beziehungsgestaltung, Familie oder Hilfeplanung auseinander gesetzt und positioniert haben.

Für alle genannten Formen gibt es jeweils gute und weniger gute Beispiele. Aus den Erfahrungen mit solchen Ansätzen können Aspekte bzw. Kriterien abgeleitet werden, die für eine gelingende Partizipationspraxis wichtig sind. Auf der Basis von Untersuchungen (Kamp 1995, Winkler 2000, Kriener 1999, Bruner u.a. 2001) und Diskussionen (Blandow u.a. 1999, Kriener/Petersen 1999, IGfH 1998), letztere sowohl mit Kindern und Jugendlichen als auch mit Fachkräften aus der Heimerziehung, werden im Folgenden in acht Punkten Bedingungen gebündelt, die sich für Partizipation günstig auswirken.

Partizipationsmodelle brauchen Rückhalt in der Institution

Wichtig ist, dass Leitung und möglichst viele KollegInnen die Umsetzung demokratischer Beteiligungsmodelle mittragen. Dieser Befund wird in allen Untersuchungen und Erfahrungsberichten als eine wesentliche Voraussetzung hervorgehoben. In ihrer Evaluationsstudie von Partizipationsmodellen in den Bereichen Kindertagesstätten, Schulen, Kommunen und Jugendverbänden, deren Ergebnisse durchaus auf die Erziehungshilfe übertragbar sind, empfehlen Bruner u.a. (2001, S. 89) interessierten KollegInnen als erstes: „Suchen Sie sich Verbündete!“, mit dem Ziel, eine Grundstimmung von „Alltagsdemokratie“ in der Institution anzuregen. Hier bestätigt sich die oben genannte Position, dass Ansätze der Partizipation nur dann nachhaltig gelingen und wirken, wenn sie in eine entsprechende Beteiligungskultur eingebettet sind. Hierzu stellt Kamp (1995) in seiner Untersuchung von „radikaler Selbstregierung“ in Kinder- und Jugendheimen als zentrales Ergebnis heraus, dass für die Existenz von Selbstbestimmung und Selbstregierung weniger die Art und Verfassung demokratischer Modelle wichtig sind. „Der wesentliche Punkt ist die leider nur schwer erfassbare Stimmung, die Atmosphäre, der Geist, der im Heim herrscht (Herrschaft, im wörtlichen Sinne!) und der hauptsächlich durch das Erziehungskonzept und die Aktionen der Erzieher bestimmt wird“ (ebd., S. 25).

Partizipation von Kindern und Jugendlichen braucht PädagogInnen, die bereit sind, Macht zu teilen

Diese Feststellung mag trivial klingen, weil Mitbestimmung und Verantwortungsübernahme von Kindern und Jugendlichen doch offensichtlich selbstverständlich intendiert, dass Erwachsene entsprechend Entscheidungsmacht und Verantwortung abgeben. Und doch, so belegen Praxiserfahrungen, ruft diese Vorstellung bei vielen PädagogInnen Unsicherheiten hervor. „Bestimmen die Kinder bald alles alleine? Werde ich dann noch Einfluss haben? Gerade verläuft der Alltag einigermaßen geordnet, wird Mitbestimmung nicht wieder neues Chaos bringen? Was wird sich für meine Rolle verändern, wenn ich Mädchen und Jungen Raum für Selbstbestimmung und Mitbestimmung lasse?“, so lauten nur einige Fragen. Wichtig ist es deshalb, dass sich PädagogInnen und Teams mit ihrer Haltung, ihrer Rolle, ihren Visionen und auch Befürchtungen bzgl. Partizipation auseinander setzen. Denn tatsächlich hat die Umsetzung von Mitbestimmungsmodellen Einfluss auf das gesamte Hierarchiegefüge. Es kann zu Machtverschiebungen zwischen Leitung, Teams, PädagogInnen und Kindern kommen, neue Hierarchien können sich bilden. Daher brauchen die Erwachsenen die Bereitschaft: "Fragen und Unsicherheiten auszuhalten, das eigene (pädagogische und politische) Verhalten zu reflektieren und Entscheidungsmacht und Entscheidungsbefugnisse zu teilen" (Bruner u.a. 2001, S. 88). Empfehlenswert ist, dass sich PädagogInnen und Teams zunächst selbst mehr Klarheit verschaffen, z.B. entlang eines Fragenkataloges, den Treseder (zit. nach Blandow u.a. 1999, S. 86 ff.) hierzu entwickelt hat. Danach gilt es, ausgiebig über Fragen nachzudenken wie z.B.

- Weshalb wollen wir Kinder und Jugendliche besser beteiligen?
- Weshalb haben wir Kinder und Jugendliche nicht zuvor schon besser beteiligt?
- Was wollen wir dadurch erreichen?
- Was haben die Kinder und Jugendlichen davon, wenn sie besser beteiligt werden?
- Was sind unsere Erwartungen an eine Verbesserung der Partizipationsmöglichkeiten?
- Sind wir bereit, die Ressourcen aufzubringen, die ein solcher Prozess erfordert?
- Sind wir bereit, Macht abzugeben?
- Sind wir bereit, von Kindern und Jugendlichen Kritik zu akzeptieren?

Partizipationsansätze und -modelle brauchen pädagogisches Arrangement, aber demokratische Entscheidungsräume

Ein weiterer Aspekt für gelingende Partizipationsmodelle ist die Trennung von Pädagogik und Politik (Winkler 2000). Dieser Punkt knüpft an die oben getroffene Unterscheidung von Partizipation in pädagogischer und politischer/demokratischer Perspektive an und konkretisiert ihr Verhältnis in der praktischen Umsetzung. Die Trennung von Pädagogik und Politik meint hier, dass die Rahmenbedingungen von Partizipationsmodellen pädagogisch arrangiert werden müssen, aber die Entscheidungen nach bestehender Verfassung demokratisch getroffen werden. Am Beispiel des Ansatzes der „Gerechten Gemeinschaften", die in Wohngruppen des Rauhen Hauses und der Stiftung Abendroth-Haus in Hamburg umgesetzt worden sind, lässt sich dies verdeutlichen (vgl. dazu Sohst-Westphal 1999). Basierend auf der Theorie des Entwicklungspsychologen Lawrence Kohlberg zielt dieser Ansatz auf die Entwicklung fairer demokratischer Umgangsformen, auf bewusste und demokratische Werte und Normvermittlung und die Förderung ziviler Konfliktlösungsmöglichkeiten. Entsprechend ist eine Prozedur für die Gemeinschaftssitzungen der Gruppenmitglieder (Jugendliche und BetreuerInnen) festgelegt worden, in der Moderation, das Einbringen von Themen, Herbeiführung von Entscheidungen als Konsens und die Vereinbarung von fairen Konsequenzen geregelt sind. Soweit sind die Rahmenbedingungen also pädagogisch arrangiert. Die Entscheidungen werden dann politisch getroffen, d.h., Mädchen, Jungen und BetreurInnen haben tatsächlichen Einfluss auf Entscheidungen, die sowohl realistische Bedeutung als auch Konsequenzen für alle haben. Sohst-Westphal beschreibt es denn auch als eindrücklichste Erfahrung für die Pädagoginnen in der Mädchenwohngruppe, Entscheidungen tatsächlich demokratisch zu treffen und nicht mehr als Pädagogin doch letztendlich Lösungen und Regeln festzusetzen (ebd., S. 150).

Partizipationsmodelle brauchen eine gemeinsame soziale Dimension

Partizipationsmodelle, die Kindern und Jugendlichen die Möglichkeit eröffnen wollen, in einer Gemeinschaft, einer Gruppe Einfluss auszuüben, brauchen - das liegt in der Logik demokratischer Mitbestimmung als kollektive Partizipationsform - eine gemeinsame soziale Dimension. So beziehen sich denn auch alle benannten Partizipationsmodelle auf Gruppen, auf Wohngruppen oder auf Heime mit mehreren Gruppen, in denen sich die Kinder und Jugendlichen als Mitglieder einer Gemeinschaft sehen, wenn auch vielleicht zunächst nur als Gemeinschaft Betroffener, die aufgrund problematischer Situationen und manchmal auch nicht ganz freiwillig zusammengekommen sind (vgl. Winkler 2000). Aber als Gruppen teilen sie einen Lebens- und Betreuungsalltag - wenn z.B. auch in Tagesgruppen nur stundenweise -, in dem sie von Entscheidungen betroffen sind und der gleichzeitig Mädchen und Jungen die Möglichkeit bietet, Einfluss zu nehmen und aktiv zu handeln.

Vor dem Hintergrund, dass Angebote und Leistungen in der Jugendhilfe zunehmend individualisiert gestaltet werden, müssen auch Partizipationsformen entsprechend individualisiert entwickelt werden, wobei es dann wie z.B. in der Hilfeplanung eher um die Stellung der/des Einzelnen gegenüber der Administration geht (vgl. ebd.). Deutlicher als bislang kann aber auch in individualisierten und ambulanten Betreuungsangeboten über kollektive demokratische Beteiligungsformen nachgedacht werden. Viele Teams, die mobile oder flexible Einzelbetreuung durchführen, verfügen über sogenannte Anlaufstellen, in denen sie auch Gruppenangebote machen, die gut für kollektive Beteiligungsansätze genutzt werden können. Träger, die sozialpädagogische Familienhilfe anbieten, haben oft auch Gruppenangebote für Kinder aus den betreuten Familien oder können auch die Familie selbst als Ort demokratischer Entscheidungen stärker in den Blick nehmen.

Notwendig ist Klarheit darüber, wie viel Einfluss Kinder und Jugendliche über jeweilige Partizipationsansätze auf Entscheidungen nehmen können

Auch wenn Kinder die Machtfrage nicht so explizit stellen wie Jugendliche, steht sie im Raum: Wer darf genau wie viel entscheiden? In einem Heimrat oder einem Gruppengespräch soll zwar über alles gesprochen werden, aber wer trifft wie stark letztendlich die Entscheidung? Es macht für Jugendliche einen erheblichen Unterschied, ob sie z.B. zu Regeln in der Gruppe nur gehört werden, diese dann aber nach Belieben der BetreuerInnen entschieden werden oder ob alle gemeinsam über die Regeln entscheiden. Bleibt die Frage der Einflussstärke unklar, besteht die Gefahr, dass Mädchen und Jungen zwischen Allmachtsfantasien und Ohnmachtsgefühlen schwanken können. Frustrationen entstehen gerade aus ungeklärten Machtverhältnissen und Handlungsspielräumen. Deshalb ist es wichtig, sich mit der Frage der Einflussstärke auf jeweilige Entscheidungen auseinander zu setzen und diese vorher klar zu benennen. Wie unterschiedlich der Grad der Einflussstärke sein kann, macht ein Stufenmodell von Blandow u.a. (1999, S. 58) deutlich, was im Folgenden anhand eines Beispiels bzgl. der Einstellung einer Erzieherin in einer Wohngruppe veranschaulicht wird:

Partizipation als wachsendes Einflussrecht
(E. = ErzieherIn, K. = Kind/Jugendliche)

1. E. entscheidet autonom ohne weitere Verpflichtung gegenüber K.
(ErzieherInnenteam entscheidet völlig alleine, welche Kollegin neu eingestellt wird)

2. E. entscheidet autonom, hat aber eine Anhörungspflicht
(ErzieherInnenteam entscheidet, hört aber vorher die Kinder und Jugendlichen an)

3. E. entscheidet, K. hat Vetorecht
(ErzieherInnenteam entscheidet, Kinder können Veto einlegen, die Entscheidung muss neu bedacht werden)

4. E. und K. müssen beide der Entscheidung zustimmen
(ErzieherInnenteam und Kinder müssen sich gemeinsam auf eine Entscheidung einigen)

5. K. entscheidet, E. hat Vetorecht
(die Kinder und Jugendlichen entscheiden, ErzieherInnenteam kann Veto einlegen)

6. K. entscheidet, hat aber eine Anhörungspflicht gegenüber E.
(die Kinder und Jugendlichen entscheiden, hören aber ErzieherInnenteam vorher an)

7. K. entscheidet autonom
(die Kinder und Jugendlichen entscheiden alleine)

Obwohl diese Unterscheidung von Stufen der Einflussstärke zunächst sehr formal erscheint, erlaubt sie doch eine genaue Klärung des Verhältnisses zweier Parteien bei einer Entscheidung.

Der „Gegenstand" von Partizipation muss für Kinder und Jugendliche klar und bedeutsam sein

Genauso wichtig wie der Aspekt der Einflussstärke ist die Frage nach dem „Gegenstand", also die Frage „*Woran* können Kinder und Jugendliche partizipieren?". Allein die Partizipationsform sagt nichts über die Bereiche aus, auf die sich die Mitbestimmungsrechte beziehen können. So macht es auch hier für Mädchen und Jungen einen erheblichen Unterschied, ob sie über den Speiseplan der nächsten Woche oder über die Einstellung einer neuen Mitarbeiterin mitentscheiden können. Wie bei der Einflussstärke ist es auch hier wichtig, die Bereiche, auf die sich Mitbestimmungsansätze beziehen, klar zu regeln und zu verankern, da sonst auch hier Frustrationen entstehen. So berichteten beispielsweise Kinder und Jugendliche, die in einem Heimrat aktiv waren, dass laut Satzung der Heimleitung der Heimrat nur über gruppenübergreifende, die ganze Einrichtung betreffende Dinge mitbestimmen kann, so bei Neugestaltung des Außengeländes (vgl. Kriener 1999, S. 126). Die Mädchen und Jungen, denen selbst Angelegenheiten in den einzelnen Gruppen wichtig waren, fühlten sich dadurch nicht nur wenig ernst genommen, sondern es litt auch ihre Motivation sich zu engagieren. Bruner u.a. (2001, S.90) stellten in ihrer Untersuchung fest, dass in stark hierarchisierten Institutionen Kindern und Jugendlichen eher Bereiche zur Mitwirkung geöffnet werden, die den Erwachsenen als harmlos erscheinen. In so genannten Beteiligungsworkshops machten Mädchen und Jungen ihrerseits deutlich, dass es für sie besonders wichtig ist, über Regeln in ihren Gruppen mitzubestimmen (vgl. Kriener 1999, S. 124). Dies ist verständlich, da es in der Heimerziehung oftmals eine Vielzahl von Regeln gibt, die Handlungsmöglichkeiten, Alltagsabläufe und -organisation bis hin zu Kommunikationswegen steuern. Als ein weiteres zentrales Thema benannten die Kinder und Jugendlichen die Möglichkeit, Bezugspersonen zu wählen, da sie häufig erleben, dass ihnen ein/e BezugsbetreuerIn zugeteilt wird, der/die dann umfassend für ihre Belange zuständig ist (ebd.). Zum Thema Bezugspersonen gehören aber auch Kontakte zu Eltern, Geschwistern, Freunden etc. Insgesamt, da waren sich die Kinder und Jugendlichen einig, wollen und können sie sowohl bei Fragen, die ihre eigene Person, die Gruppe oder die Einrichtung betreffen als auch darüber hinausgehende Fragen mitbestimmen.

Blandow u.a. (1999, S. 90 ff.) haben hierzu eine Systematisierung vorgenommen, anhand derer Zuständigkeitsbereiche geklärt werden können.

Aspekte, die vorwiegend... ↓	***Ressourcenfragen*** *berühren* →	***Regeln des Zusammenlebens*** *und* ***der eigenen Lebensgestaltung*** *berühren*
die eigenen Angelegenheiten *berühren*	z.B. Taschen- und Bekleidungsgeld; Gestaltung des eigenen Zimmers	z.B. die eigene Person betreffende Erziehungsziele; Schul- und Arztwahl; Elternkontakte
die Angelegenheiten der Gruppe *berühren*	z.B. Einstellung von PädagogInnen; Aufnahme neuer Mädchen und Jungen; Einsatz finanzieller Ressourcen; Gestaltung der Gruppenräume	z.B. Vereinbarungen, die das Zusammenleben in der Gruppe betreffen; Umgang mit Regeln; Vertretung der Gruppeninteressen innerhalb der Einrichtung
die Angelegenheiten der gesamten Einrichtung *berühren*	z.B. Gestaltung der Baulichkeiten; Freizeitmöglichkeiten, Ressourcen, die einzelnen Gruppen zur Verfügung gestellt werden; konzeptionelle Fragen	z.B. „Hausordnung“; Konfliktmanagement; Beschwerdemöglichkeiten; Formen der Interessensvertretung; Aktivitäten der Einrichtung
die Außenbeziehungen *betreffen*	z.B. Ressourcen in Nachbarschaft und Stadtteil; Regelungen materieller Rahmenbedingungen	z.B. Hilfeplanvereinbarungen; Kooperation mit Jugendamt oder auch Jugendpsychiatrie; Sozialraum-/Stadtteilplanung oder -aktivitäten

Form und Methoden der Partizipation müssen für die Zielgruppe attraktiv sein und ihren Bedürfnissen entsprechen.

Beteiligungsformen und Methoden müssen den Zielgruppen, ihren Bedürfnissen und Kompetenzen entsprechen. Die Wahl der Beteiligungsansätze hängt auch mit der Zielsetzung zusammen. Wie in der obigen Vorstellung von Beteiligungsansätzen schon deutlich wurde, bietet sich ein Heimrat an, wenn in einer Einrichtung die Meinung mehrerer Gruppen gefragt ist. Geht es um Themen in einer Gruppe oder einem Kleinstheim, wird sich eher ein Gruppengespräch oder eine Vollversammlung als Ort der Beteiligung anbieten. Die Beteiligungsformen können genauso gut auch gemischt werden. So kann es zum Beispiel sinnvoll sein, verschiedene Projektgruppen einzurichten, die ihre Ergebnisse schließlich an ein repräsentatives Gremium weitergeben. Dies bietet sich an, wenn Gruppen eines Trägers sich in verschiedenen Städten und Gemeinden befinden. Hier sind allerdings auch gute Erfahrungen gemacht worden, indem sich interessierte Kinder und Jugendliche aus verschiedenen Gruppen und Einrichtungen zu einer Veranstaltung getroffen und zu Themen wie Kinderrechte, Regeln, Interessensvertretung, Hilfeplanung etc. gearbeitet und sich positioniert haben (IGfH 1998). Auch in alters- oder geschlechtsgemischten Gruppen macht es Sinn, z.B. jeweils Kindern und Jugendlichen oder Mädchen und Jungen Beteiligungsangebote zu machen, die dann besser auf ihre jeweiligen Bedürfnisse abgestimmt werden können. So drücken Kinder ihre Meinung weniger über Sprache, als vielmehr über Spiele und Bilder aus. Für die Beteiligung von Mädchen stellen Bitzan/Daigler (1999) als zentrale Voraussetzung das Bereitstellen von „Räumen" heraus, in denen Mädchen sich frei äußern, Widersprüchliches und Verdecktes entdecken können, da sie aufgrund ihrer Sozialisation eher dazu neigen, sozial erwünschte und ihrer gesellschaftlichen Position angemessene Wünsche zu äußern. Alle bisher genannten Beteiligungsansätze können methodisch unterschiedlich gestaltet werden. Der Kreativität ist hier kaum eine Grenze gesetzt, solange diese Ansätze für die jeweilige Zielgruppe passend und attraktiv sind.

Partizipation braucht Zeit: Der Weg ist genauso wichtig wie das Ziel

Die Einrichtung von Mitbestimmungsmodellen ist ein prozesshaftes Geschehen. Alle Beteiligten brauchen Zeit, sich auf Partizipationsmodelle einzustellen und einzulassen. Sohst-Westphal (1999, S. 150) beschreibt hier, wie bei der erfolgreichen Umsetzung der „Gerechten Gemeinschaften" (ein demokratisches Konfliktlösungs- und Entscheidungsmodell) in einer Mädchenwohngruppe zunächst die Pädagoginnen selbst verunsichert waren, ihre „alten" Rollen aufgeben zu müssen, in denen sie Regeln und Problemlösungen oft ohne wirkliche Beteiligung der Mädchen festgesetzt haben. Dass es auch, so beschreibt sie weiter, bei aller Entschiedenheit für das Beteiligungsmodell seitens der Pädagoginnen Zeit brauchte eine Grundhaltung einzunehmen, in der den Mädchen die Übernahme von Verantwortung zugetraut wird (ebd). Ebenfalls kann bei den Kindern und Jugendlichen nicht gleich der Wunsch und die Fähigkeit nach Mitbestimmung vorausgesetzt werden, sondern entwickelt dies sich anhand konkreter Erfahrungen. Sehr anschaulich hat Siegfried Bernfeld schon 1920 diesen Prozess bei der Einrichtung der Vollversammlung, der Schulgemeinde, in seinem Kinderheim „Baumgarten" beschrieben (vgl. n. Blandow u.a. 1999, S. 40 ff.). Er hat die Entwicklung auf Seiten der Kinder und Jugendlichen in drei Phasen gefasst.

Einer zunächst „autoritativen“ Phase, in der die Initiative noch sehr beim Heimleiter lag, dann einer sogenannten „technischen“ Phase, in der sich die Kinder und Jugendlichen zunehmend einbrachten, sich aber primär auf Entscheidungen beschränkten, die sich auf die äußere Ordnung im Heim bezogen, und schließlich einer „sozialistischen“ Phase, in der die Kinder umfassend Einfluss nehmen wollen auf Atmosphäre, den Umgang der PädagogInnen, die Informationspolitik, die Verwaltung, ihre eigenen Arbeitspflichten etc. Auch wenn die Erfahrungen Bernfelds nicht „Eins-zu-eins“ übertragen werden können, so sind sie aktuell relevant in der Aussage, dass die Umsetzung von Partizipation ein Prozess ist, der Zeit braucht.

... zum Schluss

Partizipation im Sinne demokratischer Mitbestimmung in der Heimerziehung zu verankern ist das zentrale Anliegen dieses Beitrages. Dazu gehört, dass Heimerziehung das eigene Tun als absichtsvolle Organisation von Bedingungen begreift, in welchen demokratisches Handeln möglich und notwendig ist. Partizipation ist umfassend zu realisieren, sie bezieht sich sowohl auf die Wahl und Ausgestaltung von Hilfeleistungen, sie bezieht sich aber genauso auf die Ausgestaltung des Lebensraumes „Heim“, des Alltags und der Beziehungsstrukturen. Die Position, dass, wenn die ErzieherInnen in der alltäglichen Betreuung und Interaktion Partizipation berücksichtigen und umsetzen, dann demokratische und institutionalisierte Beteiligungsformen überflüssig sind, ist allerdings verkürzend und unzulässig. Einerseits darf eben nicht übersehen werden, dass Heimerziehung mehr ist als Beziehung und dass gerade deshalb adäquate Vertretungs- und Einflussmöglichkeiten für Mädchen und Jungen zu schaffen sind. Andererseits gilt, dass man nicht zur Demokratie erziehen kann, ohne Erziehung in Demokratie zu realisieren.

Literatur

Blandow, J./**Gintzel**, U./**Hansbauer**, P. (1999): Partizipation als Qualitätsmerkmal in der Heimerziehung - Eine Diskussionsgrundlage. Münster.

Blandow; J. (1999): Beteiligung als Qualitätsmerkmal in der Heimerziehung. In: Kriener/Petersen, S.45-62.

Bitzan, Maria/Daigler, Claudia (1999): Beteiligung von Mädchen - warum ein Extra-Thema? Überlegungen aus Ansätzen mädchengerechter Jugendhilfeplanung. In: Kriener/Petersen, S. 208-220.

BMJFFG (Bundesministerium für Jugend, Familie, Frauen und Gesundheit) (1990): Achter Jugendbericht. Bericht über Bestrebungen und Leistungen der Jugendhilfc, Bonn.

BMFSFJ (1998): Zehnter Kinder- und Jugendbericht. Bericht über die Lebenssituation von Kindern und die Leistungen der Kinderhilfen in Deutschland, Bonn.

BMFSFJ (Bundesministerium für Familie, Senioren, Frauen und Jugend) (2002): Elfter Kinder- und Jugendbericht. Bericht über die Lebenssituation von Kindern und die Leistungen der Kinderhilfen in Deutschland, Bonn.

Bruner, C./**Winklhofer**, U./**Zinser**, C. (2001): Partizipation - ein Kinderspiel? Beteiligungsmodelle in Kindertagesstätten, Schulen, Kommunen und Verbänden. Herausgeber: Bundesministerium für Familie, Senioren, Frauen und Jugend. Berlin.

Bundesarbeitsgemeinschaft der Landesjugendämter (1998): Positionspapier „Beteiligung von Kindern und Jugendlichen". Zu beziehen bei allen Landesjugendämtern.

Gehres, W. (1997): Das zweite Zuhause. Lebensgeschichte und Persönlichkeitsentwicklung von Heimkindern. Opladen.

IGfH (Internationale Gesellschaft für erzieherische Hilfen) (1998): „Jetzt erst Recht! Und das mit Spaß" Dokumentation der 1. Bundestagung für Kinder, Jugendliche und ihre BetreuerInnen in erzieherischen Hilfen. Zu beziehen bei der IGfH.

Honig, M.-S./**Leu**, H.R./**Nissen**, U. (1996): Kinder und Kindheit. Weinheim.

Kamp, J.-M. (1995): Kinderrepubliken.Opladen.

Kriener, M. (1999): Beteiligung als Chance für mehr Demokratie in der Heimerziehung. In: Kriener/Petersen, S. 112-129.

Kriener, M./**Petersen**, K. (1999) (Hg.): Beteiligung in der Jugendhilfepraxis. Sozialpädagogische Strategien in Erziehungshilfen und bei Vormundschaften. Münster.

Jugendministerkonferenz (1998): Umfassende Beteiligungsmöglichkeiten für Kinder und Jugendliche schaffen. In: Informationsdienst Kindesmisshandlung und -vernachlässigung. Heft 2/99.

Petersen, K. (1999): Neuorientierung des Jugendamtes. Leitfaden zum Dienstleistungshandeln in der Jugendhilfe. Neuwied.

Sohst-Westphal, P. (1999): „Gerechte Gemeinschaften“ - ein Mitbestimmungskonzept wirkt. In: Kriener/Petersen, S. 144-156.

Winkler, M. (2000): Diesseits der Macht. Partizipation in „Hilfen zur Erziehung“ - Annäherungen an ein komplexes Problem. In: Neue Sammlung, 40. Jg., S. 187-209.

Winklhofer, U./**Schneider**, H. (1997): Partizipation von Kindern und Jugendlichen. Ein Literaturreport. In Deutsches Jugendinstitut (Hg.): Literaturreport 1997. München, S. 125-19.

Wolf, K. (1999): Machtprozesse in der Heimerziehung. Forschung & Praxis in der Sozialen Arbeit, Bd. 2, Münster.

Dagobert Sobiech

Zu Hause im Heim?

Der Begriff ‚Heim' zeigt sich in sonderbarer Doppeldeutigkeit. Zum einen steht er für ‚trautes Heim', für Heimat und Zuhause, vermittelt Geborgenheit, Vertrautheit, emotionale Nähe. Zum anderen, in der Verbindung ‚Kinderheim', verkörpert er geradezu das Gegenteil von dem, was Heimat und Zuhause ausmacht.

Im Folgenden gilt es einen Blick darauf zu werfen, inwieweit dieses Kinderheim nicht auch ein Zuhause, eine Heimat sein kann. Dabei wird es notwendig, die verschiedenen Facetten des Begriffes deutlich zu machen. Heimat ist zunächst ein Ort. Sie ist ein Ort, an dem ich ‚ich selbst' sein kann, und an dem ich in ein soziales Netz eingebettet bin mit dem ich mich identifiziere. Heimat ist darüber ein Ort, an dem Alltag gelebt wird, sie ist der Ort „der Schöpfung einer praktisch sinnlichen Welt" (Lefebvre 1972, S. 55).
Heimat geht über die Bindung an einzelne Personen hinaus. Für Kinder und Jugendliche im Heim ist es wichtig, auch unabhängig von der Anwesenheit bestimmter Personen ein räumliches und soziales Gesamtsetting vorzufinden, das sie (er-) trägt, das von ihnen gestaltet werden kann, das es ihnen erlaubt, ihr eigenes Leben zu leben, das aber auch genügend Herausforderungen bietet, bisher vernachlässigte Seiten ihrer Persönlichkeit anzusprechen und zu entwickeln. Heimat entsteht, wo individuelle, räumliche und soziale Faktoren so in alltägliches Leben integriert sind, dass Kinder und Jugendliche ein hohes Maß an Anregung und Bestätigung erleben. Lebenssinn und Identität finden eine räumliche und soziale Verortung.

Zunächst einmal gilt es jedoch deutlich zu sagen, dass es im Rahmen einer stationären Unterbringung nach §34 KJHG Angebote gibt, die keine Heimat bieten können, bei denen es auch gar nicht angestrebt wird. So z.B. bei Aufnahmen in Clearing-Stellen, bei denen allen Beteiligten klar ist, dass es sich um einen zeitlich befristeten Aufenthalt handelt; ebenso bei Unterbringungen im heilpädagogisch-therapeutischen Kontext, wenn eine klare zeitlich und inhaltlich begrenzte Perspektive vorliegt.

Dann gilt es zu fragen, ob Heimerziehung überhaupt Heimat sein soll. In der 1. Fassung des KJHG aus dem Jahre 1990 soll Heimerziehung eine Rückkehr des Kindes in die eigene Familie oder die Erziehung in einer anderen Familie oder familienähnlichen Lebensform ermöglichen oder die Verselbstständigung des Jugendlichen fördern und begleiten. Heimerziehung wird hier verstanden als Übergang, als ‚Sprungbrett' in eine andere, auf Dauer angelegte Lebensform. Diese Beschränkung der Heimerziehung auf eine vermittelnde, ‚weiterleitende' Funktion entsprach jedoch in weiten Teilen nicht der gängigen Praxis. Dem wurde in der 2. Fassung des KJHG im Jahre 1993 Rechnung getragen. Der §34 wurde dahingehend ergänzt, dass Heimerziehung eine auf längere Zeit angelegte Lebensform bieten kann.

Doch auch da, wo Beheimatung erwünscht ist, darf man Zweifel am Gelingen haben. Zu unterschiedlich ist doch der Rahmen, den man im Heim im Gegensatz zur Familie vorfindet. Da ist zunächst die reine Anzahl der anwesenden Personen. Acht bis zehn Kinder oder Jugendliche, ein bis zwei ErzieherInnen, und die auch noch im Wechseldienst, das hat nun wirklich nichts Familiäres. Dann hat man sich die MitbewohnerInnen nicht ausgesucht, die Bezeichnung ‚Zwangsgemeinschaft' hat durchaus ihre Berechtigung. Die anderen BewohnerInnen machen es einem auch wirklich nicht leicht: viele sind nicht gerade die Freundlichkeit in Person; mancher neigt dazu, Haargel oder Deo vorrangig von anderen zu benutzen oder Pullis und Jacken ‚auszuleihen' ohne die Besitzerin zu fragen. Manchmal kommt es auch zu Diebstählen oder handgreiflichen Auseinandersetzungen.

Und doch ergibt es sich immer wieder, dass sich Kinder und Jugendliche in ihrer Wohngruppe ‚zu Hause' fühlen. Also gilt es zu fragen, welche Bedingungen erfüllt sein müssen, damit Kinder und Jugendliche im Heim zu Hause sein können. ‚Zu Hause' ist immer ein Ort. Ohne Ort ist man heimatlos. Damit muss Heimerziehung als ‚Ortshandeln' (Winkler 1999) verstanden werden. Dieser Ort muss eine Reihe von Funktionen erfüllen, wie z.B. „Schutz, Rückzugsmöglichkeit, Geborgenheit, Beständigkeit, Vertrautheit, die mit entsprechenden menschlichen Bedürfnissen und Gefühlen korrespondieren" (Arlt 1999, S. 1051). Damit zeigt sich, dass eine rein materielle Beschreibung des Ortes zu kurz greift. Es geht darum, den materiellen Raum vom unpersönlichen zum persönlichen zu machen. Es muss möglich sein, den Raum zu gestalten, ihn sich zu eigen zu machen. Er muss individuelles Leben erlauben, Ausdruck von individuellem Leben sein. Dabei ergibt sich eine Verbindung von räumlichen und persönlichen Bedingungen, die Muchow mit dem Begriff ‹gelebte Welt› beschreibt (Muchow 1980, S. 7). Heimat ist damit die Verknüpfung von materiellen Bedingungen, einem Ort und emotionalen Bezügen, die an diesen Ort geknüpft und für die Selbstwahrnehmung des Einzelnen von elementarer Bedeutung sind. „Die Selbstwahrnehmung eines Individuums ist unmittelbar auf die direkte Umwelt bezogen, in der es den größten Teil seiner Zeit verbringt. Wenn das Heim des Menschen seine Burg ist, tragen die Bedingungen dieser Burg -...- zum Gefühl seiner persönlichen Einschätzung bei. Die Wohnung ist eine symbolische Erweiterung seiner selbst“ (Ittelson u.a. 1977, S. 346).

Im Umgang mit Raum drücken sich Machtverhältnisse aus. Fühlen sich die Kinder und Jugendlichen in ihren Zimmern sicher, oder betreten die ErzieherInnen die Räume ohne ihr Wissen, werden die Räume eventuell durchsucht? Klopfen die ErzieherInnen an, oder stürmen sie ohne Ankündigung in die Zimmer der Jugendlichen? Wer bestimmt in den Gemeinschaftsräumen das Musikprogramm? Wer bestimmt, wie die Zimmer eingerichtet werden? Hier stellt sich die Frage nach der Möglichkeit von Aneignungs- und Identifikationsprozessen. Diese Prozesse, die als Grundlage von ‚Beheimatung' anzusehen sind, beruhen auf dem Gefühl, der räumlichen und sozialen Umwelt nicht wehrlos ausgeliefert zu sein, sondern aktiv an der Gestaltung teilhaben zu können. Identifikations- und Aneignungsprozesse müssen vom Kind oder Jugendlichen ausgehen. Sie werden von der Institution erleichtert oder erschwert, sie können aber auch mit den besten Absichten und dem größten Aufwand nicht erzwungen werden. Es zeigt sich z.B. in Fünf-Tages-Gruppen häufig, dass die Kinder zwar den größten Teil der Zeit in der Gruppe verbringen, in ihrem Verständnis aber weiterhin ihren Lebensmittelpunkt in ihrer Herkunftsfamilie haben, dort zu Hause sind.

Die Bereitschaft, sich heimisch zu fühlen, ist in hohem Maße von der Akzeptanz abhängig, die den Kindern und Jugendlichen entgegengebracht wird. Ein Heimaufenthalt bedeutet immer, am ‚anderen Ort' zu leben. Es besteht damit immer die Gefahr, dass die Kinder und Jugendlichen auch ein ‚anderes

Leben' leben sollen, ein anderer Mensch sein sollen. Zu Hause bin ich aber gerade dort, wo ich nicht immer in Frage gestellt werde, wo ich mich nicht rechtfertigen, nicht verstellen muss. „Hier bin ich Mensch, hier kann ich´s sein". Das Zuhause bietet Sicherheit, Selbstverständlichkeit, das Gefühl, dort hin zu gehören.

Damit Kinder und Jugendliche Heim als Heimat erleben können, ist es notwendig, dass sie sich als Person mit ihrer bisherigen Lebensgeschichte akzeptiert und respektiert fühlen, Dazu ist es erforderlich, Überlebensstrategien, die die Kinder im Milieu ihrer Herkunftsfamilie erworben haben, zu akzeptieren, ebenso wie die Bindungen an die Herkunftsfamilie zu akzeptieren sind. Es darf nicht dazu kommen, dass die Kinder und Jugendlichen die Aufnahme ins Heim als Ablehnung, Abwertung all dessen erleben, was bisher ihr Leben ausgemacht hat.

Es darf auch nicht sein, dass das Leben der Kinder auf ein ‚pädagogisches Projekt' reduziert wird. Klaus Wolf beschreibt sehr schön die Problematik, wenn Kinder primär als defizitäre Objekte wahrgenommen werden, wenn im Rahmen von Hilfeplänen erwünschte Merkmale beschrieben und in Erziehungsziele umformuliert werden (Wolf 2000). Welche Bedeutung erhalten damit die Lebensbereiche, für die keine Ziele entwickelt werden? Werden sie zum pädagogischen Niemandsland, irrelevant und unbeachtet, und damit in ihrer Gestaltung beliebig? Demgegenüber gilt es gerade, das zu verwirklichen, was Korczak das ‚Recht auf den heutigen Tag' genannt hat (Korczak 1967, S.40). Es gilt, die Bedeutung des Alltags als gelebte Zeit, eben nicht als tote Zeit zwischen den ‚eigentlichen' pädagogischen Aktionen herauszustellen.

Alltag darf dabei nicht als unhinterfragte Routine, als schlichtes Abarbeiten von Tagesgeschäften verstanden werden. Die Gestaltung des Alltags ist als elementare pädagogische Aufgabe anzusehen, handelt es sich hier doch um den „Schnittpunkt von individueller Lebensbewältigung und sozialpädagogischem Handeln" (Böhnisch 1995, S. 266). Ein wesentliches Merkmal von Heimerziehung ist es ja gerade, dass hier Alltag gelebt wird, dass hier Kompetenzen für eine gelingende Alltagsgestaltung erworben werden können.

Dabei umfasst die Gestaltung des Alltags „die Sorge -...- für elementare Voraussetzungen der Alltäglichkeit, für den Raum, in dem ich leben kann, für Essen und Trinken; in der Alltäglichkeit wichtig sind: das Zusammensein, das Sich-Aushalten, das Sich-seiner-Selbst und der anderen im Handeln und Reden vergewissern, die Verarbeitung gemeinsamer Erlebnisse, Erfahrungen und Unternehmungen“ (Thiersch 1995, S. 222). Gerade diese scheinbar trivialen Aktivitäten beinhalten ein großes Potenzial, bieten den PädagogInnen vielfältige Gelegenheiten, Impulse aufzunehmen und Impulse zu geben. Und genau diese trivialen Aktivitäten begründen das Gefühl, zu Hause zu sein. Je mehr Normalität im Heim stattfindet, je mehr alltägliches Leben stattfinden kann, um so größer ist die Chance, dass sich die Kinder und Jugendlichen im Heim zuhause fühlen.

Abschließend gilt es, deutlich zu sagen, dass es nicht um den Gegensatz von Heimat im Heim oder Heimat in der Herkunftsfamilie geht. Wer versucht, in Konkurrenz zum bisherigen Zuhause der Kinder zu treten, das bessere Zuhause darzustellen, wird wohl scheitern.
Es ist möglich, den Kindern und Jugendlichen einen Ort zu bieten, an dem sie sich geborgen fühlen, an dem es ihnen gut geht und den sie zur persönlichen Entwicklung nutzen können, und trotzdem die emotionalen Bezüge zur Herkunftsfamilie zu respektieren und in ihrer Bedeutung für die Kinder und Jugendlichen anzuerkennen. ‚Heimat' ist dann als Angebot zu sehen, als Möglichkeit und nicht als Ideologie, die in einer unschönen Kombination von realitätsferner Träumerei und Zwang eine Gegenwelt zur Herkunftsfamilie aufbauen will und damit ihr eigenes Scheitern begründet.

Literatur

Arlt, M. (1999): Lernfeld Wohnen aus systemischer Sicht. In: Colla, H. u.a. (Hg.): Handbuch Heimerziehung und Pflegekinderwesen in Europa. Neuwied.

Böhnisch, L. (1995): Alltagskonzept und Pädagogik der Milieubildung. In: neue praxis 3/95, S. 266-268.

Ittelson, William u.a. (1977): Einführung in die Umweltpsychologie. Stuttgart.

Korczak, J. (1967): Wie man ein Kind lieben soll. Göttingen.
Lefebvre, H. (1972): Das Alltagsleben in der modernen Welt. Frankfurt .
Muchow, M. (1980): Der Lebensraum des Großstadtkindes. Bensheim.
Thiersch, H. (1995): Alltagshandeln und Sozialpädagogik. In: neue praxis 3/95, S. 215-234.
Winkler, M. (1999): „Ortshandeln" - die Pädagogik der Heimerziehung. In: Colla, H. u.a. (Hg): Handbuch Heimerziehung und Pflegekinderwesen in Europa. Neuwied.
Wolf, K. (2000): Heimerziehung aus Kindersicht als Evaluationsstrategie. In: Sozialpädagogisches Institut im SOS-Kinderdorf (Hg.): Heimerziehung aus Kindersicht. München.

Margarete Finkel und Roland Geiger

Hilfeangebote für Jugendliche in besonderen Problemlagen

1. Einleitung

Der Frage nach gelingenden Hilfeangeboten für Jugendliche in besonderen Lebenslagen muss unter mehreren Aspekten nachgegangen werden: Zum einen geht es darum herauszuarbeiten, wer überhaupt die Personengruppen derjenigen in besonderen Lebenslagen/mit besonderen Problemlagen ausmacht und warum sie den Professionellen besondere Probleme machen. Zum anderen muss überlegt werden, wie gelingende Hilfeangebote auch für diese AdressatInnengruppen zu gestalten sind. Quer dazu liegt die in der Heimerziehung immer wieder diskutierte Frage nach dem Verhältnis zwischen Spezialisierung und Entspezialisierung der Angebote und Konzepte: Brauchen wir für diejenigen, die aus den regulären Angeboten herausfallen, „besondere Einrichtungen“ oder führen gerade diese Spezialeinrichtungen zur Konstruktion von „besonders schwierigen Mädchen und Jungen“ und damit zu Stigmatisierungs- und Ausschließungsprozessen?

Im Folgenden werden ausschnitthaft Forschungsergebnisse einer Evaluationsstudie über Leistungen und Erfolge teil- und stationärer Hilfen zur Erziehung vorgestellt (Forschungsprojekt JULE. Leistungen und Grenzen der Heimerziehung. Ergebnisse einer Evaluationsstudie teilstationärer und stationärer Erziehungshilfen. Stuttgart/Berlin/Köln 1998, hgg. als Band 170 der Schriftenreihe des BMFSFJ). Dabei wird der Blick auf AdressatInnengruppen gerichtet, die insgesamt weniger von den Hilfeangeboten profitieren können und damit eher Personengruppen darstellen, die aus den bestehenden Angeboten herausfallen (2). Daran schließen sich Erfahrungen aus einem Modellprojekt zur U-Haftvermeidung Jugendlicher an, wobei v. a. konzeptionelle und institutionelle Bedingungen für die Gestaltung von Angeboten für Jugendliche in besonderen Lebenslagen/mit besonderen Problemlagen erörtert werden (3). Unter (4) werden verschiedene Spannungsfelder aufgezeigt, in denen sich die Suche nach kreativen Lösungen bewegen muss. Der Beitrag schließt mit einem Ausblick (5), in dem offene Fragen auch hinsichtlich weiterer Diskussionsansätze gebündelt werden.

2. Evaluationsergebnisse zur Leistungsfähigkeit teil-/stationärer Hilfen zur Erziehung

Im Rahmen der JULE-Studie wurden Hilfeverläufe bestimmter AdressatInnengruppen der Erziehungshilfen ausgewählt und gesondert analysiert, weil sich in ihnen riskante Verläufe und schwierige Entwicklungen der jungen Menschen häuften. Dabei handelt es sich um Hilfeverläufe drogenkonsumierender Jugendlicher und junger MigrantInnen, um Hilfeverläufe von Mädchen und Jungen mit sexuellen Gewalterfahrungen und um Hilfeverläufe, die von zahlreichen Wechseln junger Menschen zwischen Einrichtungen der Jugendhilfe begleitet waren. Die Auswertung der Hilfeverläufe beruht auf einer quantitativen, durch protokollierte Fallgeschichten ergänzte Aktenanalyse, die die vollständigen Abgangsjahrgänge (1994) teil- und stationärer Erziehungshilfen sechs verschiedener, drei unterschiedlichen Bundesländern angehörender Jugendämter umfasst.

Hilfeverläufe drogenkonsumierender Jugendlicher (N=42) zeichnen sich durch ein hohes Ausmaß an Nicht-Wissen der sozialpädagogischen Fachkräfte aus. Nicht-Wissen bzw. nur ungenaues Wissen über die Art der konsumierten Drogen sowie das Ausmaß des Konsums; Nicht-Wissen, wie die Suchtmittel finanziert werden; Nicht-Wissen, welche Bedeutung der Drogenkonsum im Leben der Mädchen und Jungen spielt. Die Hilfebedarfsbegründung, die in den Akten benannten Entwicklungsaufgaben sowie die Auswahl der Einrichtungen werden in vielen Fällen nicht im Kontext des Drogenkonsums reflektiert. Fachliche Handlungsunsicherheiten im Betreuungsverlauf führen immer wieder zur Ignoranz oder einer einseitigen Fixierung auf den Drogenkonsum. Abgesprochene Handlungsroutinen zwischen Jugendamt und Einrichtung sowie anderen Fachdiensten sind nur in wenigen Fällen erkennbar; eher setzen sich individuelle, nicht transparente und unsaubere Strategien im Umgang mit den Jugendlichen durch. In dieser Teilgruppe häufen sich ungeplante Hilfeabbrüche ohne Klärung der weiteren Perspektiven der Betroffenen. Mädchen und Jungen werden als im Gruppenkontext „nicht mehr tragbar“ oder wegen Überforderung der Institutionen/MitarbeiterInnen aus den Einrichtungen entlassen. 51,6 % der Hilfeverläufe in dieser Teilgruppe werden mit negativen Entwicklungen bzw. unverändert schwierigen Lebenslagen der jungen Menschen beendet.

Hilfeverläufe junger MigrantInnen (N=67) fallen im Besonderen durch ihre kurze Zeitdauer und durch häufige Abbrüche von Seiten der Betroffenen auf. Die Hilfen erfüllen somit in den meisten Fällen die Funktion einer Krisenintervention, die allerdings keine Klärung der Lebenssituation und der weiteren Perspektiven der Betroffenen mit sich bringt. Die mit der Erziehungshilfe verbundenen Zielsetzungen werden nur in wenigen Fällen tatsächlich realisiert. V.a. bei Mädchen aus Migrationsfamilien scheint den Fachkräften der Zugang zu ihrer Bedarfslage aber auch zu ihren Wünschen und Vorstellungen über das Hilfeangebot nicht zu gelingen. Männliche junge Migranten erfahren in Einrichtungen der Erziehungshilfe oft bereits in der Familie erlebte Abschiebungsprozesse von Neuem und beenden die Hilfen mit einer Eskalation ihrer riskanten Lebenssituation. In diesen Fällen werden fachliche Handlungsunsicherheiten im Umgang mit den kulturellen Unterschieden und damit verbundenen Anforderungen an die Gestaltung des Hilfesettings offensichtlich, die entweder zur vollständigen Vernachlässigung der Herkunft der jungen Menschen führt oder zu einer Fixierung auf die fremde Kultur, die dann zum Erklärungsmuster für alles wird, oft auch für die Untätigkeit oder die Abgabe von Verantwortung durch die Professionellen.

Auch die **Hilfeverläufe, in denen sexuelle Gewalterfahrungen von Mädchen und Jungen benannt sind** (N=45), weisen ein hohes Maß an Nicht-Wissen aus. In knapp der Hälfte der untersuchten Fällen bleibt es bei Verdachtsmomenten, denen nicht weiter nachgegangen wird, die aber den Verlauf der Hilfe bestimmend überschatten. Auch in diesen Hilfeverläufen häufen sich ungeplante Beendigungen, die meist den Mädchen (sie machen knapp 80 % dieser Teilgruppe aus) und ihrer scheinbar mangelnden Kooperationsbereitschaft zugeschrieben werden. Fachliche Handlungsunsicherheiten führen auch - vergleichbar in Fällen drogenkonsumierender Jugendlicher - zu Verschleierungsstrategien zwischen Ämtern und Einrichtungen und damit zu Bruchstellen in der Hilfeplanung. Ein reflektierter, verantwortungsvoller Umgang mit der Thematik (Verantwortung meint hier auch, Verantwortung für das Benennen der Gewalterfahrungen zu übernehmen) hat einen deutlichen Einfluss auf das Gelingen der Erziehungshilfen: Gelingt es die sexuelle Gewalterfahrung offen zu thematisieren und zu bearbeiten, profitieren die Betroffenen in 65,2 % der Hilfen; bleiben die fachlichen Bemühungen bei einem Verdacht stehen, dann können nur in 22,2 % der Hilfeverläufe positive Entwicklungen der Mädchen und Jungen bilanziert werden.

In den **Hilfeverläufen, die von mehreren Wechseln der Jugendlichen zwischen Einrichtungen begleitet sind** (N=38, mehr als drei Stationen im Hilfeverlauf), fallen im Vergleich zum gesamten Untersuchungssample mangelnde Bedarfsbegründungen und Zielsetzungen für die Hilfen auf, außerdem eine geringe Verlässlichkeit der Beziehungsangebote in den Einrichtungen und immer wieder unklare und ungeplante Hilfeabbrüche, ohne dass förderliche Entwicklungen oder eine Klärung der zukünftigen Perspektiven der jungen Menschen erreicht wurde. Im Vergleich zur gesamten Untersuchungspopulation lassen sich Unterschiede in den beschriebenen Lebenslagen der jungen Menschen v.a. im Hinblick auf das familiäre Zusammenleben feststellen: Abschiebung und Verdrängung aus dem Familiensystem, Verwahrlosung und Vernachlässigung sowie Diskontinuitäten in den Beziehungserfahrungen vor der Hilfe häufen sich in dieser Teilgruppe. Gerade diese mit zahlreichen Wechseln verbundenen Hilfeverläufe legen nahe, dass Heimerziehung nur dann gelingen kann, wenn sie auf einer differenzierten Analyse der Ausgangs- und Bedarfslage und reflektierten Auswahl der Einrichtungen beruht. Wird Heimerziehung gewährt als „ultima ratio“, weil nichts anderes sich mehr anbietet, scheitern die Angebote. Und sie scheitern v.a. dann, wenn dies gepaart ist mit einer geringen Durchhaltefähigkeit in den Einrichtungen bzw. einer Sichtweise, die eher das Angebot im Blick hat, in das der/die Jugendliche nicht passt, und weniger die AdressatInnen.

Zusammenfassend lassen sich aus den oben genannten Untersuchungsergebnissen folgende Anforderungen an Erziehungshilfen formulieren:

(1) Erziehungshilfen müssen auf einer genauen Analyse der Ausgangslage unter Beteiligung der Betroffenen basieren; nicht das Angebot steht dabei im Vordergrund, sondern die Bedarfslage der Individuen. Eine an-

gemessene Analyse der Lebenssituation erfordert es, unterschiedliche Lebenswelten von Mädchen und Jungen in den Blick zu nehmen.

(2) „Nicht das Angebot steht im Vordergrund, sondern die Bedarfslage der Individuen"; dieser Leitsatz gilt auch für die Betreuung in den Einrichtungen, deren Ziel es sein muss, adäquate Unterstützungsangebote zu gestalten, nicht Mädchen und Jungen in Bestehendes einzupassen.

(3) Betreuung heißt Beziehung, heißt Dran-Bleiben, auch wenn es schwierig wird. Die Tätigkeit der sozialpädagogischen Fachkräfte in dem zunehmend individualisierten bzw. flexibilisierten Feld der Erziehungshilfen erfordert eine hochspezialisierte Gesamtkompetenz: hohes Fachwissen, persönliche Standpunkte sowie menschliche Präsenz und Offenheit für andere.

(4) Jugendamt und Einrichtungen (sowie weitere angrenzende HelferInnensysteme: Psychiatrie, Justiz etc.) müssen in einen neuen Dialog eintreten und ein Verständnis entwickeln, das von einer gemeinsamen Verantwortung für das Gelingen des Hilfeangebotes ausgeht. Verlegungen und Beziehungsabbrüche können nur dann verhindert werden, wenn beide Seiten flexibel nach neuen Möglichkeiten (auch in Finanzierungsfragen) suchen und Verantwortung nicht abgeben.

(5) Heimerziehung braucht keine neuen Spezialeinrichtungen zur Betreuung der „besonders Schwierigen". Vielmehr muss diskutiert werden, wie Hilfeangebote für Mädchen und Jungen in besonderen Lebenslagen/mit besonderen Problemlagen flexibler an den Individualbedürfnissen orientiert gestaltet und arbeitsteiliger durchgeführt werden können. Nicht Besonderung, sondern Integration durch die Gestaltung der „richtigen" Hilfe im Einzelfall!

3. Überlegungen zum Konzept „Verbindliche Betreuung"

Die folgenden Ausführungen beruhen auf Erfahrungen im Rahmen eines Projektes zur U-Haft-Vermeidung, das bei der Aktion´70 e.V. in Berlin als Träger angesiedelt ist. Es handelt sich dabei um die ad-hoc-Aufnahme von Jugendlichen in einem baulich offenen Gruppenangebot der Jugendhilfe. Die Unterbringung erfolgt nach § 34 KJHG, die Entscheidung über deren Anfang und Ende erfolgt durch einen Richter nach §§ 71,2 und 72,4 JGG. Die Kosten trägt die Justiz. Da die Aufnahme sofort nach telefonischer Rücksprache erfolgt, es nur wenige Ausschlusskriterien gibt und die Beendigung der Maßnahme nur durch einen richterlichen Beschluss erfolgen kann, ist dieses Jugendhilfeangebot besonders mit Jugendlichen konfrontiert, die als schwierig gelten und meist bereits eine Ausgrenzung aus der Jugendhilfe erfahren haben.

Die Anfangskonzeption ging von einer breiten Interessenüberschneidung zwischen PädagogInnen und Jugendlichen, nämlich der Vermeidung von Untersuchungshaft, aus. In einem alltagsnahen Betreuungssetting (WG in einem Mietshaus in zentraler Stadtlage mit 24-Stunden-Betreuung) sollten die Jugendlichen auf die Gerichtsverhandlung und die Zeit danach, z.T. in Folgeangeboten der Jugendhilfe, vorbereitet werden. Die Grundannahmen der gemeinsamen Interessen bestätigten sich jedoch nicht. Die praktische Hauptfrage für die PädagogInnen war vielmehr: was diese Jugendlichen alltäglich aushalten können, um dadurch erst eine Beziehung und eine pädagogische Einflussnahme zu ermöglichen?

In den Folgejahren haben wir (von der spezifischen Geschichte des Trägers her betrachtet) die Institution 'Heimerziehung' für uns neu erfunden. Damit ist gemeint:

- Rund-um-die-Uhr-Betreuung
- Bezugsbetreuung
- eigene Schul- und Freizeitangebote
- Regel- und Sanktionskatalog (4 Tage Ausgangssperre zu Beginn, ggf. Antrag auf Aufhebung des Unterbringungsbeschlusses)
- Umzug in (sozialberuhigte) Stadtrandlage in eigenem Gebäude
- psychologische Betreuung
- Hauswirtschaftskraft.

Dieser Weg war insofern erfolgreich, als Entweichung und Aufhebungsrate der Unterbringungen sanken; die Personalfluktuation nahm ab; die Akzeptanz der Einrichtung bei der Justiz nahm zu. Es bleibt die (bittere?) Erkenntnis, dass bestimmte Jugendliche nur im Rahmen einer starken Institution aushaltbar und dadurch (beziehungsmäßig) erreichbar sind!

Durch die oben skizzierte Praxis waren wir als Träger gefordert, uns mit den Fragen von Freiwilligkeit und Zwang, offener und geschlossener Unterbringung in der Jugendhilfe auseinander zu setzen.

Freiwilligkeit - ist ein hohes Gut des KJHG, wenn damit Beteiligung und Akzeptanz durch die Jugendlichen gemeint ist. Wird Freiwilligkeit aber zur unabdingbaren (ideologischen?) Voraussetzung für ein Tätigwerden der Jugendhilfe in zugespitzten oder krisenhaften Situtionen (wobei das Sich-nicht-entscheiden-können gerade ein Merkmal von Krise ist!), so findet an dieser Stelle eine gewaltige Ausgrenzung statt. In der Praxis dient der Verweis auf die Freiwilligkeit und Offenheit von Angeboten der Verantwortungsverlagerung von den Professionellen auf die Jugendlichen, was nicht in allen Phasen des Hilfeprozesses richtig ist.
Beliebigkeit - ist vermutlich ein Merkmal einer individualisierten, normativ verunsicherten Gesellschaft. Beliebigkeit und Unzuverlässigkeit als Ausdruck unsteter und konfliktscheuer Erziehung stellt eine weitere Schädigung des Kindeswohles dar. Auf den Träger Aktion'70 bezogen heißt das: Ging es 1970 darum, Jugendlichen in einer autoritären Gesellschaft repressionsfreie Räume zur eigenen Entwicklung anzubieten, so geht es heute vielmehr darum, Jugendlichen in einer als unübersichtlich und beliebig erlebten Gesellschaft strukturierte Räume und Auseinandersetzungsmöglichkeiten mit Erwachsenen zu schaffen. Anzumerken bleibt hierbei, dass wir alle als PädagogInnen auch Teil dieser individualisierten und desorientierten Gesellschaft sind und uns mit der normativen Auseinandersetzung ebenfalls schwer tun!
Verbindlichkeit - ist der Gegenbegriff zur Beliebigkeit; bedeutet aber auch ein Gegenseitig-verbunden-Sein. Erfolg und Entwicklung ist nur gemeinsam möglich in konkreter, persönlicher Auseinandersetzung.
Bei der Beurteilung, inwieweit Konzepte und Einrichtungen zur selbstständigen, eigenverantwortlichen Lebensführung erziehen, muss deshalb neben Freiwilligkeit und Zwang auch die Frage nach Beliebigkeit und Verbindlichkeit gestellt werden.

Verbindliche Betreuung findet auf vier verschiedenen Ebenen ihren Ausdruck:
Auf der Ebene der MitarbeiterInnen: Die Bereitschaft Normen, Werte und Regeln offensiv zu vertreten. Darüber hinaus Beziehungsfähigkeit, Verlässlichkeit und Transparenz in der Arbeit.
Auf der Ebene der Einrichtung: Klare Angebote, Regeln und Sanktionen. Erwartungen und Angebote beziehen sich kleinteilig auf die tatsächlichen

Möglichkeiten der Jugendlichen. Dadurch wird verdeutlicht, dass die Ziele sowohl ernstgemeint als auch erreichbar sind.
Auf der Ebene des Jugendamtes: Verbindliche Benennung von Anschlusshilfen und deren Finanzierung.
Auf der Ebene von Gesellschaft und Politik: Es muss deutlich werden, dass Integration möglich und gewünscht ist, d.h., es muss lebbare 'Räume' für die Jugendlichen geben.

4. Vom kreativen Umgang mit Spannungsfeldern

In Diskussionen mit PraktikerInnen wird häufig deutlich, dass sich aus der alltäglichen Praxiserfahrung abgrenzbare Personengruppen derjenigen, die besondere Probleme haben oder machen nicht festlegen lassen. In der Alltagspraxis werden vielmehr diejenigen als die „Schwierigen" erlebt, die die Angebote sprengen, die herauszufallen drohen, die andere Gruppenmitglieder in Schwierigkeiten bringen, die trotz Bemühungen der Fachkräfte nicht in das Angebot passen, ohne dass klar benennbare Probleme wie Drogenkonsum, Gewalterfahrungen oder psychische Belastungen als Ursache für die Schwierigkeiten angeführt werden. Insgesamt gilt, dass es in der Betreuung der Mädchen und Jungen, die aus den Angeboten herauszufallen drohen, im Besonderen darum geht Balancen herzustellen: zum einen zwischen konzeptioneller Klarheit in den Einrichtungen/Gruppen und ausreichender Kontinuität in der Betreuung und zum anderen zwischen einer weitgehenden Flexibilität im Angebot und dennoch angemessener Verbindlichkeit. Balance halten müssen auch die Institutionen zwischen kreativen Einzellösungen und einem gewissen „Standardangebot", um Überforderung der MitarbeiterInnen zu verhindern und das Gesamtgefüge der Einrichtungen zu erhalten. Kreativität - so das Gesamtresümee der Diskussion - ist nur möglich, wenn Verbindlichkeit gegeben ist. Im Weiteren sollen die eben genannten Spannungsfelder noch einmal ausführlich erläutert werden.

Konzeptionelle Klarheit versus Betreuungskontinuität

Es wird immer wieder deutlich, dass sich trotz genauer Analyse der Ausgangs- und Bedürfnislage der jungen Menschen und einer reflektierten Auswahl der Einrichtung nicht verhindern lässt, dass die gewählte Einrichtung sich nach einiger Betreuungszeit als „falscher Ort“ für einzelne junge Menschen erweist. Als Beispiel für solche Entwicklungen können gelten:

(1) Der Drogenkonsum eines Jugendlichen wird erst in der Einrichtung festgestellt und kollidiert mit der Konzeption der Gruppe, in der Drogenkonsum als Ausschlusskriterium für die Betreuung definiert ist. Das sämtliche Gruppenregeln sprengende Verhalten des Jugendlichen und v.a. der schädigende Einfluss auf die anderen Jugendlichen muss zur Entlassung aus dem Gruppensetting führen;

(2) Die Schwierigkeiten eines jungen Menschen werden erst in der Einrichtung mit einer zugrundeliegenden psychischen Störung in Zusammenhang gebracht, deren Behandlung nicht in den Zuständigkeitsbereich der Jugendhilfe fällt und einen Aufenthalt in der Psychiatrie erforderlich macht. In beiden Fällen nehmen die Einrichtungen konzeptionelle Festlegungen und Grenzen der eigenen Angebote ernst, muss das Betreuungssetting abgebrochen bzw. verändert gestaltet werden, damit die Interessen der Betroffenen und die der anderen Mädchen und Jungen im Gruppenkontext gewahrt werden.

Kreative Lösungen und Hilfeangebote bewegen sich damit immer im Spannungsfeld zwischen konzeptioneller Klarheit (im Sinne von Klarheit darüber, für welche Personengruppe die Einrichtung/die Gruppe/das Angebot die „richtige“ Hilfe darstellt), und dem Anspruch auf Betreuungskontinuität. Werden Entscheidungen v.a. aufgrund konzeptioneller Festlegungen getroffen, sind Hilfebeendigungen und Beziehungsabbrüche unvermeidbar. Umgekehrt darf aber das Kriterium der Beziehungskontinuität nicht konzeptionelle Unverträglichkeiten überdecken. Werden junge Menschen in Gruppen oder Einrichtungen, in denen sie nach fachlicher und individueller Einschätzung nicht richtig am Platz sind, zu lange „ausgehalten“, machen sich die Fachkräfte unglaubwürdig und nehmen eigene fachliche Grundsätze und die Bedürfnisse der jungen Menschen nicht ernst.
Neue, kreative Lösungen müssen deshalb beiden Ansprüchen gerecht werden. Dies gelingt dann, wenn eine notwendige Hilfebeendigung oder besser die notwendige Umgestaltung eines Betreuungssettings nicht automatisch mit dem Abbruch persönlicher Beziehungen gleichgesetzt wird. An den oben

genannten Beispielen erläutert könnte dies bedeuten, dass der/die drogenkonsumierende Jugendliche künftig von ihren BezugsbetreuerInnnen im Rahmen einer Einzelbetreuungsmaßnahme (ISE) begleitet wird; oder der/die Jugendliche wird während des Psychiatrieaufenthaltes weiterhin von ihren BetreuerInnen unterstützt und die Rückkehr in das bisherige Betreuungssetting ist garantiert. Damit solche Angebote aber realisierbar sind, braucht es Personen, Institutionen und Ämter, die Flexibilität erst möglich machen.

Kreativität versus starke Institutionen

Kreative Lösungen erfordern starke Institutionen. Starke Institutionen laufen aber auch immer Gefahr, Routinen auszubilden und eher ein Festhalten an Gewohntem zu befördern als kreative Einzellösungen. In diesem Spannungsfeld bewegen sich Einrichtungen, die der Ausgrenzung von Jugendlichen, die nicht (mehr) in das Angebot passen, entgegenwirken wollen. Am oben genannten Beispiel (1) wird deutlich, dass die Beendigung des Betreuungsverhältnisses einen vielleicht wiederholten Abbruch zaghaft aufgebauter Beziehungen zur Folge haben würde; gleichzeitig erfordert die Umgestaltung des Betreuungssettings weitreichende Veränderungen im Beschäftigungsverhältnis und Aufgabengebiet der Fachkraft sowie in der Organisation der betroffenen Gruppe, die nur dann bewältigt werden können, wenn ein stabiler institutioneller Hintergrund gegeben ist. Kreative Lösungen gelingen also eher in Institutionen mit „Stand- und Spielbein", womit gemeint ist, dass neben kreativen Einzellösungen immer auch „Standardangebote" (die für viele Mädchen und Jungen ja auch durchaus das „richtige" Angebot darstellen) gebraucht werden, um Risiken auszugleichen und außergewöhnliche Belastungen der MitarbeiterInnen zu reduzieren.
Voraussetzung für den Erhalt der Beweglichkeit in Institutionen sind neben einem grundlegenden Bewusstsein über die Veränderbarkeit bzw. Gestaltbarkeit der Verhältnisse eine Organisationskultur, die MitarbeiterInnen zum Querdenken ermuntert, neue Ideen zu realisieren versucht und Ressourcen zur Entwicklung individueller Angebote auftut. Außerdem braucht es ein fest geflochtenes Netz an Kooperationen und Zusammenarbeit sowie „Knoten" im Netz im Sinne von Ankerplätzen (MitarbeiterInnenbesprechungen, Konzeptionstage, Teamgespräche, Supervision) zur kontinuierlichen Reflexion und Überprüfung des eigenen Handelns und der Angebote.

Kreative Einzellösungen versus Verbindlichkeit

Als weiterer Stolperstein in der Gestaltung individueller Einzelangebote ist die Gefahr der Unverbindlichkeit in der Betreuung anzusehen. Kreative Betreuungsangebote dürfen nicht gleichgesetzt werden mit: alles geht und alles ist erlaubt, sondern müssen auf abgesprochenen Zielen und vermittelten Werthaltungen basieren. Gerade in der Betreuung von Mädchen und Jungen in besonderen Lebenslagen (Drogenkonsum, Beschaffungskriminalität, Prostitution etc.) sind die Fachkräfte im besonderen Maße mit eigenen normativen Ansprüchen sowie möglichen Grenzen ihrer Empathiefähigkeit konfrontiert. Erfordert bspw. die Einzelbetreuung einer Jugendlichen, die sich prostituiert, dass ihr Verhalten für gut gefunden werden muss, nur um sie im Betreuungskontext zu halten oder geht es nicht eher darum, eigene Haltungen und Einstellungen dazu zu vermitteln? Was ist zu tun, wenn in der Einzelbetreuung bei einem Spaziergang durch die Stadt die Jugendlichen sich mit ihren Suchtmitteln versorgt, während der/die BetreuerIn um die Ecke auf ihn wartet? Wie lange kann ein solches Verhalten mitgetragen werden? Ist die Strategie „nicht so genau hinsehen“ die Richtige? In der Betreuung dieser jungen Menschen muss eine Balance gefunden werden zwischen uneingeschränkter Akzeptanz des Verhaltens (was schnell Gleichgültigkeit gleichkommt) und einer zu engen Grenzsetzung, die möglicherweise den Abbruch der Betreuungsarbeit zur Folge hat. Verbindlichkeit im Umgang mit den jungen Menschen, eigene Standpunkte aufzeigen und Grenzen setzen hat aber als unabdingbare Voraussetzung in der Betreuung dieser jungen Menschen zu gelten.
Verbindlichkeit muss außerdem zwischen den Einrichtungen und ihren MitarbeiterInnen bestehen, eingebunden in ein engmaschiges Kooperationsnetz zur Entlastung und um Verantwortung zu teilen. Wer sich als Fachkraft auf diese Grenzsituationen in der Betreuung einlässt, braucht einen Träger im Hintergrund, mit dem die wichtigsten Entscheidungen und Handlungsschritte abgesprochen werden können und der die Sicherheit vermittelt, auch in schwierigen Situationen zu diesen Absprachen und seinen MitarbeiterInnen zu stehen. Gerade bei zunehmend individualisierten Arbeitsaufträgen ist Verbindlichkeit oder vielleicht besser Beständigkeit in Teams von großer Bedeutung, damit Möglichkeiten zur Entlastung, Reflexion und Weiterentwicklung gegeben sind. Nicht zuletzt erfordern kreative Einzellösungen auch

Verbindlichkeit in der Kooperation mit den Ämtern, getragen von einem Verständnis der gemeinsamen Verantwortung für das Gelingen eines Hilfeangebotes, sowie flexible und verlässliche, in gemeinsamen Planungen vereinbarte Finanzierungsmodelle.

5. Ausblick

- Für die Fortsetzung der Diskussion über den Umgang mit den Jugendlichen mit 'besonderen Problemen' muss eine Eingrenzung und Beschreibung dieser Gruppe versucht werden, da sonst das Fundament der Lösungssuche 'verdächtig schwammig' bleibt und wenig Orientierung vermitteln kann. Da das 'besonders Schwierige' nicht den Jugendlichen anhaftet, sondern in der Interaktion deutlich wird, muss die Definition diesen Interaktionsprozess umfassen mit den Dimensionen:
  Jugendliche - Fachkräfte/Strukturen/Institutionen - Konzepte/Arbeitsweisen/Ressourcen.
- Auch wenn Träger der Jugendhilfe länger für Kinder und Jugendliche verantwortlich bleiben und kreative anstatt enge Betreuungssettings entwickeln, ist die Frage einer fachlich begründeten Kooperation zur befristeten oder endgültigen Übergabe der Betreuung mit anderen (spezialisierten) Einrichtungen oder angrenzenden Hilfesystemen (z. B. Psychiatrie) nicht aufgehoben. Wie müssen diese 'Knoten im Netz' gestaltet sein und wann und bei welchen Indikationen genutzt werden?
- Um Kreativität in den erzieherischen Hilfen zu fördern, muss die Frage nach starken, aber gestaltbaren Institutionen, einer geklärten eigenen Werthaltung und Bereitschaft zu flexibler Gestaltung der Betreuungs-Settings, der Arbeits- und Team-Organisation und der Finanzierung weiter vertiefend betrachtet werden.

Klaus Wolf

Im Geflecht unterschiedlicher Interessen: Parteilichkeit und Partizipation als professionelle Orientierungen?

Auch im Bereich der Heimerziehung haben Erwartungen an Gewicht gewonnen, dass die Aufgabe der sozialpädagogischen Fachkräfte nicht nur darin bestehen soll, die Kinder ordentlich zu betreuen, sondern zusätzlich im Beziehungsgeflecht der Kinder zu arbeiten, Konflikte zu moderieren und die Beziehungen zu ihren Eltern und anderen wichtigen Menschen weiter zu entwickeln. Außerdem sollen sie sich als Teil eines Beziehungsgeflechtes mit anderen sozialpädagogischen Institutionen verstehen, darin einen spezifischen Part übernehmen und mit anderen auf eine Weise zusammenzuarbeiten, die sozialpädagogischen Standards entspricht.

Dabei entsteht ein Spannungsfeld, das ich nun in einigen Aspekten illustrieren möchte. Es sollen dabei die folgenden Fragen eine Rolle spielen.

1. Ist Parteilichkeit wünschenswert?
2. Ist eine neutrale Moderation und ein überparteiliches Konfliktmanagement wünschenswert?
3. Ist es ein Vergnügen, beteiligt zu sein?

1. Ist Parteilichkeit wünschenswert?

Die Aufforderung, mit den Kindern und Jugendlichen parteilich zu sein, ist ja zunächst durchaus sympathisch. Denn die Sichtweisen, Nöte, Interessen der Kinder und Jugendlichen zu berücksichtigen, sich an ihren Interessen und Entwicklungsbedingungen zu orientieren, stellt einen wichtigen Fortschritt dar. In der Geschichte der Heimerziehung war das keineswegs immer so (Almstedt und Munkwitz 1982; Hansbauer 1999). Eine solche Verschiebung vom Befehlen und Gehorchen zum Verhandeln (Büchner 1983), die besondere Berücksichtigung der Probleme, die die Kinder haben (und nicht nur die, die sie anderen machen) und eine Fachdiskussion über Kinderrechte in der Heimerziehung (z.B. IGfH 1996) illustrieren diese Entwicklung. Sie wurde in der Heimerziehung nicht in eigener Autonomie hervorgebracht, sondern stellt auch eine Reaktion auf veränderte Umgangsformen zwischen Erwachsenen und Kindern in unserer Gesellschaft insgesamt dar (du Bois-Reymond 1994; Wolf 1999, S. 297 ff.). So erscheint uns heute nahe liegend, vielleicht sogar selbstverständlich, dass die Kinder, die im Heim betreut werden, nicht Objekte der Umerziehung sein sollen, sondern dass ein Lebensfeld arrangiert werden soll, in dem sie sich gut entwickeln können und neben anderem auch Solidarität erfahren.

Aber darin erschöpft sich die Vorstellung von Parteilichkeit nicht. Insbesondere in feministischen Konzeptionen und im Kontext sexueller Gewalt spielt der Begriff der Parteilichkeit eine zentrale Rolle. Hier werden - zumeist männliche - Erwachsene als Täter und Kinder - zunächst Mädchen, dann aber auch Jungen - als Opfer wahrgenommen, und es ist moralisch unstrittig, wen es zu unterstützen gilt und auf welcher Seite die gute Sozialpädagogin zu stehen hat. Diese Sichtweise ist auch sehr verständlich, wenn man die Leidensgeschichte der Mädchen und Jungen beachtet und berücksichtigt, in welchem Maße ihr weiteres Leben durch die ihnen zugemuteten Lebenserfahrungen überschattet ist. Auch in den Konkretisierungen dieses allgemeinen Prinzips erscheint diese Position vernünftig. So heißt es in einem Kongressbericht von Wildwasser e.V. (1993):

- „die Sicherheitsbedürfnisse der Kinder sollen als vorrangig eingeschätzt werden,
- die Fachkräfte sollen hinsichtlich von Gewalt gegen Mädchen und Frauen keinen neutralen Standpunkt einnehmen, sondern politisch Stellung beziehen und
- man handle auf folgende Weise „dem Mädchen glauben und auf ihrer Seite stehen“ (ebd., S. 82).

Am letzten Punkt kann man allerdings einen Anspruch besonders deutlich illustrieren. Die Kinder müssen das Gefühl haben, dass man ihnen glaubt, und es darf auf keinen Fall der Eindruck entstehen, dass man ihnen unterstellt, sie könnten lügen. Wenn man allerdings nicht mehr für möglich hält, dass das, was ein Kind sagt, objektiv unzutreffend sein kann, dann macht man es sich für meinen Geschmack zu einfach (vgl. Offe u.a. 1992). Dann weigert man sich, den mühsamen Umgang mit Ambivalenz und Ambiguität zu leisten. Eine mir plausible sozialpädagogische Begründung für die Unterstellung, dass die Beschreibungen der Kinder zutreffend sind, obwohl (noch) kein Beweis vorliegt, ist der potenzielle Schaden, den das Kind davonträgt, wenn es gegen die Zweifel anarbeiten müsste, und die Überzeugung, dass sich auch ein Kind in erheblicher Not befindet, das sich eine Gewaltgeschichte ausdenkt.

Auch außerhalb solcher extremen Gewaltsituationen kann man sich wünschen, dass eine Erzieherin als wichtige Bezugsperson für das Kind da ist, die es verteidigt und sich in Konflikten auf seine Seite stellt, auch wenn es für sie selbst unpraktisch ist. Man mag zum Beispiel an eine Situation in der Schule denken, in der die Erzieherin sich im Gespräch mit den Lehrerinnen engagiert für die Interessen „ihres" Kindes einsetzt und etwa gegen deren Widerstand darauf beharrt, dass die belastenden Lebenserfahrungen auch bei der Festlegung der Anforderungen an das Kind berücksichtigt werden müssen. Dieses Löwenmutter-Verhalten ist für die Kinder wohl auch oft besonders beeindruckend, insbesondere das Nach-außen-Verteidigen, was eine anschließende Kritik am Kind unter vier Augen ja durchaus zulässt.

Aber wenn das Partei-Ergreifen zu sehr mit wehenden Fahnen erfolgt, zu ungefiltert, reflexartig, wenig durchdacht und eher ausagierend, dann kann man schon auch Zweifel an der Wirksamkeit derartiger Interventionen haben und in Frage stellen, ob es dabei nur um die Interessen des Kindes geht. Man kann den Verdacht haben, dass der Erwachsene seine eigenen Konflikte stellvertretend in der Situation des Kindes austrägt. Wir kennen das zum Beispiel aus Beobachtungen zu Übertragungsprozessen und Gegenübertragungen: Im Vater des Kindes erkennt man den eigenen Vater und trägt die eigenen Konflikte stellvertretend an denen des Kindes aus. Ein solches problematisches Verhalten könnte auch unter der edlen Bezeichnung Parteilichkeit Unterschlupf finden. Wenn also Parteilichkeit beansprucht wird, sollten wir nicht ungeprüft davon ausgehen, dass die Interessen des Kindes, für die sie in Anspruch genommen wird, auch gut bedient sind.

Ein weiteres Argument, das ein wenig Misstrauen gegen den Parteilichkeitsanspruch säen kann, möchte ich benennen. Partei zu ergreifen bedeutet auch schnell sich damit gegen jemanden zu stellen. Parteien vertreten Positionen in Konflikten. In der Heimerziehung ist dies für die Konflikte zwischen Kindern und Eltern besonders relevant. Sich gegen die Eltern zu stellen ist dabei manchmal verführerisch. Das allgemeine Genervt-Sein von den Eltern bei den Wochenendbesuchen der Kinder, die Bestechung mit Geschenken oder die Unzuverlässigkeit der Eltern kann zu Recht einfachen, kontrastreichen Schwarz-Weiß-Zeichnungen der Kinderinteressen im Gegensatz zu denen ihrer Eltern verführen. In meiner Untersuchung zu Machtprozessen (Wolf 1999) habe ich deutlich beschrieben, dass gerade die besonders engagierten Erzieherinnen leicht in einer großen Spannung zu den Eltern stehen. Sie erwarten einen besonderen Lohn für ihr besonderes Engagement: die Liebe der Kinder oder zumindest eine große Bedeutung, die die Kinder ihnen geben. Wenn ihnen dieser Lohn durch die immer noch wichtigen und nun plötzlich wieder auftauchenden Eltern vorenthalten wird, sind Gefühle der Konkurrenz und der Eifersucht wahrscheinlich. Sie lassen sich durch Hinweise auf das gefährdete Kinderinteresse leicht verstecken und rationalisieren (Wolf 1999: insbesondere S. 188 f). Solche Gefühle sind nicht zu beseitigen, indem man sie sich verbietet, sondern sie können in ihren negativen Folgen entschärft werden, wenn man einen konstruktiven Umgang mit ihnen entwickelt. Eine Einrichtungskultur, die dies nicht tabuisiert und Selbstreflexion hierüber zulässt und fördert, erleichtert eine konstruktive Bewältigung. Das einseitige Parteiergreifen ist so eher ein Indikator für einen misslungenen Prozess.

Viele Kolleginnen in der Praxis wissen aus eigener Erfahrung, dass eine sehr kritische Haltung gegenüber den Eltern kippen kann, wenn man deren Geschichte kennen lernt, wenn deren vorenthaltene Lebens- und Entwicklungsmöglichkeiten durchschimmern und eher eine tragische Verstrickung deutlich wird. Ihr eigenes Elend beeinflusst ihren ungünstigen Umgang mit ihrem Kind, aber eine Kategorisierung in Täter und Opfer und schnelle Schuldzuschreibungen bleiben einem dann im Halse stecken. Habe ich nun die Parteilichkeit endgültig entlarvt? Das nun doch nicht. Es bleibt etwas Unverzichtbares, das es zu erhalten gilt. Das soll nun durch die Kritik an einem Gegenmodell deutlicher werden.

2. Ist eine neutrale Moderation und ein überparteiliches Konfliktmanagement wünschenswert?

In Abgrenzung zur Vorstellung, die Sozialpädagogin im Heim solle primär eine wichtige Bezugsperson für die Kinder sein, hat eine Vorstellung an Boden gewonnen, dass ihre Aufgabe eher in der Moderation widerstreitender Interessen in einem Geflecht unterschiedlicher Erwartungen und Ansprüche bestehen solle. Das Managen von Konflikten, die Klärung unterschiedlicher Erwartungen, die Suche nach Kompromissen und Ähnlichem wird demnach als eine zentrale Aufgabe gesehen. In einem solchen Konfliktmanagement-Prozess gilt es zum Beispiel folgende Interessen unter einen Hut zu bringen: die Interessen der Heimgruppe und der anderen Kinder, die Trägerinteressen (zum Beispiel die Auslastung der Belegung oder die Reputation des Heimes betreffend), die Ziele des Jugendamtes und Kostenträgers, die Interessen der Eltern, die Interessen weiterer Institutionen und Menschen (der Lehrer, der Nachbarn, der Polizei und so weiter) und schließlich die des einzelnen Kindes.

Diese unterschiedlichen Interessen - und gegebenenfalls noch weitere - müssen durch eine gute Moderation in eine Balance gebracht, austariert und durch Kompromissbildung auf einen gemeinsamen Nenner gebracht werden. Das klingt zunächst vernünftig. Aber man kann auch misstrauisch fragen, ob da nicht die Interessen des einzelnen Kindes unter die Räder kommen. Wenn man zum Beispiel beobachtet, dass die Antwort auf die Frage, ob ein Kind, das erhebliche Schwierigkeiten macht, verlegt oder erst gar nicht aufgenommen wird, stark von der Auslastung des Heimes abhängt, erscheint ein solches Misstrauen prinzipiell gerechtfertigt. Denn sozialpädagogisch legitimiert ist eine Praxis ja nicht, wenn die Verantwortung dem Kind gegenüber primär von der aktuellen Relation von Angebot und Nachfrage nach Heimplätzen abhängt. Eine andere kritische Beobachtung bezieht sich auf Hilfeplankonferenzen, die manchmal auch als Schwarzer-Peter-Spiel verstanden werden können, in denen es um Schuldzuschreibungsprozesse für verfehlte Ziele geht und Koalitionen nach dem Motto ausgehandelt werden, „wenn du keine kritischen Fragen an mich stellst, stelle ich auch keine an dich."

Das Gewicht der Interessen wird jedenfalls nicht einfach durch fachliche sozialpädagogische Kategorien bestimmt, sondern hängt auch von den unterschiedlichen Sanktionsmöglichkeiten der beteiligten Menschen und Institutionen ab und damit von Machtfragen. Und da sind die Kinder manchmal - nicht immer, das sei herausgehoben - in einer machtunterlegenen Position. Lässt man dem Spiel von gegenseitigen Abhängigkeiten ohne Korrektur durch gemeinsame fachliche Überzeugungen freien Lauf, entstehen Effekte, die die Schwächeren immer weiter benachteiligen. Erving Goffman (1972) hat - in einem anderen Zusammenhang - solche Entfremdungskoalitionen beschrieben.

Manche Interessen werden offen vertreten, insbesondere von den Menschen ohne Übung im taktischen Verhandeln, andere Interessen werden verdeckt und mit anderen Zielen getarnt. Die Chancen, richtig zu Wort zu kommen und sich durchzusetzen, sind ungleich verteilt. Daher ist es eine anspruchsvolle Aufgabe, die Partizipation der Klienten tatsächlich zu realisieren. Schon wenn man ein Modell „faire Verhandlung zur Kompromissbildung" anstrebt, muss man diese - oft erheblichen - Machtunterschiede zu korrigieren versuchen, sonst ist der Kompromiss nicht viel wert, sondern man hat „Placeboentscheidungen" getroffen, wie bei Hilfeplanentscheidungen, die von den KlientInnen lediglich abgenickt werden, damit die anstrengende Konferenz endlich zu Ende geht.

Die neutrale Moderation führt in einem Feld mit sehr ungleicher Machtverteilung leicht dazu, dass die machtunterlegene Position kaum zum Zuge kommt und sich die - oft verdeckt vorgetragenen - Interessen der Mächtigeren durchsetzen. Dies spricht für eine asymmetrische Moderation, also eine, die insbesondere darauf achtet, dass die Interessen der machtunterlegenen Position artikuliert werden und gegebenenfalls auch, dass die verdeckten Interessen explizit benannt werden.

Es gibt noch ein weiteres Argument für - ja wie wollen wir es nennen - vielleicht: Parteilichkeit? Pädagogische Beziehungen sind grundsätzlich asymmetrisch. Die Vorstellung, Kinder und Erwachsene seien gleichberechtigt, verdeckt diesen Sachverhalt eher. Zwar sind die Machtunterschiede zwischen Eltern und Kindern in unserer Gesellschaft und in unseren Heimen geringer geworden. Aber sie sind nicht aufgehoben. Die verbleibenden Asymmetrien sind nicht nur die Reste einer noch abzubauenden Asymmetrie, sondern diese Differenz ist notwendig, damit Erziehung stattfinden kann. An anderer Stelle habe ich die Notwendigkeit dieses Überhangs, der auch machtrelevant wird, genauer dargestellt und in seinen ethischen Implikationen diskutiert (Wolf 2000). Man kann und muss von den Erziehenden einen Überhang erwarten - zum Beispiel einen an Orientierungsmitteln und emotionaler Stabilität. Sich durch jemanden erziehen lassen zu müssen, der auf zentralen Gebieten keinen Vorsprung hat - oder einfacher formuliert: der dümmer ist als der zu Erziehende selbst - oder der emotional auf den zu Erziehenden ständig stärker angewiesen ist als dieser auf ihn, ist sehr ungünstig. Daraus ergibt sich oft eine Paradoxie des Einflusses: Die, die mit den Kindern freundlich, interessiert und zugewandt sprechen, sind oft die wichtigen, einflussreichen und in diesem Sinne mächtigen Menschen. Während sie vor den befehlenden, von oben herab handelnden und distanzierten vielleicht Angst haben, aber emotional sind sie weitgehend unabhängig von ihnen: Es sind keine besonders wichtigen Menschen für sie.

Diese Notwendigkeit des Überhangs erfordert unverzichtbar eine Asymmetrie in der Verantwortung. Wir sind stärker für die Kinder zuständig als sie für uns. Wir Erwachsenen und Erzieherinnen haben eine besondere Verpflichtung, die Entwicklungschancen der Kinder zu verbessern, Belastungen nicht leichtfertig zu erhöhen, nicht primär unsere, sondern die langfristigen Interessen der Kinder im Blick zu haben. Das bedeutet nicht, dass wir ihnen nach dem Munde reden sollten oder dass es günstig sei, alles zu erlauben. Sondern es geht darum, ihren Interessen ein *besonderes* Gewicht zu geben. Das ist eine berufsethische Grundsatzfrage und somit ein unverzichtbarer Teil unserer Professionalität. Was bedeutet das für unser Moderatoren-Modell? Sind wir, wenn man es so sieht, aus strukturellen Gründen ungeeignet zur Moderation, gilt Parteilichkeit oder Moderation?

Ich empfehle, diese beiden Ansprüche nicht grundsätzlich gegeneinander zu setzen, sondern konstruktiv mit den Spannungen, die sich aus ihnen ergeben, umzugehen. Dazu will ich einige Eckpunkte nennen. Unverzichtbar erscheint mir, die Situation möglichst so zu gestalten, dass die KlientInnen ihre Sicht der Dinge entwickeln und darlegen können. Hierfür brauchen sie

Ressourcen, die sie bei uns finden sollen, und Arrangements, die das ermöglichen. Wir müssen uns zum Beispiel auf ihre sprachlichen Möglichkeiten einstellen und mit Ambivalenzen rechnen. Die Frage „Was wollen Sie denn nun?“ kann oft gar nicht beantwortet werden, weil die Menschen sich über ihre Ziele gar nicht im Klaren oder zwischen unterschiedlichen Zielen hin- und hergerissen sind. Die Profis müssen sich außerdem gefallen lassen, dass sie hinsichtlich ihrer eigenen Einrichtungs- und Arbeitnehmerinteressen kritisch befragt werden. Solche Fragen müssen grundsätzlich als zulässig angesehen werden, nicht weil man sich gegenseitig unredliche Motive unterstellt, sondern weil man weiß, dass es andere Handlungszwänge und Gründe gibt. Diese sollten nicht verdeckt in fachliche Entscheidungen einfließen.

Die Klientenäußerungen bedürfen einer sozialpädagogischen Deutung und einer spezifischen Interpretation. Man kann aus ihnen nicht einfach ein Handlungsziel ableiten. Das ist ein kritischer Punkt, weil man einwenden mag, dass dadurch die Klientenäußerungen relativiert oder vielleicht sogar aufgehoben und ins Gegenteil verkehrt werden. Der Einwand ist berechtigt, und eine anspruchsvolle sozialpädagogische Deutung muss sich im Detail mit ihm auseinandersetzen. An der Deutung führt aber kein Weg vorbei. Wenn ein Kind zum Beispiel ganz deutlich betont, dass ihm seine Mutter total egal ist und dass es nie wieder von ihr etwas wissen will, dann muss in sozialpädagogischer Deutung die Hypothese geprüft werden, dass diese Äußerungen ein Zeichen tiefer Verletzung sein könnten und dass es möglicherweise bedeutet, dass kein Mensch für das Kind zurzeit so wichtig ist wie seine Mutter, obwohl die Formulierung das Gegenteil zu sagen scheint. Auch das Lob oder der Tadel von KlientInnen kann in sozialpädagogischer Deutung in einem anderen Licht erscheinen: Das Lob kann zu kritischen Fragen führen und der Tadel einen richtigen Weg andeuten (vgl. Wolf 2000 a).

Sicht der Klienten kennen lernen

↓

Sozialpädagogische Deutung

↓

Was kann man im Rahmen sozialpädagogischer Arbeit tun?

Schließlich besteht ein Professionalitätsgewinn in der Fähigkeit zum Perspektivenwechsel. Es geht um das Wissen, dass die Dinge aus verschiedenen Perspektiven betrachtet unterschiedlich erscheinen und dass es die Perspektive, aus der man sie vollständig und in ihrer vollen Gestalt sehen kann, nicht gibt. Diese konstruktivistische Position erleichtert es, zwischen den unterschiedlichen Wahrheiten der unterschiedlichen Perspektiven zu wechseln und Klärungsprozesse zu moderieren, indem die Vielfalt deutlich und die Empathie für die Sicht anderer gefördert wird.

3. Ist Beteiligung ein Vergnügen?

Einer der Begriffe, der in der Jugendhilfe der letzten Jahre Hochkonjunktur hatte, ist der der Partizipation. Dazu ist vieles gesagt und geschrieben worden - insbesondere von der IGfH. Diese Diskussion hat viele positive Impulse gebracht. Ich möchte aber vor einer Fehleinschätzung warnen, nämlich dass Partizipation zwangsläufig Spaß mache und die Menschen daher immer ein Interesse daran hätten, an den sie betreffenden Entscheidungen beteiligt zu sein. Das ist aus mindestens zwei Gründen oft falsch.

1. Prozesse, die von allen, die sie betreffen, beeinflusst werden können, sind oft sehr ressourcenaufwändig und sie werden schnell als anstrengend erlebt. Die unterschiedlichen Sichtweisen vorzustellen, die der anderen auszuhalten, Kompromisse zu suchen und Absprachen zu treffen erfordert viel Zeit und manchmal auch Nerven. Oft ist das Ergebnis für jeden Einzelnen nicht (ganz) überzeugend und die eigenen Anliegen sind nur zum Teil berücksichtigt. Insbesondere in Krisensituationen kann es schwierig sein, die hierfür notwendigen Ressourcen aufzubringen.
2. Es kann auch als Vorteil erlebt werden, wenn andere entscheiden, die Verantwortung haben oder Schuld an misslingenden Prozessen sind. Man sieht sich dann zwar ohnmächtig den Verhältnissen ausgeliefert, aber man ist auch entlastet von eigenen Anstrengungen, zielgerichtet Einfluss zu nehmen. Wir kennen diesen Zusammenhang aus der Forschung zur erlernten Hilflosigkeit und aus der Untersuchung von Prozessen der Ursachenzuschreibung genau.

Aus dem letzten Punkt ergibt sich der Sinn echter Teilhabe in pädagogischer Perspektive. Sie ist nicht ein Geschenk der besonders netten Fachleute an die Kinder, sondern sie ermöglicht neue Erfahrungen: Teilhabe statt Ohnmachtserfahrungen, Verhandeln als Lernprozess, Verantwortungsübernahme durch Beteiligung an einer Entscheidung und Selbstbewusstsein durch die Erfahrung eigener Wirksamkeit. Die Fachleute haben die Aufgabe, die Eltern und Kinder für die Kooperation zu gewinnen, sie dabei zu halten und die Prozesse so zu gestalten, dass auch für sie der Gewinn ihrer Beteiligung deutlich wird.

Zum Abschluss möchte ich aus einer gelungenen Studie einige wenige Ergebnisse skizzieren. Sie sollen deutlich machen, wovon es abhängt, ob und wie Eltern am Hilfeprozess beteiligt sind. Werner Schefold und andere (1998) haben am Beispiel eines Modellprojektes in München untersucht, wie Eltern ihre Beteiligung am Hilfeplanverfahren erleben. Die Autoren haben sechs Kategorien herausgearbeitet, die das Erleben der Eltern beeinflusst haben. Diese möchte ich darstellen, weil das Zusammenspiel so vieler Faktoren die Komplexität verdeutlicht und auch darauf verweist, dass keineswegs alle Faktoren aktuell durch sozialpädagogische Mitarbeiterinnen zu beeinflussen sind.

1) Lebensphasenspezifische Hilfeerfahrungen

Hilfeprozesse sind Teil der Lebensgeschichte der Eltern und werden durch ihre bisherigen Lebenserfahrungen beeinflusst. Wie die Eltern bisher Hilfe erfahren haben und was sie vor dem Hintergrund dieser Erfahrungen unter Hilfe verstehen, das beeinflusst ihre Haltungen gegenüber helfenden Instanzen. Da wird eine Mutter beschrieben, die ihre Erfahrungen in einem Lebensmotto zusammenfasst „ich schaff es schon alleine", während eine andere sich endlich eine dichte vertrauensvolle Beziehung wünscht, in der sie persönlich angenommen ist. Wiederum eine andere befürchtet Übervorteilung und Kontrolle, Institutionen sind ihr suspekt und sie erwartet eine unzulässige Einmischung. Diese Erfahrungen beeinflussen die aktuelle Interaktion. Die im Moment tätige Sozialpädagogin fängt nicht von vorne an, sondern sie findet ein hoch strukturiertes Spannungsfeld vor, in dem sich viele Prozesse von Abstoßung und Anziehung überlagern.

2) Annäherung an Hilfe und helfende Instanzen

Dieser Aspekt bezieht sich nicht auf die biografische Tiefendimension, sondern auf den Prozess der Annäherung und auf die ersten Kontakte: Wie der erste Kontakt mit den Ämtern zustande kommt, ob es dramatische Ereignisse als Auslöser gab, ob Kontaktaufnahme durch die KlientInnen selber erfolgt oder durch andere Institutionen organisiert wurde.

3) Das Interaktionserleben mit den helfenden Instanzen

Hier geht es um den „persönlichen Faktor“ (ebd., S. 171). Wie wird die Mitarbeiterin erlebt? Als wie freundlich, zuwendend oder kompetent erweist sie sich? Entwickelt sich eine positive oder negative Beziehung zu dem Menschen, mit dem man es aktuell zu tun hat?

4) Individuelles Hilfeverständnis und individueller Hilfeplan

Individueller Hilfeplan meint hier die Eigentheorie der KlientInnen bezüglich der Hilfe. Wie sieht das Bündel von Erwartungen der KlientInnen an das Jugendamt aus? Es werden systematisch unterschiedliche Deutungen von Eltern und MitarbeiterInnen und ein unterschiedliches Verständnis, was eine Hilfe wäre, deutlich.

5) Hilfepläne und faktische Entscheidungen

Dies bezieht sich auf die Art, in der die Entscheidungen im Hilfeplanprozess zustande kommen und wo sie fallen. Finden die Entscheidungen als Prozess von Versuch und Irrtum, als Sach- beziehungsweise Gesetzeszwang, als Entscheidungen mit Selbstevidenz aus einem dramaturgischen Prozess heraus, über einen alltäglichen Konsens in guten Beziehungen, als Oktroyierung eines fremden Willens oder als innerer Prozess statt? Ist vorher schon alles geregelt? Es wird zum Beispiel herausgearbeitet, dass Hilfeplangespräche kaum Orte originärer Entscheidungen sind, sondern eher solche, an denen schon getroffene Entscheidungen nochmals bewusst gemacht und ratifiziert werden.

6) Konflikt- und Kooperationsstrukturen in den Fallgeschichten

Die strukturellen Aspekte beziehen sich auf Fragen, ob der Prozess als ein Nullsummenspiel zwischen Amt und Eltern inszeniert und erlebt wird (was der eine gewinnt, verliert der andere), ob die Hilfe so angelegt wird, dass sie nur gelingen kann, wenn die Eltern kooperieren, und welche Art von offenem oder latentem Vertrag die Eltern mit dem Amt schließen.

Diese Faktoren kann ich hier nur kurz skizzieren, Interessierten sei das Buch insgesamt empfohlen. Die dargestellten Dimensionen beeinflussen sich gegenseitig. Das Zusammenspiel selbst macht dann den Handlungsspielraum aus, in dem die Kooperation stattfindet. Kooperationen sind somit fragile, vom Zusammenspiel vieler Faktoren abhängige Gebilde.

4. Zum Schluss

Ich habe versucht das Spannungsfeld zwischen der Forderung nach Parteilichkeit und dem Moderatoren-Modell zu skizzieren. Sozialpädagogische Professionalität muss sich auch in einem konstruktiven Umgang mit unterschiedlichen Erwartungen und Ansprüchen erweisen. Dafür muss man sich von der Vorstellung freimachen, dass wir Widersprüche einfach auflösen könnten. Wir sollten darauf verzichten, einen Anspruch ganz aufzugeben, um den anderen ganz bedienen zu können, sondern die spannungsreichen Ansprüche in einer dem Einzelfall gerecht werdenden Weise zu verbinden suchen. Somit müssen wir mit den Ambivalenzen umgehen, und auch deswegen brauchen wir gute Profis in der Heimerziehung, die das können.

Literatur

Almstedt, M./**Munkwitz**, B. (1982): Ortsbestimmung der Heimerziehung. Geschichte, Bestandsaufnahme, Entwicklungstendenzen. Weinheim, Basel.

Bois-Reymond, M. (1994): Die moderne Familie als Verhandlungshaushalt. Eltern-Kind-Beziehungen in West- und Ostdeutschland und in den Niederlanden. Aus: Bois-Reymond, M./Büchner, P./Krüger, H. H. u. a. (Hg.): Kinderleben. Modernisierung von Kindheit im interkulturellen Vergleich. Opladen, S. 137-220.

Büchner, P. (1983): Vom Befehlen und Gehorchen zum Verhandeln. Entwicklungstendenzen von Verhaltensstandards und Umgangsformen seit 1945. Aus: L. Preuss-Lausitz u.a. (Hg.): Kriegskinder, Konsumkinder, Krisenkinder. Zur Sozialisationsgeschichte seit dem Zweiten Weltkrieg. Weinheim, Basel, S. 196-212.

Goffmann, E. (1972): Asyle. Über die soziale Situation psychiatrischer Patienten und anderer Insassen. Frankfurt a. M.

Hansbauer, P. (1999): Traditionsbrüche in der Heimerziehung: Analysen zur Durchsetzung der ambulanten Einzelbetreuung. Münster.

Internationale Gesellschaft für Heimerziehung (IGfH) (Hg.) (1996): Rechte haben - Recht kriegen. Ein Ratgeber-Handbuch für Jugendliche in Erziehungshlifen. Münster.

Offe, H./**Offe**, S./**Wetzels**, P. (1992): Zum Umgang mit dem Verdacht des sexuellen Kindesmißbrauches. Hinweise für die Praxis sozialer Dienste. In: Neue Praxis, Heft 3/92, S. 240-256.

Schefold, W./**Glinka**, H.-J./**Neuberger**, C. u. a. (1998): Hilfeplanverfahren und Elternbeteiligung. Evaluationsstudie eines Modellprojektes über Hilfeerfahrungen von Eltern im Rahmen des KJGH. Frankfurt (Eigenverlag), Arbeitshilfen, Heft 50.

Wildwasser e.V. Berlin (Hg.) (1993): Wir haben schon viel erreicht! 10 Jahre Wildwasser e.V. Berlin. Dokumentation zum Wildwasser-Kongress in Berlin 1993.

Wolf, K. (1999): Machtprozesse in der Heimerziehung. Münster.

Wolf, K. (2000 a): Heimerziehung aus Kindersicht als Evaluationsstrategie. In: Sozialpädagogisches Institut im SOS-Kinderdorf e.V. (Hg.): Heimerziehung aus Kindersicht. München (Eigenverlag), S. 6-39.

Wolf, K. (2000): Macht, Pädagogik und ethische Legitimation. In: Evangelische Jugendhilfe, 77. Heft 4/00, S. 197-206.

3. Kapitel
Was prägt die Heimerziehung?
Zum Einfluss von Rahmenbedingungen

Michael Harborth

Beziehungsarbeit und Schichtdienst? - Arbeitszeitmodelle auf dem Prüfstand

Das Thema Arbeitszeitregelungen wirft in der Heimerziehung spätestens seit den 70er Jahren immer wieder von neuem Fragen auf. Das Dilemma zwischen dem pädagogischen Anspruch von Heimerziehung als Beziehungsarbeit einerseits und der Belastung für MitarbeiterInnen durch die in der Heimerziehung üblichen Arbeitszeiten andererseits scheint unauflöslich. So wird das Thema immer wieder einmal hervorgeholt - z. B. jüngst bei der Bundestagung Heimerziehung der IGfH in Münster (8.10. - 10.10.2001) -, aber nie mit zufriedenstellenden Ergebnissen diskutiert.[1] Mit den nachfolgenden Gedanken möchte ich neue Fragen zu diesem schwierigen Thema stellen.

Im Zentrum der Überlegungen stehen vielfach Berechnungen, wie man vorhandene Arbeitszeitressourcen - über Tarifvertrag und gesetzliche Arbeitszeitordnung fest definiert - so verteilen kann, dass den Bedürfnissen von Kindern und Jugendlichen am ehesten Rechnung getragen wird. Die Praxis produziert die unterschiedlichsten Lösungsversuche:

- Schichtdienstmodelle mit kurzen Zeiten - auf Alltagsrhythmen einer Gruppe abgestimmt
- lange Schichtdienste in sogenannten Blockmodellen oder auch
- die Abdeckung von Nachtdiensten durch Nachtwachen.[2]

Es entstehen „einrichtungsspezifische Lösungen“, mit denen sich die MitarbeiterInnen mehr oder minder arrangieren.

---

[1] Anregungen für diesen Artikel stammen aus einer Arbeitsgruppe mit dem gleichen Thema bei der benannten Bundestagung der IGfH).

[2] Letztere Lösung scheint mir eine „alte“ zu sein. Die Abdeckung von Nachtschichten durch Hilfspersonal - früher üblich in der Heimerziehung - ignoriert die Bedeutung der Nachtzeiten für Kinder und Jugendliche. Zum einen brauchen Kinder gerade zu diesen Zeiten Sicherheit durch die Anwesenheit von vertrauten Personen, zum anderen haben diese Zeiten für notwendige Auseinandersetzungen mit Jugendlichen eine große Bedeutung.

Meine Hypothese: Es entstehen dabei keine wirklichen Lösungen für die Bedürfnisse und Wünsche von Kindern und Jugendlichen - jedenfalls nicht soweit Konsens darüber besteht, dass Kinder und Jugendliche in der Heimerziehung ein Beziehungsangebot von **verlässlichen Erwachsenen** brauchen, die als **konstante Bezugspersonen** Möglichkeit zu **Auseinandersetzung und Nähe** bieten im Rahmen einer **überschaubaren, Sicherheit bietenden Gruppe**. Dass Kinder und Jugendliche genau diese Bedingungen für einen positiven Sozialisationsprozess brauchen, darüber besteht weitgehend Einigkeit.

Pflegefamilien und Erziehungsstellen haben von ihren strukturellen Bedingungen aus gesehen solche Möglichkeiten. Die auch von der IGfH in den vergangenen Jahren unternommenen Bemühungen der Qualifizierung solcher familiärer Lebensformen für Kinder und Jugendliche, die nicht in ihren Ursprungsfamilien leben können, sind ein Weg, lohnenswerte Lebensorte zu schaffen.

Manche Kinder und Jugendliche bringen nun aufgrund ihrer Lebensgeschichte und aufgrund ihrer aktuellen Beziehung zu ihren Familien eine Dynamik mit, die Nähe und Verlässlichkeit von familiären Lebenszusammenhängen für alle Beteiligten nicht lebbar macht.
Die fehlende Möglichkeit zur Distanz lässt diese Lebensgemeinschaften z.T. zerbrechen, mit schmerzlichen Beziehungsabbrüchen für Kinder und Jugendliche und Versagensgefühlen von Erwachsenen. Die sorgfältige Biografieanalyse, die immer mit der Entscheidung über die Notwendigkeit und Sinnhaftigkeit einer Fremdunterbringung einhergehen muss, kann Hinweise ergeben, die eine Unterbringung in familiären Zusammenhängen ausschließen sollte. Für diese Kinder müssen wir in Heimen Lebensorte schaffen. Diese Lebensorte sind zugleich auch immer Arbeitsorte für MitarbeiterInnen, deren Bedingungen durch tarifliche und gesetzliche Regelungen festgelegt sind.

Im Folgenden soll anhand einer Beispielrechnung versucht werden, strukturelle Merkmale einer Heimgruppe theoretisch abzuleiten, die auf der Grundlage der derzeit geltenden tariflichen Bedingungen organisiert ist. Es ist der Versuch, die Absurdität der Bemühungen aufzuzeigen, in einem tariflichen

Arbeitszeitmodell „Heimerziehung" die Bedürfnisse und Wünsche von Kindern, Jugendlichen und MitarbeiterInnen gleichermaßen zu erfüllen.

Die Ableitung erfolgt in drei Schritten:

1) Ermittlung der Netto-Arbeitszeit einer pädagogischen MitarbeiterIn
2) Ermittlung der notwendigen Jahresarbeitszeit, die für den Betrieb einer alters- und geschlechtsgemischten Wohngruppe (§ 34 SGB VIII) vorgehalten werden muss und schließlich
3) die aus Punkt 1) und 2) abzuleitende Gruppengröße und Gesamtzahl der pädagogischen MitarbeiterInnen sowie die aufgrund von Erfahrungswerten hochgerechnete Fluktuation von PädagogInnen und Kindern.

1. Ermittlung der Netto-Arbeitszeit einer pädagogischen MitarbeiterIn

Die Netto-Arbeitszeit einer pädagogischen MitarbeiterIn lässt sich wie folgt berechnen:

	Tage	**Stunden**
Arbeitstage (=365/7*5)	260,71	2.007,47
abzüglich		
Urlaub	-29,00	-223,30
AZ-Verkürzungstage	-2,00	-15,40
Feiertage	-10,00	-77,00
Krankheit	-8,00	-61,60
Fortbildung	-5,00	-38,50
NETTO Arbeitszeit	**206,71**	**1.591,67**

Tabelle 1: Netto-Arbeitszeit einer pädagogischen MitarbeiterIn

Von den 260,71 Arbeitstagen pro Jahr mit jeweils 7,7 Arbeitsstunden [7,7 mal 5 = **38,5**] sind entsprechend der in Tabelle 1 aufgeführten Aufstellung insgesamt 54 Tage für Urlaub, Feiertage, Krankheit und Fortbildung abzuziehen. Damit ergibt sich eine **Jahresnettoarbeitszeit** von 206,71 Tagen mit jeweils 7,7 Arbeitsstunden, also **1.592 Stunden**.

2. Ermittlung der notwendigen Jahresarbeitszeit

Im zweiten Schritt geht es um die Ermittlung der notwendigen Jahresarbeitszeit, die für den Betrieb einer alters- und geschlechtsgemischten Wohngruppe vorgehalten werden muss.
Stark vereinfachend wird hierfür im Folgenden von drei verschiedenen Zeiträumen ausgegangen, die durch ihre jeweils unterschiedliche Alltagsstruktur unterschiedliche Präsenznotwendigkeiten von pädagogischen MitarbeiterInnen zur Folge haben. Unterschieden sind in Tabelle 2: Schulwochen (40,14 Wochen pro Jahr), Ferienwochen (9 Wochen pro Jahr) und Ferienwochen, in denen eine Freizeit stattfindet (3 Wochen pro Jahr).
Die Zeiten von 22:00 Uhr bis 6:00 Uhr zählen grundsätzlich als Bereitschaftsdienst und werden zu 25% gerechnet.

	22:00 bis 6:00	6:00 bis 7:00	7:00 bis 8:00	8:00 bis 9:00	9:00 bis 10:00	10:00 bis 11:00	11:00 bis 12:00	12:00 bis 13:00	13:00 bis 14:00	14:00 bis 15:00	15:00 bis 16:00	16:00 bis 17:00	17:00 bis 18:00	18:00 bis 19:00	19:00 bis 20:00	20:00 bis 21:00	21:00 bis 22:00
Montag	2	2	2	1	1	1	1	2	2	2	2	2	2	2	1	1	1
Dienstag	2	2	2	1	1	1	1	2	2	2	2	2	2	2	1	1	1
Mittwoch	2	2	2	1	1	1	1	2	2	2	2	2	2	2	1	1	1
Donnerstag	2	2	2	1	1	1	1	2	2	2	2	2	2	2	1	1	1
Freitag	2	2	2	1	1	1	1	2	2	2	2	2	2	2	1	1	1
Samstag	2	2	2	1	1	1	1	2	2	2	2	2	2	2	1	1	1
Sonntag	2	2	2	1	1	1	1	2	2	2	2	2	2	2	1	1	1
SCHULWOCHE	Summe der notwendigen Arbeitsstunden = 189																

Tabelle 2a: Dienstplan für Schulwochen

In Schulwochen (Tabelle 2a) muss die Gruppe in der Zeit von 6:00 bis 8:00 Uhr mit zwei pädagogischen MitarbeiterInnen besetzt sein, die die Kinder/Jugendlichen „auf den Weg bringen" zur Arbeit bzw. Schule. Die Vormittagszeit von 8:00 bis 12:00 Uhr wird von einer KollegIn abgedeckt, diese Zeit steht zur Verfügung für Dokumentation, Vorbereitung von Hilfeplangesprächen, Telefonate etc. Darüber hinaus ist davon auszugehen, dass bei einer großen Gruppe immer wieder Kinder und Jugendliche z.B. aufgrund von Krankheit auch am Vormittag in der Gruppe bleiben.
Die Zeit von 12:00 bis 19:00 Uhr ist geprägt von Alltagsnotwendigkeiten: Aufgaben im Zusammenhang mit schulischer Förderung, Organisation von

Freizeitaktivitäten, Arzttermine, Therapien usw. - hier besteht die absolute Notwendigkeit für eine Doppelbesetzung. Ab 19:00 ist in diesem Dienstplanmodell eine Einfachbesetzung der Gruppe vorgegeben.

PraktikerInnen werden hier eine Vielzahl von Einwendungen machen. Änderungen, andere Notwendigkeiten lassen sich selbstverständlich aus der speziellen Gruppenzusammensetzung ableiten. Eine Gruppe mit mehreren Jugendlichen hat andere Bedingungen als eine Gruppe mit jüngeren Schulkindern. Wichtig ist festzuhalten, dass eine solche personelle Besetzung am Minimum orientiert ist. Dies zeigt sich auch daran, dass darauf verzichtet wurde, Zeiten für Teambesprechungen, kollegiale Beratung und Supervision einzurechnen. Diese unbestrittenen Notwendigkeiten würden die Zahl der notwendigen Arbeitsstunden nochmals erhöhen. In bestimmten Gruppenkonstellationen können sich dagegen auch Einsparungen ergeben. So kann die gleichzeitige Beurlaubung der Kinder und Jugendlichen am Wochenende oder für längere Zeiträume in den Ferien die notwendige Arbeitszeit deutlich reduzieren. Die Wahrscheinlichkeit, dass solche Beurlaubungen zeitgleich geschehen, reduziert sich mit Zunahme der Gruppengröße, außerdem verbietet es sich inhaltlich, eine Beurlaubung der Kinder und Jugendlichen aufgrund von Dienstplannotwendigkeiten zu „synchronisieren“, hier muss es möglich sein nach pädagogischen Gesichtspunkten zu entscheiden.

	22:00 bis 6:00	6:00 bis 7:00	7:00 bis 8:00	8:00 bis 9:00	9:00 bis 10:00	10:00 bis 11:00	11:00 bis 12:00	12:00 bis 13:00	13:00 bis 14:00	14:00 bis 15:00	15:00 bis 16:00	16:00 bis 17:00	17:00 bis 18:00	18:00 bis 19:00	19:00 bis 20:00	20:00 bis 21:00	21:00 bis 22:00
Montag	2	1	1	1	2	2	2	2	2	2	2	2	2	2	2	2	2
Dienstag	2	1	1	1	2	2	2	2	2	2	2	2	2	2	2	2	2
Mittwoch	2	1	1	1	2	2	2	2	2	2	2	2	2	2	2	2	2
Donnerstag	2	1	1	1	2	2	2	2	2	2	2	2	2	2	2	2	2
Freitag	2	1	1	1	2	2	2	2	2	2	2	2	2	2	2	2	2
Samstag	2	1	1	1	2	2	2	2	2	2	2	2	2	2	2	2	2
Sonntag	2	1	1	1	2	2	2	2	2	2	2	2	2	2	2	2	2
FERIENWOCHE	Summe der notwendigen Arbeitsstunden = 217																

Tabelle 2b: Dienstplan für Ferienwochen

In Änderung zur Situation in Schulwochen ergibt sich für die Ferienzeit eine größere Notwendigkeit zur Doppelbesetzung (siehe Tabelle 2b) und in den drei Wochen, in denen die Gruppe in eine gemeinsame Freizeit fährt (siehe Tabelle 2c), sind ständig drei KollegInnen im Dienst.

	22:00 bis 6:00	6:00 bis 7:00	7:00 bis 8:00	8:00 bis 9:00	9:00 bis 10:00	10:00 bis 11:00	11:00 bis 12:00	12:00 bis 13:00	13:00 bis 14:00	14:00 bis 15:00	15:00 bis 16:00	16:00 bis 17:00	17:00 bis 18:00	18:00 bis 19:00	19:00 bis 20:00	20:00 bis 21:00	21:00 bis 22:00
Montag	6	3	3	3	3	3	3	3	3	3	3	3	3	3	3	3	3
Dienstag	6	3	3	3	3	3	3	3	3	3	3	3	3	3	3	3	3
Mittwoch	6	3	3	3	3	3	3	3	3	3	3	3	3	3	3	3	3
Donnerstag	6	3	3	3	3	3	3	3	3	3	3	3	3	3	3	3	3
Freitag	6	3	3	3	3	3	3	3	3	3	3	3	3	3	3	3	3
Samstag	6	3	3	3	3	3	3	3	3	3	3	3	3	3	3	3	3
Sonntag	6	3	3	3	3	3	3	3	3	3	3	3	3	3	3	3	3
FREIZEITWOCHE	Summe der notwendigen Arbeitsstunden = 378																

Tabelle 2c: Dienstplan für Freizeitwochen

In Tabelle 3 sind zusammenfassend die Arbeitsstunden aufgeführt, die in der Gruppe pro Jahr anfallen.

Art der Woche	Anzahl	Stunden/Woche	Stunden/Jahr
Schulwochen	40,14	189	7.586,46
Ferienwochen	9	217	1.953,00
Freizeitwochen	3	378	1.134,00
SUMME	**52,14**		**10.673,46**

Tabelle 3: Notwendige Arbeitszeiten in einer Gruppe pro Jahr

3. Ableitung von Gruppengröße, MitarbeiterInnenzahl und Fluktuation

Es ergeben sich insgesamt 10.673,46 Stunden. Bei einer Netto-Arbeitszeit von 1.591,70 Std. pro pädagogischer MitarbeiterIn ergibt sich somit die Notwendigkeit, die Gruppe mit 6,71 Stellen auszustatten.
Ausgehend von diesen 6,71 Stellen, die notwendig sind, um pädagogischen MitarbeiterInnen in einer Wohngruppe tarifliche Arbeitszeiten zu ermöglichen, lässt sich mit Hilfe eines vorgegebenen Stellenschlüssels die Gruppengröße hochrechnen. Ich lege hier den in den hessischen Rahmenvereinbarungen festgelegten Stellenschlüssel von 1:1,8 zugrunde. Danach müssen in

dieser Gruppe (6,71*1,8=) 12 Plätze vorgehalten werden, damit sie kostendeckend arbeiten kann.

Bei einer durchschnittlichen Verweildauer von Kindern und Jugendlichen von ca. 36 Monaten findet in einer Gruppe mit 12 Plätzen im Durchschnitt alle drei Monate ein Wechsel von Kindern/Jugendlichen statt. Bei einer durchschnittlichen Beschäftigungsdauer von drei Jahren für pädagogische MitarbeiterInnen ergibt sich (bei 6,71 Stellen) ein Wechsel durchschnittlich alle 5,4 Monate. Im Mittel werden in dieser Gruppe also jedes Jahr vier Kinder/Jugendliche entlassen/aufgenommen und zwei MitarbeiterInnen werden entlassen/eingestellt. Zusammengenommen findet in einer solchen Gruppe damit alle zwei Monate ein personeller Wechsel statt (nicht mitgerechnet sind Wechsel wegen Elternzeiten oder von anderen MitarbeiterInnen, z. B. Hauswirtschaftskräfte und PraktikantInnen).

Auch wenn man den in einer solchen Gruppe beschäftigten MitarbeiterInnen weder ernsthaftes Bemühen noch pädagogische Qualifikation abspricht, so kommt man m. E. nicht umhin festzustellen:

Eine solche Gruppe kann aufgrund ihrer strukturellen Gegebenheiten weder ein lebenswerter Ort für Kinder und Jugendliche noch ein zufriedenstellender Arbeitsplatz für pädagogische MitarbeiterInnen sein. Gewährleistet sind lediglich die formalen Notwendigkeiten an einen Heim- bzw. Arbeitsplatz.

Es zeigt sich, dass die Einhaltung tariflicher Bestimmungen in der Heimerziehung einen Alltag hervorbringt, der die Bedürfnisse von Kindern und Jugendlichen nach Überschaubarkeit, Verlässlichkeit und Beziehungskontinuität nicht erfüllen kann. In dem Maße wie die Bedürfnisse von Kindern und Jugendlichen unerfüllt bleiben, wird die Arbeitssituation von MitarbeiterInnen als frustrierend erlebt werden. Als Konsequenz liegt eine höhere Fluktuation bei Kindern/Jugendlichen und MitarbeiterInnen nahe. **Es zeigt sich, dass die Qualität von Lebensorten für Kinder und Jugendliche und die Qualität von Arbeitsorten für pädagogische MitarbeiterInnen in der Heimerziehung direkt voneinander abhängig sind. Sie müssen in ihrer Wechselwirkung gesehen werden.**

In dem Moment, wo wir diese Wechselwirkung als Tatsache akzeptieren, sind wir auf dem Weg, andere Lösungen zu denken. Lösungen, die irgendwo zwischen der Bedürfniserfüllung von Kindern und Jugendlichen auf der einen Seite und der von MitarbeiterInnen auf der anderen Seite liegen müssen.

Für MitarbeiterInnen gilt: Arbeitszufriedenheit ist nicht darstellbar durch die Division von Geld und Arbeitszeit. Hier fließen ganz andere Bewertungskriterien mit ein: Selbstbestimmung am Arbeitsplatz und Möglichkeit zur Verwirklichung von eigenen Ideen genauso wie der hohe Stellenwert von Kollegialität. Das emotional und kräftemäßig sehr fordernde Arbeitsfeld kann zu hoher Solidarität und gegenseitiger Unterstützung führen. Es entstehen tragfähige (Arbeits-)Beziehungen, in denen auch die persönliche Weiterentwicklung der einzelnen KollegIn möglich wird. Und schließlich ist die Zufriedenheit mit der eigenen Arbeitssituation immer auch bestimmt durch den Erfolg der Arbeit. Dieser stellt sich ein, wenn es gelingt, Kinder und Jugendliche wirkungsvoll dabei zu unterstützen, die notwendig gewordene Fremdunterbringung sozial und emotional zu bewältigen und zu einem gelingenden Sozialisationsprozess beizutragen.

Für Kinder und Jugendliche gilt: Die Nähe und Konstanz von Erwachsenen macht nicht automatisch glücklich. Es ist wichtig, dass diese Erwachsenen die Kraft haben, sich mit dem Kraftakt auseinander zu setzen, den fremduntergebrachte Kinder und Jugendliche täglich leisten müssen. Erwachsene, die permanent überfordert sind und Gefühle und Handeln der Kinder nicht mehr reflektieren und in ihrem eigenen Handeln berücksichtigen können, werden Kindern und Jugendlichen keine verlässlichen und vertrauensvollen Partner sein können.

Versuchen wir doch einmal, die Überlegungen zur Arbeitszeitdiskussion in der stationären Jugendhilfe zu öffnen: Kleinere Gruppen mit weniger MitarbeiterInnen könnten - den bisherigen Ausführungen folgend - den Bedürfnissen von Kindern, Jugendlichen und MitarbeiterInnen gleichermaßen eher gerecht werden. Allerdings lässt sich dies zwangsläufig nur über verlängerte Arbeitszeiten der MitarbeiterInnen realisieren.

Folgendes würde dafür sprechen: Längere Arbeitszeiten bei kleineren Gruppen ermöglichen insgesamt ein entspannteres Arbeiten, die Gruppen sind konstanter. Vieles wird dadurch möglich, was im traditionellen Schichtdienst nicht denkbar ist, z.B. private Besuche während langer Dienstphasen, individuelle Absprachen mit den KollegInnen usw. All dies erhöht die Arbeitzufriedenheit.

In dem Maße, in dem sich KollegInnen in solchen Arbeitszusammenhängen wohl fühlen, sind sie auch eher bereit und in der Lage, ein Stückchen eigene Privatheit mit in die Wohngruppe einzubringen. Die Abgrenzung der Privatperson - in unübersichtlichen, konflikthaften Gruppen mit großen Teams oft als Selbstschutz absolut notwendig - muss nicht mehr rigide aufrechterhalten werden. Kinder und Jugendliche, die einen Lebensort suchen und brauchen, können so mehr Nähe erleben. MitarbeiterInnen haben andererseits die Unterstützung eines konstanten, professionell arbeitenden Teams mit gewachsenen Arbeitsbeziehungen und außerdem Zeiten, in denen sie Distanz zur Gruppe leben können, um sich nicht in dieser Nähe zu verlieren.

Ein solcher Arbeitsplatz - mit einer so großen Nähe zur und Öffnung von Privatheit - passt sicher nicht zu jedem, der sich für einen sozialpädagogischen Beruf entschieden hat. Es sind bestimmte KollegInnen in bestimmten Phasen ihrer Berufsbiografie, die diese Aufgabe erfüllen können und damit zufriedener werden als in anderen Arbeitszusammenhängen.

Wir müssen uns sicherlich die Frage stellen, wie für diese Anforderung an die MitarbeiterInnen ein angemessener Ausgleich geschaffen werden kann. Ein monetärer Ausgleich allein über eine Überstundenbezahlung ist nicht ausreichend und außerdem in der rechnerischen Höhe nicht bezahlbar. Kreative Ideen sind gefragt, z. B. zu Urlaubsregelungen, zur Etablierung von Unterstützungssystemen für besonders schwierige Gruppenphasen o. ä.

Letztendlich wird jedoch immer, auch in Anbetracht der finanziellen Möglichkeiten, ein weder in Freizeit noch in Geldwert ausgeglichener Mehraufwand der KollegInnen bleiben. Wir müssen das Bewusstsein dafür schaffen, dass dieser Mehraufwand eine Steigerung der subjektiven Arbeitszufriedenheit bedeuten kann. Dies sollte schon in der **Ausbildung** als Idee diskutiert werden, um bei jungen KollegInnen Interesse für eine solche Arbeit zu wecken.

In der **Praxis** sollte MitarbeiterInnen von den Trägern stationärer Hilfeformen die Gelegenheit gegeben werden, ihren Arbeitsplatz selbst zu gestalten - in Abwägung der Interessen von Kindern und Jugendlichen und ihren eigenen Interessen und Ansprüchen an die pädagogische Arbeit. Es ist ganz und gar nicht abwegig, dass MitarbeiterInnen beispielsweise eine Reduzierung von Gruppengrößen beschließen - bei gleichzeitiger Reduzierung von Stellenkontingenten und damit höheren individuellen Arbeitszeiten -, in der Gewissheit, dass die Arbeitszufriedenheit sich erhöht.

Gefordert ist eine Änderung des Bewusstseins auf der Grundlage einer subjektiven Bewertung von Arbeitszufriedenheit und nicht einer objektiven, ausschließlich an der Einhaltung tarifrechtlicher Vorgaben gemessenen.

Der Autor ist sich sehr wohl darüber im Klaren, dass die oben diskutierten Ideen geradezu dazu prädestiniert sind, von falschen Seiten Beifall zu bekommen. Es geht weder darum, allgemeine tarifliche Bedingungen auszuhebeln noch darum, Kosten im Jugendhilfebereich zu Lasten von Kindern, Jugendlichen und MitarbeiterInnen zu reduzieren. Angeregt werden sollen Überlegungen, die von den spezifischen Bedingungen eines ganz besonderen Arbeitsfeldes ausgehen, das neben zeitlichen und fachlichen Ressourcen in ganz starkem Maße das Einbringen der eigenen Person und des eigenen Lebens fordert.

Franz- Josef Cämmerer

Wie beweglich ist Heimerziehung? Anforderungen an stationäre Hilfen in Konzepten flexibilisierter Erziehungshilfen

Das Jugendamt Stuttgart betreibt seit 1997 unter dem Titel 'Umbau der Hilfen zur Erziehung in Stuttgart` gemeinsam mit sechs Trägern, die in unterschiedlicher Form Hilfen zur Erziehung anbieten, ein Planungsprojekt zur Flexibilisierung der Hilfen zur Erziehung. Die Federführung in diesem Planungsprojekt liegt bei der Jugendhilfeplanung, einer Stabsabteilung des Jugendamtes.

Die Erfahrungen, die die Träger der Heimerziehung aus der probeweisen Umsetzung der Ziele und Ideen der Flexibilisierung der Hilfen zur Erziehung gemacht haben, sind Gegenstand dieser Darstellung.

Mit dem Planungsprojekt sind folgende Zielsetzungen verbunden:
- Flexibilisierung der Hilfen zur Erziehung, weg von vorgehaltenen Hilfesettings und hin zur Gestaltung von Hilfen und Unterstützung, ausgerichtet am jeweils individuellen Bedarf.
- Orientierung an Stärken der AdressatInnen und Realisierung der Hilfen als Kooperation zwischen AdressatInnen und HelferInnen.
- Positive Gestaltung der Lebensumwelt und Nutzung dort vorhandener Ressourcen als Elemente von Lebensfeldorientierung.
- Integration der Hilfen in die Lebensumwelt und Verhinderung von Aussonderung.
- Entwickeln von neuen Finanzierungsformen für die Hilfen zur Erziehung.
- Gestaltung einer neuen Zusammenarbeit zwischen Allgemeinem Sozialdienst und Trägern.

Zur Umsetzung dieser Ziele wurden verschiedene Träger mit der Zuständigkeit für festgelegte Wohnbereiche der Stadt Stuttgart, die aus der lebensweltlichen Gliederung des Stadtgebietes resultierten und als Planungs- und Steuerungsmatrix für alle Angebote des Jugendamtes gelten, betraut. Es ist Aufgabe der Träger, ihre Ressourcen so um- oder auszubauen, dass sie in ihren Bereichen die Hilfe zur Erziehung nach den Projektzielen entwickeln.

Ein weiterer Umbauschritt sieht die Neugestaltung zur Zusammenarbeit zwischen ASD und Träger in den jeweiligen Bereichen vor. Die ASD-MitarbeiterInnen, zuständig für die Definition des Bedarfs an Hilfe zur Erziehung, entwickeln in einem regelmäßig tagenden Gremium nach Maßgabe einer hierfür entwickelten Geschäftsordnung mit den TrägermitarbeiterInnen Optionen für ein flexibles Hilfesetting, deren Umsetzung dann gemeinsam mit den AdressatInnen ausgehandelt und vereinbart wird. Verantwortlich für die Umsetzung dieses Hilfekontraktes sind dann die MitarbeiterInnen des Trägers.

Durch die Entwicklung eines neuen Finanzierungssystems soll erreicht werden, dass die Einzelfallabrechnung in Form von Entgelt und Honoraren durch ein jährliches Budget ersetzt wird, mit dem der Träger den gesamten flexibel zu gestaltenden Hilfebedarf in seinem Bedarf realisieren kann.

Vor dem Einstieg in das Projekt war das Praxisfeld strukturiert in vier Steuerungsbereiche:
- Dienststelle Sozialpädagogische Heime.
- Dienststelle Notaufnahmeheime.
- Dienststelle Sozialpädagogische Einzelhilfen.
- Dienststelle Therapeutisch-Pädagogischer Dienst.

Im Rahmen des Projektes wurde diese fachspezifische Strukturierung aufgegeben zugunsten einer Zusammenfassung aller Angebote in einer Dienststelle.

Im stationären Bereich blieben bestehende Organisations- und Teamstrukturen zunächst erhalten. Die MitarbeiterInnen brachten eine hohe Innovationsmotivation mit, zumal sie in den Jahren zuvor in ihren Einrichtungen schon flexible Praxisansätze eingeführt hatten. Dazu gehörte

- die Einrichtung teilstationärer Plätze zusätzlich zu den stationären Plätzen für Kinder aus dem Lebensumfeld.
- die befristete Mitaufnahmen von Eltern/Elternteilen.
- die kurzfristige Notaufnahme von Kindern/Jugendlichen aus dem Lebensumfeld.
- die fallweise Mitversorgung und Mitförderung von Freunden der Kinder und Jugendlichen.
- die frühzeitigere Integration von Kindern in ihre Familien durch den gleichzeitigen Einsatz der MitarbeiterInnen in den Wohngruppen und in den Familien.
- die Begleitung von Jugendlichen in die Selbstständigkeit in dafür angemieteten Wohnungen, die auf Dauer den Jugendlichen überlassen werden konnten.

Die stationären Einrichtungen sahen ihre Mitwirkung im Experiment als Chance, die bisher entwickelten flexiblen Ansätze weiterzugestalten und das in enger Kooperation mit einem Team von ambulanten MitarbeiterInnen, mit denen sie gemeinsam für das gleiche Lebensumfeld zuständig waren.

Mit der Erfahrung schon eingeleiteter flexibler Angebote verbanden die MitarbeiterInnen in den stationären Einrichtungen das Bewusstsein, sich um eine innovative und fachlich anspruchsvolle Form von Heimerziehung erfolgreich bemüht zu haben. Ihre Einrichtungen waren keine "klassischen Heime", sondern kleine eingruppige koedukative Einrichtungen, untergebracht in angemieteten Wohnungen oder Häusern direkt im Lebensumfeld der Kinder und Jugendlichen. Sie verfügten über eine relative Autonomie in der Praxisgestaltung, hatten einen Etat zur Bewirtschaftung; Fachberatung und Supervision waren als Standard gesichert. Die Plätze der Einrichtungen waren sehr nachgefragt und hoch ausgelastet; die durchschnittliche Verweildauer der Kinder und Jugendlichen lag knapp unter 24 Monaten.

Die Entwicklung eines integrierten Hilfeangebots mit kreativen flexiblen Lösungen für die Kinder, Jugendlichen und Eltern im Lebensumfeld schien greifbar nahe und die stationären MitarbeiterInnen verstanden sich als Motor dieses Prozesses.

Im Rahmen des Experiments wurden diese Erwartungen jedoch enttäuscht. Die neue gemeinsame Form der Hilfeentwicklung zwischen ASD und TrägermitarbeiterInnen, sowie die umfassende Einbeziehung von Eltern, Kindern und Jugendlichen in den Hilfekontrakt und in die Hilfegestaltung führten dazu, dass überwiegend ambulante Hilfesettings direkt in der Familie und in ihrem Umfeld und den von den Kindern und Jugendlichen besuchten Einrichtungen wie Kindertagesstätten, Schule etc. entwickelt wurden.

Innerhalb von 12 Monaten entwickelte sich ein Anstieg der Fallzahlen für Hilfe zur Erziehung, die in fast ausschließlicher Form ambulant bedient wurden. Bei 22 vorgehaltenen stationären Plätzen in den drei Einrichtungen gab es nur sechs Aufnahmen. Hierbei handelte es sich um Jugendliche, von denen zwei schon bald in eigenen Wohnungen betreut wurden. Es gab keine Anfragen zur Aufnahme von Kindern.
Es zeigte sich bald, dass die drei stationären Einrichtungen in ihrer Betriebsform als Kinderhaus für Kinder oder als Wohngruppe für Jugendliche zu angebotsspezifisch waren, um dem flexiblen Hilfesetting zu genügen. Auch waren ihre bisherige Autonomie und Selbststeuerung jetzt ein Nachteil. Wenn im Sinne der flexiblen Hilfegestaltung eine zusätzliche Aufnahme in einer Einrichtung eine personelle Aufstockung des vorhandenen Personals nötig machte, mussten die einzelnen Einrichtungen erst in einen langwierigen und mühseligen Aushandlungsprozess treten, welcher die MitarbeiterInnen aus welcher anderen Einrichtung für wie lang und unter welchen Bedingungen überwechselt.

Auch erwies sich der für stationäre Einrichtungen typische Schichtdienst mit seinem Wechsel der Zeitblöcke von An- und Abwesenheit der MitarbeiterInnen als hinderlich für eine rasche informative Abstimmung und Entscheidung.

Die stationären Einrichtungen erwiesen sich in ihrer Struktur und Steuerung als zu unbeweglich für die bereichsbezogene flexible Gestaltung individueller Settings. Anders als in der Zeit vorher, als Neuaufnahmen und Entlassungen und flexible Angebote für Einzelne planbar waren, mussten die stationären Einrichtungen jetzt zeitnah Hilfearrangements treffen, die sich unter den gegebenen institutionellen Bedingungen wie Belegung, Gruppensituation, Personalausstattung schwer realisieren ließen. Mehr noch: Diese Institutionsbedingungen erwiesen sich als Strukturmerkmale, die relativ unveränderlich waren: wenn alle Betten belegt sind, kann keine weitere Aufnahme erfolgen; wenn sich vornehmlich Jugendliche in der Gruppe aufhalten, stellt sich die Frage der Förderung von Kindern; wenn die Gruppe mit Jungen belegt ist, ist die Neuaufnahme eines einzelnen Mädchens fraglich.

Hinzu kamen wirtschaftliche Fragen: Wie lässt sich der Widerspruch zwischen jederzeitiger Aufnahmebereitschaft mit der betriebswirtschaftlichen Notwendigkeit einer vertretbaren Auslastung vereinbaren?

Auf der organisatorischen Ebene wurde versucht, durch die Zusammenschaltung aller drei Einrichtungen zu einem Verbund, der in Kapazität, Personaleinsatz und sächlicher Ausstattung sowie hinsichtlich neuer Informations- und Entscheidungsabläufe zentral gesteuert wird, eine größere Beweglichkeit herzustellen.

Dies machte bei den MitarbeiterInnen einen hohen Aufwand an Information und Schulung notwendig. Aber auch diese Lösung hatte nur eine begrenzte Reichweite. Es blieb die Erfahrung, dass bei Versuchen, flexible Hilfen in individueller Abstimmung mit den AdressatInnen kooperativ direkt in dem Lebensumfeld zu gestalten, die stationären Einrichtungen zu sehr vorstrukturiertes Angebot, zu sehr Institution, zu unflexibel sind.

Wir haben bisher noch keine befriedigenden Lösungen gefunden. Wir müssen feststellen, dass stationäre Settings, in Form von Gruppen organisiert, den Anforderungen zur Gestaltung von flexibler Hilfe nur begrenzt nachkommen können, dass sie sich auch nicht so flexibel organisieren können, dass sie gleichzeitig noch erkennbare Gruppenangebote mit beschreibbaren Plätzen und gemeinsamen Räumen unter einem zugeordneten MitarbeiterInnen-Team sind.

Es drängt sich eher eine Lösung auf, die bei stationären Angeboten nicht mehr von Heimerziehung spricht, sondern von "Hilfe mit Bett" oder wie es in § 34 KJHG heißt: "Hilfe zur Erziehung über Tag und Nacht".

Hiermit sind Betreuungsformen gemeint, die einzelne Jugendliche oder Kleinstgruppen in eigenem für sie beschafften Wohnraum fördern, wobei die Präsenz der HZE-MitarbeiterInnen von der Situation abhängig ist und eher Begleitung als umfassende Dienstanwesenheit sein wird.
Für jüngere Kinder lässt sich die Frage nach angemessenen Betreuungsformen schwerer beantworten. Zwar ist auch hier eine Unterbringung außerhalb vorgehaltener Betreuungssettings denkbar, etwa in der Form von Erziehungsstellen. Diese Integration in fremde Familien ist für viele Herkunftsfamilien jedoch nicht akzeptabel. Möglicherweise bleibt es hier notwendig, das Angebot stationärer Gruppen aufrechtzuerhalten.

Insgesamt wird deutlich, dass eine begriffliche Differenzierung zur Flexibilisierung notwendig ist, die zu unterschiedlichen Praxisansätzen und zu einer unterschiedlichen Reichweite dieser Praxisansätze führt. Es ist zu unterscheiden zwischen der Flexibilisierung von Heimerziehung, die immer von gegebenen Einrichtungen ausgeht und eine Weiterentwicklung dieser Einrichtungen im Rahmen der bestehenden Gegebenheiten vorsieht. Dem gegenüber bedeutet Flexibilisierung der Hilfe zur Erziehung einen weiterreichenden Ansatz, der das gesamte System von Hilfen betrifft. Dabei wird es sicher auch Hilfeformen für Kinder und Jugendliche über Tag und Nacht geben, sie werden aber eine von vielen anderen möglichen individuellen Antworten auf die vorhandenen Bedarfslagen darstellen und sich im Sinne einer begrifflichen Klarheit sicher nicht mehr als Heimerziehung beschreiben lassen.

Nach unseren bisherigen Erfahrungen mit Heimerziehung unter Bedingungen flexibler Erziehungshilfen kann Heimerziehung nur dann den dort gestellten Ansprüchen gerecht werden, wenn sie sich selber wie alle Hilfeformen bereitwillig auf einen Umbau einlässt, der eher in ein Angebot von im Einzelfall einzurichtenden Betreuungssettings für Einzel- oder Kleinstgruppen mündet als dass vorhandene Organisationsformen als Gruppensettings, als „Heimerziehungsgruppen" bestehen bleiben. Die bisher wahrgenommenen Grenzen zwischen ambulanter Arbeit und stationärer Arbeit verwischen sich im Zusammenhang solcher Entwicklungen.
Ob diese Entwicklung als Chance für die Heimerziehung verstanden wird, kommt auf die Position der Einzelnen an. Wer sich den Anforderungen des

KJHG nach einer im Einzelfall individuell mit den Adressaten auszuhandelnden kooperativen Hilfeformen im Lebensumfeld stellt, wird zwangsläufig dahin kommen, dass es unter diesem Ansatz nicht darum gehen kann, Heimerziehung als organisiertes Gruppenangebot als einzig notwendiges Setting vorzuhalten, aufrechtzuerhalten und unter dem Druck der Auslastung voll zu belegen.

Rainer Kröger

Wie vernünftig sind die neuen Entgeltregelungen der Heimerziehung? Auswirkungen des Paragrafen 78 a ff KJHG für die inhaltliche Arbeit der stationären Erziehungshilfe

Mit der Einführung der §§ 78a-g SGB VIII ist es zu grundlegenden Veränderungen in der Jugendhilfe gekommen, die man auch als Paradigmenwechsel im Bereich der Finanzierung bezeichnen kann.

Es geht um die grundsätzliche Veränderung vom Selbstkostendeckungsprinzip zur leistungsorientierten Entgeltfinanzierung und damit verbunden um eine stärkere Wettbewerbsorientierung und Veränderung des Subsidiaritätsprinzips. Nicht nur anerkannt freie Träger der Jugendhilfe werden als Leistungserbringer in der Gesetzesänderung angesprochen, sondern auch die sonstigen Leistungserbringer. Damit verändert sich auch die Trägerlandschaft im Bereich der Hilfen zur Erziehung. In Niedersachsen werden Ende 2001 z.B. ca. 35 % der angebotenen Plätze im teil- und vollstationären Bereich von Trägern angeboten, die keinem Wohlfahrtsverband angehören.

Dieser Veränderungsprozess hat mit der Deckelung 1996 begonnen und ist seit dem 1.1.1999 auf Bundesebene in unterschiedlicher Form umgesetzt.
In den einzelnen Bundesländern ist die Entwicklung sehr unterschiedlich. Bis Juli 2002 gab es immer noch zwei Bundesländer ohne Rahmenvertrag nach § 78 f KJHG. Schiedsstellen sind formal in allen Ländern konstituiert, haben aber in einigen Ländern noch nie getagt.

Fazit: Wir befinden uns bundesweit noch in der Umbruchphase einer gravierenden Veränderung mit vielen Auswirkungen auf der strukturellen und inhaltlichen Ebene der Arbeit der stationären Erziehungshilfe.

Neues ist immer unbequem und Veränderungsresistenz ist eine normale Reaktion von Menschen und Organisationen. Dies gilt übrigens für öffentliche und freie Träger gleichermaßen.

Die Auswirkungen dieser neuen Regelung sind sehr weitreichend, allerdings wird dies insbesondere von vielen MitarbeiterInnen der öffentlichen Jugendhilfe noch nicht so gesehen.

Auswirkungen der neuen Regelungen in der Praxis

1. *Der örtliche Träger der Jugendhilfe, in dessen Bereich die Einrichtung liegt, ist für den Abschluss von Vereinbarungen zuständig*

Der Bundesgesetzgeber hat der örtlichen Ebene, also dem Landkreis, der Stadt oder auch der kreisangehörigen Stadt die Kompetenz und Aufgabe gegeben, Vereinbarungen abzuschließen, wobei es auch die Möglichkeit der überregionalen Vereinbarungsgremien gibt, die aber nur von wenigen Ländern in Anspruch genommen werden. Die Vereinbarungen werden dann in Delegation der örtlichen Ebene abgeschlossen. Insgesamt geht der Trend in Richtung örtlicher Zuständigkeit. Dieser Trend beinhaltet für die Stadtstaaten Berlin, Hamburg, Bremen eine besondere Situation, da formal die örtliche Ebene hier die jeweilige Landesebene ist.

Die Stärkung der örtlichen Ebene bietet viele Chancen der Mitgestaltung für die Jugendämter. Es kann nur im Interesse der öffentlichen und freien Jugendhilfe sein, intensiv vor Ort miteinander zu kommunizieren bzw. sich überhaupt einmal kennen zu lernen, denn die Anzahl der Einrichtungen, in der von dem örtlichen Jugendamt überhaupt keine Kinder untergebracht sind, ist nicht zu unterschätzen.

In der Praxis kommt es manches Mal zu Irritationen, da Einrichtungen Angebote entwickeln, die nicht im Interesse des örtlichen Trägers sind. Dieser hat jedoch rechtlich nicht die Möglichkeit, eine Vereinbarung mit der Begründung des mangelnden Bedarfes abzulehnen. Eine Steuerung der Angebotsstruktur seitens des öffentlichen Trägers kann nicht über die §§78 ff.

SGB VIII erfolgen, sondern nur über die Jugendhilfeplanung und über das Hilfeplanverfahren und damit über eine fachlich orientierte Belegung.

Problematische Auswirkungen im Zusammenhang der örtlichen Zuständigkeit gibt es mit dem Einrichtungsbegriff. Es kommt häufiger zu Problemen, weil Einrichtung und Jugendamt unterschiedlicher Auffassung darüber sind, ob es sich bei verschiedenen Angeboten um Teile einer Einrichtung handelt oder um eigenständige Einrichtungen. Dieser Sachverhalt hat dann Auswirkungen auf die jeweilige Zuständigkeit.
Der Einrichtungsbegriff ist ein unbestimmter Rechtsbegriff und sollte zukünftig in den entsprechenden Kommentaren intensiver behandelt werden. Es gibt bundesweit einige Konflikte in diesem Bereich. Einrichtungen müssen manchmal dasselbe Angebot mit mehreren örtlichen Trägern verhandeln, weil sie in unterschiedlichen Landkreisen entsprechende Angebote haben.

2. *Die Vereinbarungen sind für einen künftigen Zeitraum abzuschließen. Nachträgliche Ausgleiche sind nicht zulässig*

Entgelte werden aufgrund von Kalkulationen vereinbart. Rückforderungen von welcher Seite auch immer sind nicht mehr zulässig. § 78c Abs. 1 SGB VIII sagt, dass der Träger gewährleisten muss, dass die Leistungsangebote ausreichend, zweckmäßig und wirtschaftlich sind. Die Grundsätze der Wirtschaftlichkeit und Sparsamkeit sind in diesem Zusammenhang zentrale Gedanken.

Die Rechtssprechung des Bundesverwaltungsgerichtes (BVerwG, U. v. 1.12. 1998) - dieses Urteil ist im Bereich der Pflege gesprochen worden, hat aber Ausstrahlung auf die Jugendhilfe - knüpft die Frage der Wirtschaftlichkeit und Sparsamkeit nicht an den Anstieg der jeweiligen Kosten, sondern nimmt einen sogenannten internen und externen Betriebsvergleich vor.
Danach soll in einem ersten Schritt ein Externvergleich stattfinden. Wenn die Einrichtung günstiger als andere Leistungsanbieter ist, soll es sich stets um ein leistungsgerechtes Entgelt handeln.
Ist das Entgelt im Verhältnis zu anderen teurer, soll es zu dem internen Vergleich kommen. Für den internen Vergleich kommt es dann darauf an, dass die Einrichtung an Hand ihres konkreten Leistungsangebotes darlegt, warum

sie das Entgelt benötigt. Für jede Einzelposition muss dann die Plausibilität nachgewiesen werden.

Die Prospektivität der Entgelte hat erhebliche Auswirkungen in der Praxis. Spannend in diesem Zusammenhang ist die Frage, welche Kalkulationsgrundlagen ausschlaggebend für die Berechnung sind bzw. von beiden Seiten anerkannt werden. Klar ist, dass Betriebsergebnisse der Vorjahre nicht als Kalkulationsgrundlagen vom Jugendamt gefordert werden können.
In den unterschiedlichen Bundesländern haben Regelungen auf Landesebene dazu geführt, dass eine Reihe von Kalkulationsgrundlagen bereits festgelegt sind. In anderen Ländern wie z. B. in Niedersachsen und Brandenburg ist dies überwiegend nicht der Fall, sondern muss im Einzelfall einrichtungsindividuell miteinander vereinbart werden. Je mehr landesweite Festlegungen vorhanden sind, desto weniger kann das System von einrichtungsindividuell kalkulierten Entgelten umgesetzt werden.

Die Prospektivität bedeutet eine klare Risikoverlagerung in Richtung freier Träger, für den das Einführen eines Controllingsystems zwingend notwendig ist. Dies ist für viele freie Träger eine enorme Umstellung und Herausforderung, die natürlich auch die Chance beinhaltet Transparenz und Plausibilität von Kosten und Leistung herzustellen.

Kalkulierte Entgelte für vorher beschriebene und vereinbarte Leistungen, deren Qualität gewährleistet werden muss - ein neues Denken, dass auch für die MitarbeiterInnen in den Jugendämtern ein Umdenken erfordert.
Zu diesem System gehört logischerweise auch, dass ein freier Träger Rücklagen bilden muss, um sie in neue Angebote zu investieren und um in Krisen zu überleben. Dies ist nichts Ehrenrühriges, sondern sinnvoll und notwendig und sollte genauso auch seitens der Jugendämter gesehen werden. Man kann im Sinne der sozialpolitischen Verantwortung für Kinder und Jugendliche in unserer Gesellschaft durchaus über die Zweckbindung der Rücklagen nachdenken.
Spannend ist die Frage, ob Rücklagenbildung als Bestandteil der Entgeltvereinbarung gesehen werden kann.

3. Leistungs-, Entgelt- und Qualitätsentwicklungsvereinbarungen stehen in einem direkten Zusammenhang

Der Bundesgesetzgeber hat mit der Koppelung von Leistungen, Qualität und Entgelten eine sehr sinnvolle Verbindung von Pädagogik und Finanzen hergestellt. Voraussetzung für die Übernahme des Leistungsentgeltes sind alle drei Vereinbarungen. Nur in diesem Gesamtpaket hat eine Vereinbarung ihren Wert. Diese zunächst banal erscheinende Erkenntnis ist noch längst nicht überall umgesetzt.

Brisanz steckt in der Regelung, dass die von einem Jugendamt abgeschlossenen Vereinbarungen für alle Jugendämter in der Bundesrepublik bindend sind. Häufig sind sich die Jugendämter über die Auswirkungen dieser Regelung nicht im Klaren.
Wenn z. B. ein Landkreisjugendamt in seinem Kreisgebiet eine Komplexeinrichtung mit 250 stationären und teilstationären Plätzen hat, die sich in 18 unterschiedliche Angebote differenziert, dann hat dieses Landkreisjugendamt mit dieser Einrichtung 18 Leistungs- Entgelt- und Qualitätsentwicklungsvereinbarungen abzuschließen, deren Grundlage die fachliche Auseinandersetzung über die Leistung ist. Das ist eine enorme inhaltliche und strukturelle Auswirkung.
Das Jugendamt muss sich unter Berücksichtigung der Grundsätze der Leistungsfähigkeit, Wirtschaftlichkeit und Sparsamkeit fachlich inhaltlich mit den Angeboten auseinander setzen.
Diese Problematik ist in der Praxis noch nicht überall erkannt. Es gibt bereits eine Reihe von Fällen, wo Jugendämter andere Jugendämter heftig angehen bzw. mit Klagen bedrohen, da für sie die abgeschlossenen Leistungs-, Entgelt- und Qualitätsentwicklungsvereinbarungen nicht nachvollziehbar und akzeptabel sind.

Aus diesem Grunde ist es außerordentlich wichtig, dass sich mit den Regelungen der §§ 78 a - g SBG VIII auch der Soziale Dienst in dem jeweiligen Jugendamt beschäftigt. Es ist in erster Linie keine Regelung für die wirtschaftliche Jugendhilfe, sondern für die pädagogische Arbeit im Alltag. Hier besteht in vielen Jugendämtern noch erheblicher Informations- und Schulungsbedarf.

Es muss allerdings seitens der freien Träger auch klar sein, dass das Jugendamt gegenüber den anderen Jugendämtern Rechenschaft über die abgeschlossenen Vereinbarungen abzulegen hat. Deshalb sind plausible Kalkulationen notwendig. Allerdings ist auch klar: Kalkulationen spiegeln nicht die exakte Wirklichkeit wider.

4. Das Leistungsangebot wird in Grund- und Sonderleistungen differenziert

Im § 78b Abs. 1 SGB VIII ist von differenzierten Leistungsentgelten die Rede. Der Wechsel vom einrichtungseinheitlichen Pflegesatz zur leistungsspezifischen Entgeltfinanzierung hat sowohl für freie wie auch für öffentliche Träger erhebliche Auswirkungen, die viele Chancen beinhalten, wenn man sie nutzt. Die Transparenz und Plausibilität von Kosten und Leistungen werden sichtbar.

Die Unterscheidung in Grundleistung und individuelle Sonderleistung ist sinnvoll. Grundleistungen beschreiben Leistungen, die alle Kinder und Jugendlichen eines Angebotes immer in Anspruch nehmen. Individuelle Sonderleistungen werden von einzelnen Kindern und Jugendlichen für einen begrenzten Zeitraum in Anspruch genommen.

Die Praxis hat gezeigt, dass das Prinzip der einrichtungsindividuellen Grundleistung zu favorisieren ist. Jede Einrichtung hat die Möglichkeit von sich heraus zu entscheiden, welche Leistung sie in die Grundleistung und welche sie in die individuellen Sonderleistungen gibt. Für viele freie Träger bietet diese Regelung die große Chance der internen Diskussion über ihre zukünftigen Angebotsformen. Die eigenen Strukturen können hinterfragt und effektiviert werden.

Für den öffentlichen Träger bietet diese Regelung mehr Transparenz von Kosten und Leistungen. Diese Chance der genaueren Angebotsauswahl muss dann allerdings auch genutzt werden. Es hat sich in der Praxis sehr bewährt, dass vor Vereinbarungen Gespräche zwischen Hauptbelegern und Einrichtung über die Form des zukünftigen Angebots geführt werden.

5. Es werden Schiedsstellen eingerichtet

Für die Jugendhilfe ist das Instrument der Konfliktlösung durch Schiedsstellen noch sehr ungewohnt. Bei freien Trägern bestehen erhebliche Ängste, Konflikte vor der Schiedsstelle auszutragen. Die Sorge der geschäftlichen Nachteile ist sehr groß. Die Praxis der Nutzung der Schiedsstelle ist in den verschiedenen Ländern sehr unterschiedlich.
Die Arbeitsgemeinschaft für Erziehungshilfe, AFET, führt einmal jährlich ein Treffen der Schiedsstellenvorsitzenden durch, um allgemeine Trends zu diskutieren und um sich auszutauschen über grundsätzliche Themen in dem Zusammenhang.
Häufig wird von freien und öffentlichen Trägern versucht, zu grundsätzlichen Fragen eine Schiedsstellenentscheidung herbei zu führen. Diese Absicht ist fragwürdig, da jede Entscheidung eine Einzelfallentscheidung ist, die nicht zu übertragen ist.

6. Es gibt Rahmenverträge auf Landesebene

Der Bundesgesetzgeber hat im § 78f SGB VIII Rahmenverträge in den Ländern vorgeschrieben. Die Erfahrungen zeigen, dass dies sinnvoll ist. Die Vereinbarungen auf örtlicher Ebene sollen eingebettet sein in Vereinbarungen auf Landesebene, die für die örtlichen Vereinbarungen einen bestimmten Rahmen vorgeben. Sinn dieser Vorgaben ist es, zwischen den verschiedenen Angeboten und den darauf beruhenden Entgelten zwar keine Einheitlichkeit, aber doch eine gewisse Vergleichbarkeit herzustellen, um zu einer sachangemessenen Beurteilung der verschiedenen Angebote kommen zu können. Dadurch sollen zu starke Unterschiede vermieden werden.
Dieser Gedanke der Vergleichbarkeit gilt entsprechend für die Leistungsanbieter. Auch ihnen soll durch entsprechende Rahmenvereinbarungen eine hinreichend kalkulierbare Grundlage für ihre Leistungserbringung gegeben werden. Damit wollen die Rahmenvereinbarungen angesichts des starken örtlichen Bezugs der einrichtungsbezogenen Vereinbarungen eine Harmonisierung und Abgleichung sicherstellen. Geschehen soll dies vornehmlich dadurch, dass in den Rahmenvereinbarungen für vergleichbare Angebote entsprechende inhaltliche Vorgaben gemacht werden.

Rahmenverträge erfüllen somit folgende Funktionen:

- Vorbildfunktion
- Orientierungsfunktion
- Konsensfunktion
- Entlastungsfunktion.

Die Umsetzung dieser positiven Funktionen ist in den Ländern sehr unterschiedlich. Häufig liegt dies auch an den Kommunikationsstrukturen und den handelnden Personen in den jeweiligen Ländern. Von daher sind Gremien auf Landesebene wichtig, deren Aufgabe es ist, die Rahmenverträge fortzuschreiben.

Fazit: Wie vernünftig die neuen Vereinbarungen nach §§78 a-g SGB VIII sind, wird die Zukunft zeigen. Klar ist, dass dieser gravierende „Systemwechsel“ in Richtung Wettbewerbsorientierung nicht mehr umkehrbar ist. Die Jugendhilfe befindet sich noch mitten in der Umorientierungsphase und wird an den unterschiedlichen Auswirkungen weiter arbeiten müssen. Es gibt eine Reihe positiver Aspekte in den Neuregelungen, die nun gemeinsam von öffentlichen und freien Trägern gestaltet werden müssen.

Literatur

Kröger, R. (1999): Leistung, Entgelt, Qualität in der Jugendhilfe. Neuwied.

Werner Freigang

Leistungsangebote der Heimerziehung aus Sicht der Mitarbeiterinnen und Mitarbeiter

In den vorangegangenen Kapiteln ging es um die Fachsicht Außenstehender auf die Heimerziehung, um ihren Stellenwert, die Differenzierung, die pädagogischen Ansätze der Heimerziehung und um die Lebensbedingungen von Kindern und Jugendlichen in den verschiedenen Formen von Heimerziehung. Die im Beitrag von Michael Harborth dargestellte Spannung zwischen Beziehung und Schichtdienst ist das geläufigste Beispiel dafür, dass die Gestaltung von Heimerziehung gemäß dem (berechtigten) Interesse der MitarbeiterInnen für die Adressaten, die Kinder und Jugendlichen, problematische Auswirkungen haben kann und damit letztlich die Erreichung des Zweckes der ganzen Maßnahme gefährdet. An diesem Dilemma will ich mit meinem Beitrag anschließen. Es kommt hier jedoch nicht so sehr darauf an, Gegensätze auszumachen zwischen MitarbeiterInnen- und Kindesinteresse. In jeder Gestaltungsform von Heimerziehung, auch in der Unterschiedlichkeit der Arbeitsbedingungen, liegen Möglichkeiten und Nebenwirkungen, denen man mit einer Beschreibung anhand der Kategorien gut beziehungsweise schlecht oder Kindes- beziehungsweise MitarbeiterInneninteresse nicht wirklich gerecht wird. Es soll hier darum gehen, wie MitarbeiterInnen unterschiedliche Gestaltungsformen von Heimerziehung wahrnehmen und was diese Wahrnehmung wiederum für die Gestaltung von Heimerziehung bedeuten kann. Ich will also im Folgenden den Fragen nachgehen, worin für MitarbeiterInnen die Unterschiede liegen, wenn sie in einem zentralen Heim, in einer Außenwohngruppe, im Betreuten Wohnen oder in einer Lebensgemeinschaft arbeiten, für welche MitarbeiterInnen(-interessen) welche Formen von Heimerziehung besonders vorteilhaft und welche besonders belastend sind. Ich verfolge die Fragen an Polaritäten, wobei ich jeweils den Polen Arrangements von Heimerziehung zuordne, wohl wissend, dass dies eher der groben Orientierung dienen kann als einer gerechten Einordnung der jeweiligen Formen von Heimerziehung.

1. Eindeutige Unterscheidung von Dienst und Freizeit - keine Trennung von Dienstzeit und Freizeit

Wohngruppe versus Lebensgemeinschaft

Diese Polarität lässt sich in der Regel verbinden mit einer weiteren Unterscheidung : Formen von Heimerziehung, in denen sich der zentrale Lebensraum der MitarbeiterInnen von dem der Kinder und Jugendlichen unterscheidet, und solche, in denen beide einen zentralen Lebensraum teilen. In fast allen Formen von Heimerziehung kann zwischen Arbeitsplatz und der diesem Ort zugeordneten Dienstzeit einerseits und Freizeit mit der entsprechenden freien Verfügung über den Ort andererseits entschieden werden. Der Charakter von Arbeit definiert sich geradezu über den Wechsel der Lebensfelder. Gerade bei Berufsarbeit Erziehung, die sich Außenstehenden nur schwer als Arbeit erschließt, ist oft die notwendige Abwesenheit von Zuhause das Element, das deutlich macht, dass es sich um Arbeit handelt. Heimerziehung, das dürfte an mehreren Stellen dieses Bandes deutlich geworden sein, ist ein seltsames Arbeitsfeld. Eine strenge Bestimmung entlang eines modernen Dienstleistungsbegriffes beraubt es leicht der im Feld angelegten Möglichkeiten von Emotionalität, eine Bestimmung entlang der Grundbedürfnisse der Kinder und Jugendlichen nach Liebe, Geborgenheit, Sicherheit beraubt es der Professionalität. Verschiedene Formen der Heimerziehung neigen mal eher der Seite der Professionalität, andere eher der Emotionalität zu. Betrachten wir einmal die beiden Pole, Lebensgemeinschaft und normales Heim beziehungsweise Wohngruppe in dieser Hinsicht: An Lebensgemeinschaften und Kleinstheime, die auf Dauer angelegte Beziehungen stiften sollen, werden deshalb im Hinblick auf die Gefühle gegenüber den Kindern Erwartungen gerichtet, die eher typisch für Familien sind. Von beruflich tätigen ErzieherInnen, also von MitarbeiterInnen in Heimen und Wohngruppen hingegen erwarten wir nicht, dass sie die ihnen anvertrauten Kinder lieben. Sie sollen sich um sie gut kümmern, ihnen mit Wohlwollen begegnen und negative Gefühle beherrschen, aber lieben? Man stelle sich vor, eine Heimerzieherin bringe auf einer Erziehungskonferenz vor, sie liebe dieses Kind und möchte es deswegen auf gar keinen Fall verlieren. Sie würde sicher kritisch betrachtet werden und müsste wohl befürchten, dass man ihr psychologische Hilfe anbietet. Von Müttern und - in neuerer Zeit auch von Vätern - erwarten wir hingegen selbstverständlich, dass sie ihre Kinder lieben. Wer das nicht tut, verliert in einem sehr wesentlichen Aspekt ihren bzw. seinen Anspruch, als normale Mutter (und Frau) und als normaler Vater (und Mann) zu gelten. Dieses Deutungsmuster Mutter- und Vaterliebe übt nicht nur einen Druck aus, sondern es kann auch den Umgang mit ambivalenten Gefühlen erleichtern, indem es das Bewusstsein des „eigentlichen" und grundsätzlichen Gefühls ermöglicht, auch wenn im Moment ganz andere Gefühle vorherrschen (Wolf 1999, S.156 ff).

„Was also im beruflichen Kontext als fern liegend, wenn nicht als anrüchig gilt, wird im privaten Kontext als selbstverständliche Erwartung erlebt. Somit kann man erwarten, dass diese Frage auch in den Lebensgemeinschaften heikel werden kann. Insbesondere wenn die Kinder bei der Aufnahme noch jung sind, über viele Jahre in der Lebensgemeinschaft aufwachsen und ihrerseits liebessehnsüchtige und vielleicht sogar liebevolle Gefühle auf die Erwachsenen richten, steigt die Wahrscheinlichkeit, dass auch die Erwachsenen liebevolle Gefühle für die Kinder entwickeln und von sich erwarten. Wenn sich solche Gefühle entwickeln, ist es hier unkomplizierter als in den meisten anderen Heimerziehungsarrangements. Die geringere Zahl von Kindern, die exklusive Zuständigkeit einer Mitarbeiterin und die biographische Tiefe, die sich in einem langen gemeinsamen Leben entwickeln kann, setzen günstige Bedingungen. Wenn sie sich aber nicht entwickelt, kann die Überzeugung, dass die Kinder der Liebe bedürfen und sie - wenn irgendwo, dann hier - finden müssen, einen starken Erwartungsdruck an sich selbst auslösen und die MitarbeiterInnen in ein Dilemma bringen. Die Erwartung an sich selbst, dem Kind nicht das vorzuenthalten, was es sich am meisten wünscht - die nicht an Bedingungen geknüpfte Liebe eines anderen Menschen - wird gestützt - wenn nicht gefordert - durch Außenstehende, regelmäßig dann, wenn diese das Arrangement als Familie codieren." (Freigang und Wolf 2001, S. 141 ff.)

In der (Schichtdienst-)Wohngruppe hingegen macht es die klare Trennung von Dienst und Freizeit für die MitarbeiterInnen notwendig, das, was sie in der Dienstzeit tun, eindeutig als Arbeit zu definieren, auch wenn es in vielerlei Hinsicht dem ähnelt, was sie in ihrer Freizeit tun. Während KindergärtnerInnen, LehrerInnen und SozialpädagogInnen sich der Anerkennung ihrer

Tätigkeit als Berufstätigkeit weitgehend sicher sein können, ist es für MitarbeiterInnen im Heim deutlich komplizierter, ihre Professionalität zu legitimieren. Was sie tun, ähnelt in vieler Hinsicht einem Familienleben oder Familienarbeit. Gerade dann, wenn es gut läuft und harmonisch zugeht im Heim, wenn man also offenbar gut arbeitet, dann ist der Heimalltag von einer idealtypisch gedachten großen Familie kaum zu unterscheiden. Und damit stellt sich die Frage, warum die MitarbeiterInnen so viel Geld dafür bekommen. Zur Begründung einer Mitarbeiterin dafür ließen sich Merkmale der Arbeit und der Kinder und Jugendlichen heranziehen, die professionelle Aufgaben hervorheben:

> „Ich muss ja schließlich zur Arbeit das Haus verlassen und bin wie andere Arbeitnehmerinnen an meinem Arbeitsplatz mit meinen Kollegen, habe meine Vorgesetzten. Ich muss mich fortbilden und wenn ich keine gute Arbeit mache, muss ich fürchten, meine Stelle zu verlieren." Dazu mag sie oder er anführen: „Die Kinder sind fremde Kinder, jemand muss sich um sie kümmern, es sind ja nicht meine Kinder und es sind auch nicht meine Pflegekinder." Gegenüber einer Pflegemutter kann sie oder er vielleicht anführen: „Diese Kinder sind ja auch besonders schwierig oder besonders bedürftig. Die haben schon viel mitgemacht in ihrem Leben, die brauchen mehr als normale Kinder. Schulisch ist die Karriere der Kinder oft verkorkst und auch mit der Hygiene haben sie große Schwierigkeiten. Da muss man sich um viel mehr kümmern als bei eigenen. Außerdem mache ich auch noch viel mehr als eine Mutter oder Pflegemutter: Ich muss Berichte schreiben, Taschengeldlisten führen und Abrechnungen machen, mit den Eltern reden, das ist ja auch oft nicht einfach, mit den Schulen den Kontakt halten. Außerdem haben wir Sitzungen und Besprechungen, ich mache regelmäßig Supervision und muss Praktikantinnen anleiten." (Freigang und Wolf 2001, S. 76)

Die Bezahlung als qualifizierte Berufsarbeit lässt sich in diesen Formen also rechtfertigen durch die klare Definition des Arbeitsplatzes, durch die Besonderheit der Kinder, die besonderen fachlichen Kompetenzen, die zur Erfüllung der Aufgaben notwendig sind, durch die Vielfalt der Aufgabenstellung sowie durch die Künstlichkeit des Arrangements, das ja nicht die MitarbeiterInnen zu verantworten haben. Alle diese Gründe sind für Erwachsene, auch Außenstehende und Eltern, bei genauerem Hinsehen durchaus stichhaltig, für die Kinder und Jugendlichen dennoch eher problematisch, da es für sie eher bedrückend ist, als besondere Belastung angesehen zu werden, wo sie ohnehin an der Künstlichkeit des Lebensfeldes eher leiden als dass sie diese begrüßen. Aus dem Scheitern von Pflegeverhältnissen wird allerdings deutlich, dass eine solche Selbstdefinition und die durch den Schichtdienst gegebenen Entlastungs- und Distanzierungsmöglichkeiten auch ein Vorteil für Kinder und Jugendliche sein können. Wenn man nach einem Tag Arbeit in der Wohngruppe wieder für eine Weile gehen und sich entspannen kann, sind manche Belastungen, beispielsweise durch extreme Provokationen von Kindern, leichter auszuhalten als in einer Familie, in der man ihnen unausweichlich Tag für Tag ausgeliefert ist. So können Beziehungen zu den Heranwachsenden zwar nicht so dicht und intensiv werden wie in einer Familie oder einer familienähnlichen Betreuungsform, den Kindern bleibt aber unter Umständen ein allzu häufiger vollständiger Beziehungsabbruch erspart.

Den Lebensgemeinschaften bleiben diese oben genannten Legitimationen für Professionalität der eigenen Tätigkeit, die Trennung von Arbeitsplatz und Lebensort, die Künstlichkeit des Arrangements weitgehend vorenthalten. Sie müssen zur Abgrenzung ihres Arrangements von Pflegefamilien und Erziehungsstellen auf die Besonderheiten der Kinder und Jugendlichen, auf die Befristung des Betreuungsverhältnisses, auf die besonderen Belastungen gegenüber „normalen Familien" und zur Legitimation gegenüber normalen Heimgruppen, unter Umständen auf die besonderen Erfolge gegenüber traditionellen Betreuungsformen und auf die außergewöhnlichen Belastungen durch die quasi unbegrenzten Dienstzeiten zurückgreifen.

2. Gemeinschaft der Mitarbeiterinnen beziehungsweise Mitarbeiter - Einsamkeit im Dienst

Innenwohngruppe versus Außenwohngruppe

Dezentralisierung bedeutet für die MitarbeiterInnen, deutlich mehr als für die Kinder und Jugendlichen, die nach wie vor in Gruppen leben, Isolation. Man ist weitgehend alleine im Dienst, sieht oft 24 Stunden keine/n KollegIn. Dezentralisierung der Heimerziehung kann also zunächst einmal einen Verlust bedeuten.

Wie die Kinder und Jugendlichen erleben vielfach auch die MitarbeiterInnen die größere soziale Gemeinschaft des zentralen Heimes in mancher Hinsicht als Unterstützung und Entlastung. Nicht nur, dass man sich zwischendurch und beim Nachtdienst austauschen kann, sondern auch, dass ein anderer mal nach der Gruppe schauen kann, wenn ein/e MitarbeiterIn mit einem einzelnen Kind zum Arzt muss oder dass jemand hilft, wenn es so richtig heiß hergeht in der Gruppe und einige Kinder „ausrasten“. Solche Unterstützung kann man von anderen Nachbarn, also normalen Nachbarn außerhalb des Heimes, kaum erwarten. Natürlich stellen KollegInnen anderer Gruppen nicht nur Unterstützung dar, sondern auch Konkurrenz und Kontrolle, natürlich spielen Hierarchieprobleme und die dadurch eingeschränkten Handlungsmöglichkeiten auch im Zentralheim eine wichtige Rolle im Alltag der MitarbeiterInnen. Viele von ihnen können sich kaum vorstellen, die zentrale Institution zu verlassen und zum Beispiel in einer Außenwohngruppe zu arbeiten.

Betrachtet man einmal Verluste und Gewinne, die sich aus der Selbstständigkeit einer Außenwohngruppe im Vergleich zur Gruppe in einem zentralen Heim ergeben, dann ist der auffälligste Unterschied der, dass man als MitarbeiterIn nun viel stärker auf sich selbst gestellt ist. KollegInnen anderer Gruppen verlieren an Bedeutung. Man wird nicht mehr beobachtet, die manchmal lästige „Öffentlichkeit“ ist abgelegt, dafür kann man aber eben auch - wie oben schon beschrieben - keine Unterstützung mehr erwarten. Früher konnte man mit KollegInnen im Nachtdienst zusammensitzen und sich nett unterhalten, jetzt sitzt man allein mit den Kindern im Haus. Damit wird die Abhängigkeit von den Kindern und Jugendlichen größer. Für manches Bedürfnis nach einem harmonischen Ausklang des Tages und einem netten Gespräch am Abend ist man jetzt stärker auf die Jugendlichen angewiesen. Sorge machen auch Phantasien oder tatsächliche Erlebnisse, wenn man etwa plötzlich mit einem Kind ins Krankenhaus muss und niemand kann auf die anderen Kinder aufpassen. Natürlich hat die Trennung von der zentralen Einrichtung auch für die MitarbeiterInnen ihre Vorteile: Man ist vielleicht erleichtert, endlich aus dem Spannungsfeld eines großen Gebäudekomplexes mit vielen Wohnungen herauszukommen, der Krach und die Schwierigkeiten aus den anderen Gruppen schwappen nun nicht mehr in die eigene Gruppe, nervtötende Debatten mit KollegInnen anderer Gruppen, wenn man mal eine Ausnahme gemacht hat, bleiben einem nun erspart.

Ist der Wechsel von einer Gruppe im zentralen Heim in eine Außenwohngruppe erst einmal vollzogen, überwiegen für viele MitarbeiterInnen die Vorteile der neuen Situation, die vor allen Dingen in den größeren Gestaltungsmöglichkeiten dieses Arrangements liegen und damit auch die Identifikation mit der eigenen Arbeit und der Gruppe erleichtern.

> „So kann man manchmal beobachten, dass MitarbeiterInnen sich über die Einrichtung - also die Zentrale - und über den Träger und vielleicht die Leitung sehr skeptisch äußern. Dann wird der Verdacht geäußert, die hätten wenig Ahnung von der Arbeit an der Basis und im Wasserkopf würden die finanziellen Mittel verschwendet, die sie vor Ort eigentlich benötigten und verdient hätten. Die Gleichen loben aber vielleicht die Arbeit in der Außenwohngruppe, heben hervor wie gut es die Kinder hier haben und verteidigen ihre Arbeit. Sie identifizieren sich nicht mit dem Ganzen, sondern mit dem Teil, den sie auch als ihr eigenes Produkt betrachten.“ (Freigang und Wolf 2001 S. 96)

Ein Indikator für diese größeren Gestaltungsmöglichkeiten der ErzieherInnen ist die Vielfalt der unterschiedlichen Außenwohngruppen einer Einrichtung: Sie unterscheiden sich in der Regel viel stärker voneinander als Gruppen auf einem zentralen Heimgelände und können - anders als dort - eine spezifische Kultur entwickeln. Ob und inwieweit die einzelne ErzieherIn dabei ihren individuellen Einfluss wieder erkennen kann, hängt unter anderem von der Qualität der Beziehungen zu ihren KollegInnen der gleichen Gruppe ab. Wie die meisten Formen der Heimerziehung wird die Betreuung auch hier im Team durchgeführt und wegen der oben beschriebenen Isolation der Gruppe hat das Team eine meist noch bedeutendere Rolle als im zentralen Heim. Zwar sind sie nur selten zu zweit anwesend, dies beschränkt sich auf die Dienstübergabezeiten, also den Wechsel, wenn die eine ihre Arbeit beendet und frei hat und der andere seinen Dienst antritt. Darüber hinaus treffen sie sich (hoffentlich) in regelmäßigen Abständen, um Wichtiges im Team zu besprechen. Sie sind also meistens allein auf sich gestellt, müssen Entscheidungen treffen, ohne sich unmittelbar absprechen zu können und handeln, wie es im Moment nötig ist. Andererseits sind sie aber nicht ganz frei, sondern eingebunden in gemeinsame Absprachen mit ihren TeamkollegInnen. Solche Absprachen sind freier als in der zentralen Einrichtung, weniger durch institutionelle Zwänge vorbestimmt und weniger durch die Hierarchie der Einrichtung vorstrukturiert. Es ist deshalb nicht so wichtig, dass alle Gruppen der gesamten Einrichtung zum Beispiel dieselben Ausgangszeiten haben, aber es ist wichtig, dass alle Mitglieder des Teams dieselben Regelungen zum Ausgang der Kinder und Jugendlichen vertreten und durchsetzen. Wenn die Spielräume für solche Entscheidungen durch Vorgaben Dritter - etwa der Heimleitung oder von KollegInnen aus anderen Gruppen - stark eingeschränkt sind, wenn also Hierarchien eine stärkere Bedeutung haben, ist das Feld potenzieller Auseinandersetzungen im Team begrenzt. Je größer aber die Gestaltungsmöglichkeiten sind, desto mehr Gewicht erhalten solche Fragen und prägen das Klima im Team. Die einzelne Mitarbeiterin kann unter Umständen durch das Team sehr stark in ihren Entscheidungsspielräumen eingeschränkt werden und sie kann nicht erwarten, dass sich die Leitung der Einrichtung als „Schiedsrichter“ einschaltet. Teamberatung und Supervision spielen schon allein deshalb in relativ autonomen Gruppen eine wichtigere Rolle als in stärker außengesteuerten Einrichtungen.

3. Arbeitsteilung - umfassende Alltagszuständigkeit

Klassische Heimerziehung versus Außenwohngruppe

Auch die interne Entspezialisierung und die Abschaffung klassischer Anstaltserziehung hat für die MitarbeiterInnen zwei Seiten: Sie sind einerseits nicht mehr reduziert auf die Rolle der ErzieherIn, bei dem/der alles, was er/sie im Dienst tut, unmittelbar als erzieherisches Handeln zu legitimieren ist, etwa als Förderung, Forderung, Unterstützung, gutes Beispiel, Hilfe oder Strafe. Auf der anderen Seite wird seine/ihre berufliche Tätigkeit scheinbar noch weniger professionell, der Tätigkeit von Hausfrauen und -männern noch ähnlicher.

Die Zuständigkeiten des Alltagslebens sind in einer Außenwohngruppe nicht mehr an bestimmte Dienstleister zu delegieren, etwa an Wäschefrauen, KöchInnen, an Hausmeister, für gehobenen Trost an PsychologInnen, sondern sie laufen bei der MitarbeiterIn im Gruppendienst zusammen. Das bedeutet einerseits ein breiteres und vielseitigeres Tätigkeitsfeld. Man kann etwa an die Organisation des Haushalts und die Versorgung der Kinder denken: Die Wohnung muss bewohnbar sein, Lebensmittel müssen eingekauft, Essen gekocht und Wäsche gewaschen werden - und das alles für vielleicht acht oder mehr Kinder mit ganz unterschiedlichen Gewohnheiten und Ansprüchen. Wenn eine Fensterscheibe zerbrochen, der Heizöltank fast leer ist oder die Haustürklingel nicht funktioniert, in jedem Fall ist der/die PädagogIn zuständig, unter Umständen eben dafür, einen geeigneten Handwerker oder Spezialisten von Außen heranzuholen. Außerdem muss und kann er7sie die Ausgestaltung des Wohnraums und des Zusammenlebens, den Tagesablauf sowie die wichtigen Regeln und Umgangsformen beeinflussen. In höherem Maße als im zentralen Heim ist er/sie auch für die Außenkontakte zuständig. Das gilt für Kontakte zu den Nachbarn ebenso wie für Situationen, in denen sich eine JugendamtsmitarbeiterIn - vielleicht erst einmal inoffiziell - nach einem freien Platz erkundigt. Er/sie wird also stärker zum/zur RepräsentantIn der Einrichtung. Die Ansprüche an ihn/sie - auf unterschiedlichen Gebieten - steigen, die Rollenerwartungen werden komplexer und die Möglichkeiten, die Rolle als Außenwohngruppen-ErzieherIn mit einem eigenen Profil auszuformen sind größer. Die Arbeit in Außenwohngruppen ist damit auch für gut ausgebildete MitarbeiterInnen attraktiver geworden, die die Arbeit in einem zentralen Heim für uninteressant gehalten haben, da sie dort ihre Rolle darin gesehen hätten, als kleines Rädchen in einem großen Getriebe zu funktionieren. Höhere Anforderungen an die Qualifikation und die Anziehungskraft eines Feldes, in dem es auf solche Qualifikationen ankommt, können sich also auch gegenseitig bedingen.

Umgekehrt entsteht bei vielen MitarbeiterInnen immer wieder der Eindruck, vor lauter Alltagsroutinen und -besorgungen keine Zeit mehr für das Eigentliche zu haben: Mal etwas mit einem einzelnen Kind zu machen, Unternehmungen einmal richtig vorzubereiten, ein Kind gezielt zu fördern, Probleme in der Gruppe richtig aufzuarbeiten, Eltern gemeinsam mit den Kindern zu besuchen, das erscheint angesichts der zu bewältigenden Alltagsaufgaben oft unmöglich. Dieses Gefühl verstärkt sich noch, wenn der/die MitarbeiterIn so gut wie immer alleine mit einer relativ großen Gruppe im Dienst ist und wenn zum Beispiel die Aufsichtspflicht ihn/sie daran hindert, das Haus zu verlassen, ohne die ganze Gruppe mitzunehmen.

4. Ökonomie als Angelegenheit der Institution - Heimerziehung als eigenes Unternehmen

Wohngruppe versus Kleinstheim

Während es einem/einer MitarbeiterIn einer Außenwohngruppe wenigstens kurzfristig relativ gleichgültig sein kann, ob ein Platz in seiner/ihrer Gruppe belegt ist oder ob er ein paar Wochen oder Monate frei bleibt, kann ein freier Platz in einem Kleinstheim den Besitzern und den in der Gruppe tätigen MitarbeiterInnen sehr schnell erhebliche Bauchschmerzen verursachen.

> „Selbst wenn nur ein Platz von 6 oder 10 Plätzen unbelegt ist, bedeutet dies sehr schnell, dass die Auslastungsquote von 90 oder 95 %, mit der bei der Berechnung des kostendeckenden Entgeltes kalkuliert wurde, unterschritten wird. Beläuft sich der Pflegesatz etwa auf 80 EUR am Tag, so steht - im Falle der Unterbelegung - der Einrichtung im Monat ein Betrag von 2400 EUR nicht zur Verfügung. Zwar muß auch weniger ausgegeben werden für Essen und Unternehmungen, die meisten Unkosten entstehen jedoch unabhängig von der Zahl der aktuell anwesenden Kinder: Aus dem Pflegesatzertrag müssen die MitarbeiterInnen bezahlt werden, das Haus und das Auto finanziert werden etc. Andere Einnahmequellen oder Möglichkeiten des Ausgleichs stehen nicht zur Verfügung. In einem großen Heim dagegen kann man zwischen den einzelnen Gruppen ausgleichen. Ein unbesetzter Platz in einer Gruppe bedeutet in einer Einrichtung mit beispielsweise 100 Plätzen nur ein Prozent der Kapazität. Die Verantwortung für die Gesamtauslastung liegt deshalb nicht so sichtbar bei der einzelnen Gruppe, in der ein Platz frei ist, und den dort tätigen Pädagogen, sondern sie verteilt sich über die gesamte Institution. Wenn in einer größeren Einrichtung die Auslastungsquote unterschritten wird, dann müssen schon mehrere Plätze unbelegt sein, die Verantwortung dafür kann demnach nicht oder wenigstens nicht so sehr bei den einzelnen MitarbeiterInnen der Gruppen liegen, sondern eher z.B. in der Leitung, der Struktur der Einrichtung, die von den Jugendämtern oder den Jugendlichen nicht angenommen wird, in der Finanzsituation in der Kommune oder in noch anderen Faktoren. Für die Mitarbeiter wäre es nicht logisch, für die geringere Auslastung persönlich haftbar gemacht zu werden, etwa durch Reduzierung des Gehalts und der Arbeitszeit. Dies wäre auch nur schwer zu vertreten, da mit 8 Kindern und Jugendlichen der Tag ebenso lang ist wie mit 9, mit 5 wie mit 6.“ (Freigang und Wolf 2001, S. 106 ff)

Die Aufnahme neuer Kinder und Jugendlicher in eine Gruppe kann oft als ein Ereignis verstanden werden, an dem die Spannung zwischen fachlichen Ansprüchen an die Heimerziehung und den institutionellen und ökonomischen Gegebenheiten besonders deutlich wird. Diese Spannung ist mit der Verkleinerung des Heimes, mit der weitgehenden Identität von Träger und Einrichtung nicht beseitigt, sondern in mancher Hinsicht für die MitarbeiterInnen sogar verschärft. Kann man sich in der normalen Heimgruppe offen oder heimlich noch relativ leicht wenigstens innerhalb des Teams und gegenüber den Kindern und Jugendlichen von Entscheidungen, die zwar ökonomisch nachvollziehbar, aber pädagogisch unklug erscheinen, distanzieren oder sich wenigstens mit ihnen nicht identifizieren, so wird dies im Kleinstheim ungleich schwieriger, weil diese Spannung in das Team, unter Umständen in die Personen selbst hineinkommt. Im großen Heim wird die Entscheidung, ob und durch wen welcher Platz in welcher Gruppe besetzt wird, nicht allein und oft nicht vorrangig von den MitarbeiterInnen in der Gruppe getroffen, sondern von Heim- oder ErziehungsleiterInnen, die damit sowohl für pädagogische wie auch für ökonomische Auswirkungen einen großen Teil der Verantwortung tragen. Im Kleinstheim dagegen geht der mögliche finanzielle Verlust, den ein oder mehrere unbelegte Plätze zur Folge haben, nicht zulasten einer Institution, die sich unter Umständen irgendwie an den MitarbeiterInnen schadlos hält (etwa durch Reduzierung der Arbeitsstunden), sondern betrifft ganz direkt die Betreiber des Kleinstheimes, die gegebenenfalls mit ihren wenigen MitarbeiterInnen direkt die Folgen von Mindereinnahmen aushandeln müssen.

Eine weitere Kehrseite der Eigenständigkeit ist neben der wirtschaftlichen Krisenanfälligkeit solcher Einrichtungen die mögliche fachliche und persönliche Isolation der dort Beschäftigten beziehungsweise dort lebenden PädagogInnen. Schon in den Siebzigerjahren wurde deshalb nach Wegen gesucht, die Selbstständigkeit der Einrichtungen zu erhalten und zugleich Möglichkeiten des fachlichen Austausches zu etablieren. Neben der Beratung durch die Landesjugendämter, die Einzelgespräche sowie die Durchführung von Treffen ähnlicher Einrichtungen umfassen kann, wurden regionale und überregionale Verbünde oder Beratungsinstitutionen gegründet. In der IGfH etwa gibt es seit langem die Fachgruppe „Kleine Heime“, die für die Vernetzung vergleichbarer Einrichtungen sorgt. Ob solche überregionalen Netzwerke in der Lage sind, Hilfe bei der Bewältigung von Krisen in den Kleinsteinrichtungen selbst zu leisten, muss infrage gestellt werden. In der Regel sind Kleinsteinrichtungen darauf angewiesen, Beratung und Begleitung vor Ort zu finden und in Anspruch zu nehmen, sei es durch Team- und Fallsupervision oder sei es durch kollegiale Beratung mit anderen KollegInnen.

5. Kinderzuständigkeit - Feldzuständigkeit

Traditionelle Heimerziehung versus milieunahe Heimerziehung

Traditionell ist das Feld, für das eine MitarbeiterIn in der Heimerziehung zuständig ist, recht eng begrenzt. Er/sie soll mit den Kindern und Jugendlichen arbeiten, die ihm/ihr anvertraut sind, sie fördern, deren Sozialisationsdefizite abbauen und für sie ein Lernfeld schaffen, in denen sie sich günstig entwickeln können. Elternarbeit kommt in dieser Aufgabenstellung - meist am Rande - vor und dann auch tendenziell in dieser funktionalen Zielstellung dazu beitragen, dass die Eltern sich für das Kind in angemessener Weise einsetzen. Diese so beschriebene Aufgabe von Heimerziehung ist einerseits vielfältig und umfassend. Andererseits zeigt sie eine eingeschränkte Zuständigkeit im Vergleich zu anderen Heimerziehungsarrangements.

In der milieunahen Heimerziehung wird die MitarbeiterIn nicht Ersatzmutter/-vater, sondern Ergänzungsbezugsperson auf Zeit. Zugleich ist das Feld, für das man zuständig ist, sehr breit gefasst. Es geht nicht nur - wie immer - um das Kind, sondern sehr viel dichter als sonst in der Heimerziehung auch um die Eltern, die Freunde und den Stadtteil. Eine Abgrenzung der Zuständigkeit ist hier kaum möglich und wäre auch unlogisch, liegt in der Einflussnahme auf diese Felder doch eine der erwünschten Handlungsmöglichkeiten. So kann man nicht umhin, sich auch um die Prozesse in den Cliquen des Stadtteils zu kümmern, an denen die zu betreuenden Kinder Anteil haben. Oder die Elternkontakte lassen sich nicht auf einige offizielle Termine für Elternarbeit reduzieren, sondern die Eltern können jederzeit auftauchen oder die Kinder kommen aufgeregt und erzählen, was zu Hause passiert ist. Auch die offizielle Nicht-mehr-Zuständigkeit für die Ehemaligen lässt sich kaum plausibel durchhalten, wenn ein Kind - wie im obigen Beispiel - nachts vor der Tür steht oder man einen Ehemaligen in der Szene antrifft. Neben der offiziellen Zuständigkeit für bestimmte KlientInnen entsteht eine inoffizielle für Menschen und Szenen, die für die Kinder und Jugendlichen wichtig sind. Eine weitere Aufgabe besteht darin, die Nähe zur Kultur der Herkunftsfamilie und zu der im Stadtteil einerseits und den Vorstellungen von einem sozialpädagogischen Ort (Winkler 1988), der Entwicklungschancen hervorbringen soll, andererseits auszubalancieren. Denn diese stimmen keineswegs zwangsläufig überein, sondern sie stehen in der Regel in einem Spannungsverhältnis zueinander. Der Tagesablauf in einer milieunahen Gruppe muss sich unter Umständen deutlich unterscheiden vom Tagesablauf, der im Umfeld der Gruppe üblich ist. Eine Differenz zum Umfeld kann unverzichtbar sein, wenn dort die Lebensbedingungen und Umgangsformen ungünstig für die Kinder sind, z. B. im Hinblick auf den Tag-Nacht-Rhythmus im Prostitutionsmilieu. Andererseits verbietet sich die Strategie, sich vom Umfeld abzuschotten und eine eigene Welt zu inszenieren. Dies verlangt von den PädagogInnen einen ständigen Umgang mit diesen Diskrepanzen und dies wiederum erfordert in besonders hohem Maße Ambiguitätstoleranz und Normenflexibilität. Ob man das eher als Zumutung oder als interessante Arbeit erlebt, hängt von den eigenen Lebenserfahrungen ab.

6. Behütung - Verselbstständigung

Wohngruppen versus Betreutes Wohnen beziehungsweise Einzelbetreuung

Klassische Heimerziehung bedeutet immer auch, einen Lebensraum zu gestalten und zu beaufsichtigen, der vor allem durch die Institution geprägt ist, der sich eher am Geschmack und den Vorstellungen der MitarbeiterInnen und Träger orientiert als an denen der Kinder und Jugendlichen. Die Lebensweise und der Lebensrhythmus orientieren sich an den pädagogischen Vorstellungen der Erwachsenen, andere Vorstellungen der Jugendlichen werden tendenziell als Störung erlebt. Im Betreuten Wohnen sind diese Gewissheiten infrage gestellt. PädagogInnen finden dort ein in mehrfacher Hinsicht anderes Arbeitsfeld vor:

„Für MitarbeiterInnen, die vorher in einer klassischen Heimgruppe gearbeitet haben, erscheinen wahrscheinlich folgende Merkmale besonders typisch: Sie brauchen jetzt nicht mehr im Schichtdienst zu arbeiten, sie erleben ein höheres Maß an Autonomie und sie sind in (noch) größerem Umfang mit ungewöhnlichen Lebensstilen von Jugendlichen konfrontiert (vgl. Birtsch 1995: 179). Allein oder mit einer Kollegin zusammen betreuen sie nun einige Jugendliche. Es gibt keinen allgemein gültigen, festen Plan, der ihre Arbeitszeit festlegt, sondern sie können und müssen ihre Arbeitszeit flexibel gestalten." (Freigang und Wolf 2001, S. 173)

Diese Freiheit fordert Flexibilität von den MitarbeiterInnen, gibt ihnen aber auch Gestaltungsspielräume. Wenn die Zuverlässigkeit der betreuten Wohngemeinschaft es erlaubt, kann man unter Umständen auch mal ein verlängertes Wochenende frei machen. Auch die inhaltliche Gestaltung der Arbeit erfordert große Entscheidungsspielräume. Was in der Betreuung eines einzelnen Jugendlichen sinnvoll und notwendig ist, kann kaum standardisiert, sondern muss für jeden Jugendlichen individuell und situationsabhängig entschieden werden. Dieses allgemein in der Erziehung wichtige Prinzip wird in Regelgruppen leicht durch zu enge und zu rigide angewendete institutionelle Vorgaben eingeschränkt. Im Betreuten Wohnen sind die Gestaltungsmöglichkeiten größer. Dies kann als Chance erlebt werden oder aber als Anstrengung oder als beides zusammen. In jedem Fall begründet es eine besondere Verantwortung.

Ein wichtiges Merkmal des Betreuten Wohnens liegt darin, dass die Jugendlichen ihr privates Lebensfeld nach ihren eigenen Vorstellungen gestalten und ihren eigenen Lebensstil realisieren und kultivieren können. In der alltäglichen Umsetzung bringt diese selbstverständlich erscheinende Forderung möglicherweise große Probleme mit sich. Denn die Lebenserfahrungen der Jugendlichen und die von ihnen entwickelten Lebensstile, Alltagstheorien und Wertvorstellungen unterscheiden sich sehr wahrscheinlich deutlich von denen der BetreuerInnen. Sie können sogar den Wertvorstellungen der Erwachsenen direkt entgegengesetzt sein, wenn wir zum Beispiel an die Betreuung von rechtsradikalen Jugendlichen denken, die von unterschiedlichen Wertigkeiten von Menschen ausgehen. Je gravierender solche Unterschiede sind, desto schwieriger wird es mit dem Anspruch auf grundsätzliche Akzeptanz. Durch eine gute sozialpädagogische Ausbildung kann - so jedenfalls die Hoffnung - der Umgang mit solchen Diskrepanzen erleichtert werden, sodass die PädagogInnen weder ihre Vorstellungen verraten, noch die Jugendlichen ständig zu missionieren versuchen.

Noch größer kann die Differenz zwischen den Lebensstilen der Jugendlichen und denen der Erwachsenen im Umfeld der Wohngemeinschaft sein. Pädagogische Laien haben oft ein ungebrocheneres Selbstverständnis davon, wie diese Jugendlichen leben sollten und wie man sie zu einem ordentlichen Leben bringen kann. Gegen solche Erwartungen müssen die professionellen BetreuerInnen immer wieder verstoßen, unter anderem weil ihnen unrealistische Vorstellungen über einen umfassenden gesellschaftlichen Konsens hinsichtlich eines „ordentlichen Lebens“ zugrunde liegen und weil die Bedeutung der bisherigen Lebenserfahrungen der Jugendlichen völlig unterschätzt wird. Die Enttäuschung dieser Erwartungen ist damit unvermeidlich. Trotzdem müssen sie moderieren und die Kommunikation sowohl mit den Jugendlichen als auch zum Beispiel mit den Nachbarn führen. Das Herstellen der Verbindung zwischen Menschen, die ansonsten kaum unmittelbar miteinander kommunizieren, ist nicht nur belastend, es setzt auch voraus, dass die MitarbeiterInnen unterschiedliche Sprachen sprechen können. Wenn sie sich so stark mit ihren Jugendlichen identifizieren, dass sie mit ihnen gemeinsam den Kampf gegen die spießigen Erwachsenen führen oder wenn sie umgekehrt so stark das Denken im Umfeld teilen, dass sie den Lebensstil der „asozialen“ Jugendlichen verachten, dann können sie diese ModeratorInnenrolle nicht ausüben.

Verselbstständigung bedeutet auch, die Jugendlichen Erfahrungen selbst machen zu lassen, bei Fehlern und Unvollkommenheiten der Jugendlichen nicht einzugreifen, sondern auf das selbstständige Lernen der Jugendlichen zu bauen. Das hat natürlich mit den fehlenden Kontrollmöglichkeiten zu tun, die durch die Konstruktion des Sozialisationsfeldes Betreutes Wohnen bedingt sind, aber dies allein reicht zur Begründung nicht aus. MitarbeiterInnen können die geringeren Kontrollmöglichkeiten nicht allein als Mangel verstehen, sondern können - auch aus der Erfahrung, dass Probleme wie Drogenkonsum und Ausbildungsbummelei sich durch Verbote und verschärfte

Kontrolle in der Heimerziehung nicht lösen lassen - die darin angelegten Lernmöglichkeiten wahrnehmen und durch andere Strategien des Umgangs nutzen.

Anmerkung:
Dieser Beitrag orientiert sich stark an entsprechenden Ausführungen von Klaus Wolf und mir (2001), wobei ich mir im Einzelnen genaue Verweise bis auf die direkten Zitate gespart habe.

Literatur

Freigang, W./**Wolf**, K. (2001): Heimerziehungsprofile: Sozialpädagogische Porträts. Weinheim und Basel: Beltz Verlag.

Wolf, K. (1993): Entwicklungen in der Heimerziehung. Münster: Votum-Verlag.

Wolf, K. (1999): Machtprozesse in der Heimerziehung. Münster: Votum-Verlag.

Winkler, M. (1988): Eine Theorie der Sozialpädagogik. Stuttgart.

4. Kapitel
Was können Erziehungsfachkräfte im Heim? Anforderungen an professionelles Handeln

Anne Frommann

Vorbilder in der (Heim)Erziehung. Licht und Schattenseiten

1. Was ist ein Vorbild?

Vor 15 Jahren beschrieb Anette Düe (Düe 1985, S.185) ihr Verhältnis zu Vorbildern so: [Ich konnte] „praktische Arbeit lernen durch ein ‚Vorbild' - im positiven Sinne - und mich immer wieder kritisch mit dem eigenen Handeln auseinandersetzen... Auf diesem Weg konnte ich selbst zum Vorbild werden - sei es für Praktikanten, sei es für Kinder." Mir scheint, damit ist viel darüber ausgesagt, wozu Vorbilder in der Heimerziehung dienen können, wozu sie in der Praxis gebraucht werden. Sie sind Wegweiser und Proviant-Stationen, sie gehen vor der Berufsanfängerin her auf noch unbekannten Wegen, aber sie bewegen sich, sind also keine Statuen oder Denkmäler. Sie sind zugleich brauchbar und unverfügbar. Was A. D. mit „im positiven Sinne" gemeint haben könnte, wird uns sicher noch beschäftigen.

Vor fast 50 Jahren versuchte Friedrich Trost, Leiter einer der ersten Erzieherschulen, sich dem Thema von der Seite der Jugendlichen her zu nähern: "Als Vorbild steht der Erzieher im Selbstbildungsprozeß des Zöglings. Indem dieser ihm spontan nachstrebt, wird der Erzieher zum Vorbild. ... Die Nachstrebenden erwählen ihre Vorbilder meist unbewußt. Auf dem Wege zu einem erfüllten Dasein begegnen dem Zögling Menschen, die in sich verwirklicht haben, was ihm erstrebenswert erscheint. Ihnen folgt er. Sie werden dadurch Vorbilder. ... Nichts ist widersinniger als die Forderung, ein Erzieher müsse Vorbild sein. Er kann nichts dazu tun, es zu werden. Die Möglichkeit, es zu sein, legt ihm aber die Verantwortung für das auf, was in dem nachstrebenden Zögling durch sein Leben bewirkt wird" (Trost 1952-1966, S. 908). Hier ist das Vorbild-Werden und das Vorbild-Wählen als persönliche Begegnung geschildert, die nicht dem Willen unterliegt, sie ist ein Teil der Ich-Du-Beziehungen, über die Martin Buber nachgedacht hat. Vielleicht mutet das heute „weltfremd" an? Es erinnert mich aber auch an die gegenwärtig beschworene Werte-Erziehung wegen des Werte-Verlusts usw. Aber das stimmt nur teilweise, weil Trost ja gerade - ganz modern trotz des nicht mehr brauchbaren Begriffs „Zögling“ - die individuelle Bemühung betont, die nichts an der Unverfügbarkeit ändert. Verordnete Vorbilder hat er sicher nicht gemeint.

Heute sind wir in der offiziellen Diskussion weit davon entfernt, personale und entwicklungsbedingte Prozesse zum Gegenstand des Nachdenkens zu machen. Es sind Strukturen, Funktionen, soziologische und ökonomische Gesetzmäßigkeiten, die den Großteil der forschenden und lehrenden Bemühungen ausmachen. Die Pädagogik als Reflexion erzieherischer Prozesse in der Gesellschaft hat überwiegend Rahmenbedingungen im Blick, weniger die schwer fassbaren pädagogisch-praktischen Gegebenheiten: “Pädagogische Praxis scheint in einem Maße offen, dass Theorie gar nicht möglich wird. Umgekehrt aber lässt sich Theorie nicht vermeiden, will man nicht von vornherein das Pädagogische einer pädagogischen Praxis zur Disposition stellen.. Als eine mögliche Lösung des Dilemmas lässt sich Theorie selbst als produktiver Faktor verstehen, der durch die beteiligten Subjekte aktualisiert wird“ (Winkler 1999, S. 200). Welche „beteiligten Subjekte“ werden hierzu in der Lage sein? Welche Theorie wird uns dabei helfen, Vorbilder in der Heimerziehung aufzuspüren, sie kritisch zu befragen und ihren „Mehrwert“ für uns nutzbar zu machen? Wir werden sehen.

Vorläufig gibt es mehr Fragen als Antworten: Ist ein Vorbild eher ein - unerreichbares - Ideal oder eher ein etwas älterer Freund, der ein Stück vorangeht? Was unterscheidet ein Vorbild von einer Illusion? Gibt es auch schlechte, verderbliche Vorbilder? Haben alle Vorbilder Licht- und Schattenseiten und wer beurteilt das? Ist es notwendig, Vorbilder zu „haben“, sie zu gebrauchen oder gar zu fordern? Woher kommt der Schatten des Altmodischen, Rechthaberischen oder Moralischen im Begriff Vorbild? Und wie kommen in der gesellschaftlichen Wirklichkeit Vorbilder zustande? Wofür werden sie *dort* verwendet?

2. Das Bild von einer Sache und die Sache selbst - oder: Ideal und Wirklichkeit

Pädagogik, insbesondere Sozialpädagogik, hat es immer und überall mit dem Unterschied zwischen Sein und Sollen zu tun. Lange war sie „idealistisch“

und wollte Unmögliches, überschätzte sich selbst, ihre Möglichkeiten und die schlummernden Kräfte in jedem Individuum. Ihre Instrumente waren die Kritik am Bestehenden und der Traum vom Gelingen oder zumindest Verbessern der gegebenen Situation. Sozialpädagogische Praxis und ihre Theorie sind gar nicht denkbar ohne das Leiden an der Unvollkommenheit, die zugleich den Auftrag erteilt, an ihr zu arbeiten. Sozialwissenschaftliche Empirie hat auf diesen Zusammenhang desillusionierend gewirkt, psychotherapeutisches und systemisches Denken hat etwa gleichzeitig neue Möglichkeiten der Hilfe eröffnet oder verstärkt. Heute sind sozialpädagogische Fachleute die Mittler zwischen gesellschaftlicher und individueller Realität, sie sind reflexiv und schätzen interdisziplinäres Arbeiten, sie haben viel zu tun mit Mediation und Management, aus Erziehung ist überwiegend Beratung und Begleitung geworden, die Entwicklung der Profession ist vorangekommen. Das klingt so, als hätte sich das Verhältnis zwischen Ideal und Wirklichkeit etwas entspannt, und zwar deshalb, weil weniger Ideales und mehr Reales, weniger Nachdenken über die schwer fassbare Erziehungspraxis und mehr Analyse der Bedingungen von Sozialer Arbeit und Sozialpädagogik stattfindet. Da scheint es mir dringend, erneut zu betonen, dass auf diese Weise weder theoretisch noch praktisch eine solide Unterstützung pädagogischen Handelns erwartet werden kann. Vielmehr geht es immer noch und immer wieder um den Zusammenhang und die gegenseitige Beeinflussung von Erfahrung und Entwurf, von praktischem Handeln und reflektierender Klärung.

Ernst Bloch hat diese Fragen in seiner „Tübinger Einleitung in die Philosophie“ (Bloch 1970) so gefasst, dass sein Ergebnis weit über philosophisches Nachdenken hinaus wichtig ist. Versuchen wir es also, seinen Gedankengang nachzuvollziehen: Kein Idealist darf missachten, wie seinem Ideal handelnd und nachdenkend näher zu kommen ist, und kein tatsächlicher Weg kann gegangen werden, ohne dass ein Bild, ein Ideal, eine Sehnsucht, eine Richtung zu einem Ziel hin vorhanden ist. „Ideal ohne Überspringung des Wegs, Weg ohne Abdankung des Ideals“ nennt er diesen Zusammenhang. Auch die Unterscheidung von Innen und Aussen darf nicht dazu führen, Psychologie und Soziologie oder eigene Erfahrung von allgemeiner Kenntnis der Dinge zu trennen. Der „subjektive Faktor“, wie das in den 70er Jahren hiess, ist nicht überflüssig, aber ebenso wenig darf die Erforschung der Bedingungen vernachlässigt werden. “Erst recht gilt die Pflicht, das Innere zu tun und das Außen nicht zu lassen, nicht so zu lassen“, sagt Bloch. Letzten Endes ist es gar nicht möglich, sich auf e i n e Seite zu schlagen: Ohne eine Skizze, eine Silhouette, ein wenigstens ungefähres Bild von einer Sache gibt es nämlich gar keine Bemühung um Tatsachen, kein handwerkliches oder erzieherisches Arbeiten. Aber ohne konkrete Schritte kann aus dem ungefähren Bild, dem Grund-Riss oder Vor-Bild kein wirkliches Werk, kein brauchbares Handeln werden. Tatsachen können das Vorbildhafte nicht auslöschen - das gilt zumindest für solche Vorbilder, die eine deutliche Gestalt haben, z.B. „Freund“, „Heimat“ oder „Gerechtigkeit“. Diese sind zwar keine „Begriffs-Statuen“, d.h. sie können recht verschieden aussehen, sie bieten keine Garantie für die Wirklichkeit, aber sie können sich als Vorbilder nicht in ihr Gegenteil verwandeln. Die Enttäuschung, z.B. darüber, dass ein Heim leider „eine un-heimliche Heimat“ war (Schrapper 1986), erledigt nicht die Suche nach einer Heimat, nicht die Sehnsucht nach einer heimatlichen oder heimatlich anmutenden Situation. Die Enttäuschung, die Erfahrung des Gegenteils löst den „Idealtypus“ nicht auf, sondern kann im Gegenteil sogar das prüfende Auge schärfen und die Sehnsucht vermehren. Besonders wichtig ist dabei, dass die Richtung der Suche fest bleibt, nicht aber dass eine genaue Bestimmung des Ziels möglich ist. Hingegen können wir genauer beschreiben, was *nicht* zum Vorbild der Freundschaft oder Heimat passt. Bloch fasst das so: “Was etwa das Humanum in seinem vollen positiven Inhalt sei, ist keineswegs nötig zu wissen, um völlig entschieden Nero als Unmenschen zu erkennen.“ Statt Nero (37-68 n.Chr., Beginn der Christenverfolgungen) kann sicher jeder und jede mehrere andere Namen einsetzen. Es ist leichter, durch Abgrenzung die Wegrichtung klar zu bewahren, als das Ziel genau „auszumalen“. Also lernen wir hier auch, dass Vorbilder nicht eindeutig sind, nicht „fertig“ und nicht unfehlbar. Um zu erfahren, ob jemand oder etwas überhaupt als Vorbild taugt, muss der Weg und die Richtung begangen, ausprobiert werden. Irrtümer und Enttäuschungen sind unvermeidlich. Deswegen brauchen wir „Kenntnis des Rettenden und der Gefahr zugleich“. Hier schlösse sich ein Blick auf die gegenwärtige Weltlage und das Bemühen um einen menschlichen, demokratischen und gerechten Kurs geradezu nahtlos an, wenn wir nicht im kleinen großen Thema Heimerziehung fortfahren wollten.

3. Wer „macht" Vorbilder und wer braucht sie?

Wir haben schon gesehen, dass Vorbilder auf allen Ebenen vorhanden sind. Es ist jedoch nicht recht klar, wie sie jeweilig entstehen, wie sie „ins Spiel kommen", wie sie geboten und in Anspruch genommen werden. Für den einzelnen Menschen, also für Kinder und Jugendliche ebenso wie für erziehende Fachkräfte, erfüllen Vorbilder ein Verlangen nach konkreten Gestalten, nach Verkörperung von Bedürfnissen und Sehnsüchten. Sie haben ganz viel zu tun mit guter, gelingender und glaubwürdiger Erziehung - oder besser noch mit dem Annehmen-Können oder Geben-Können von Aufmerksamkeit, Akzeptanz, Verstehen, Teilnehmen. Vielleicht lässt sich sogar sagen, Anette Dües Vorbilder waren ein anderer Ausdruck für gute Pädagogik, für richtiges, angemessenes, helfendes Handeln. Es müsste sich, wenn das so ist, aus Vorbildern in der Heimerziehung und für die Heimerziehung bei näherem Hinsehen eine Qualitäts-Geschichte dieses Praxisfeldes entwickeln lassen, frei nach dem Motto: Verrate mir deine Vorbilder und ich sage dir, wie du bist! Etwas von der Art will ich versuchen. Vorher aber muss noch der Unterschied solcher Vorbilder *für* die Heimerziehung zu denjenigen klar werden, die Kindern und Jugendlichen *in* der Heimerziehung vorschweben.

Kinder können ziemlich gut ausdrücken, was sie suchen und brauchen, was ihnen vorschwebt. Sie interessieren sich weder für die Professions-Bemühungen der Sozialpädagogik, auch nicht für „Modernisierungs-Strategien" oder für „Potenziale spätkapitalistischer Vergesellschaftungsprozesse". Sie suchen Menschen in der Institution, die ihnen ein Stück Beheimatung bieten können, die sie samt ihrem Schicksal aushalten und für sie da sind. Finden sie solche nicht, dann können oder besser müssen sie mit Suchtmitteln aller Art ihr Leben fristen. So erhielten Norbert Wieland u.a. bei ihren empirischen Untersuchungen von jungen Erwachsenen nach deren Heimzeit ein eindeutiges Ergebnis: "Alle jungen Erwachsenen suchten im Heim nach Menschen, die bereit waren, speziell für sie eine besondere Form persönlicher Verantwortung zu übernehmen" (Wieland u.a. 1992, S.106). Auch in der Forschungsarbeit „Leistungen und Grenzen von Heimerziehung" (1998) zeigt sich in den Interviews das gleiche Ergebnis. Bei der Jahrestagung 1985 der IGfH „Das Heim als lohnender Lebensort" wurde eine Tonbildschau mit Aussagen von Jugendlichen über ihre ErzieherInnen

gezeigt. Da heißt es dann bei einem Jungen mit langer Jugendhilfe-Karriere so: „Die Sozis hier find ich schon viel besser... so auch vom Umgang her... Das sind, wie soll ich sagen, irgendwie Freunde halt von mir so.“ Bei einer Jugendlichen klingt es folgendermaßen: „Ich find das gut, dass sie überhaupt Grenzen gesetzt haben, sonst hätte man ja auch immer zuhause bleiben können. Vater und Mutter, ich meine, kann überhaupt keiner ersetzen, das ist klar. Für mich sind das eigentlich so wie Freunde, die dir eben helfen und sagen, was besser für dich ist. So Vater und Mutter - ich mein, die würd' ich mir dann doch strenger vorstellen; und so streng sind sie auch nicht. Also die machen ja auch Ausnahmen...“ Und nun noch zwei gegenwartsnahe Stimmen von Kindern (Bürger/Krause 1999, S.268): „Erzieherin ist ja eigentlich ein blödes Wort. Also das waren nicht meine Mütter oder Freundinnen oder so was. Ich weiß gar nicht, wie ich die nennen soll. Die gehörten einfach dazu, zu mir. Die waren mir sehr sehr nah. Nicht alle gleich.“
Eine Siebzehnjährige schreibt der Schauspielerin und Schriftstellerin Renan Demirkan: „Ich hatte hier mal eine Lieblingserzieherin, sie hieß Irena. Als sie aufgehört hat, war ich sehr traurig darüber, aber ich habe es verstanden, weil alle Menschen müssen sich manchmal trennen“ (Demirkan 2001).

Es gab und gibt auch Vorbilder, die gleichsam als Regulative funktionieren sollen, die „von oben“ in die Heimerziehung hineinragen. Aus ihnen lässt sich schließen, was von und in der Heimerziehung von Behörden, Dachverbänden, gesellschaftlichen Gruppen, sozialpolitischen Entscheidungsträgern usw. erwartet oder verlangt wird. Obwohl es hier im eigentlichen Sinne nicht um Vorbilder geht, möchte ich doch einige Beispiele hierher setzen. So heißt es bei Otto Wilfert (Wilfert 1969, S. 124):

> „Extrem und damit auch etwas verzerrt und ungerecht gesagt: Der Erzieher aus Berufung wird zum Erzieher als Beruf. Dies bedeutet, daß in zunehmendem Maße wegfällt, was früher ein wesentlicher Grund des Erfolges *vorbildliche*r Erzieher war. Es wäre nämlich ungerecht, die Geschichte der Heimerziehung nur mit einer von brutalen Wärtern und Aufsehern getragenen Diktatur und mit aggressiver Unterdrückung der Heimzöglinge zu identifizieren. Sicher sind aus der Vergangenheit ... solche erschreckenden Zustände bekannt. Es darf jedoch nicht übersehen werden, daß gerade in diesen Zeiten Erzieher hervortraten, die zum Teil auch ohne jede fachgerechte *Vorbildung* Überragendes leisteten; ihr goldener Schlüssel der Pädagogik war,

mehr als ihre Pflicht zu tun, da zu sein, wenn sie gebraucht wurden, der Berufung als Erzieher unter weitgehendem Verzicht auf andere Privatinteressen vorbehaltlos zu folgen. Diese Unbedingtheit des Einsatzes wird man heute seltener als in früheren Zeiten erwarten dürfen. ... Der Heimleiter wird daher heute und noch mehr in Zukunft hoffen können, daß er weniger ‚schlechte' Erzieher erhält, aber auch akzeptieren müssen, daß für den Großteil des Personals die Tätigkeit des Erziehers eben ein Beruf ist, der einen zeitlich begrenzten Einsatz fordert, aber auch Raum für persönliche Interessen offenlassen muss.... Es ist...auch an dieser Stelle darauf hinzuweisen, daß die heutige Jugend weniger auf *Vorbilder* anspricht und sich auch weniger mit dem Erzieher identifiziert...".

Ein aufschlussreicher Text, in dem das Wort Vorbild gleich mehrfach auftaucht.

Als 1974 die Kommission Heimerziehung mit ihrer Arbeit am Zwischenbericht begann (der 1977 von der IGfH herausgebracht wurde und dem nie ein Endbericht folgen sollte), brachte die ExpertInnengruppe zunächst viel Zeit mit einer „Fehler-Vermeidungs-Planung" zu. Die Begründung für dieses zumindest ungewöhnliche Vorhaben lautete: „Die nach neuesten Erkenntnissen geplanten Heime zeigen wenig Übereinstimmung zwischen geplanter Wirklichkeit und dem Alltag im Heim." Die Kommissionäre - unter der Federführung von Martin Bonhoeffer - fanden sieben Fehlerquellen, die für diese Diskrepanz verantwortlich gemacht werden können. Die letzte lautet: „...profunde Verletzung von Recht und Humanität." Es ist eine Konsequenz dieser Denk- und Arbeitsweise, dass der Zwischenbericht noch immer vorbildlich wirkt. Er hat sich nämlich weder mit der schlechten Wirklichkeit abgefunden noch sie mit billigen idealistischen Behauptungen zugedeckt.

4. Menschliche Gestalten als Vorbilder in der Heimerziehung - früher und gegenwärtig

In meinem Beitrag soll es im Folgenden nicht um Orte oder Organisationsformen in der Heimerziehung gehen - auch diese Themen enthalten manches zum Thema Vorbild -, sondern ausschließlich um Gestalten, die mehr oder weniger fest umrissen, mehr oder weniger dynamisch den Menschen vorgeschwebt haben oder heute vorschweben, die in diesem Praxisfeld tätig sind oder tätig werden wollen, womöglich auch sollen. Zunächst eine Aufzählung, die keinen Anspruch auf Vollständigkeit erheben will:

Vater - Mutter; Hausvater - Hausmutter; Kinderdorfmutter; Gruppenmutter; (WirtIn); BetriebswirtIn; SozialwirtIn; VerwaltungsleiterIn; ManagerIn; Fürstin; PriorIn; Direktorin; HeimleiterIn; DienststellenleiterIn; Bruder - Schwester; Haustochter; HausmeisterIn; Hauswirtschaftsleiterin; Lehrerin; ErzieherIn; SozialarbeiterIn; SozialpädagogIn; Kapo; AufseherIn; Wachpersonal; ArbeitserzieherIn; FreizeiterzieherIn; TherapeutIn; HeilpädagogIn; Bezugsperson; Hauptbezugsperson; GruppenleiterIn; GruppenerzieherIn; BetreuerIn; FreundIn

Die Gesichtspunkte der Namensgebung variieren von rein hierarchischen über ausbildungsbedingte und organisatorische bis zu beziehungsabhängigen. Die Erziehung scheint gesellschaftlich so komplex gestaltet zu sein, dass die einfachen der Familie nachgebildeten Bezeichnungen als ungenügend verworfen wurden und eher funktionalen wichen. Das bekommt aber der „Vorbildhaltigkeit“ schlecht. Bezugsperson hat weniger zu sagen als Hausmutter, GruppenerzieherIn beschäftigt die nach Vorbildern suchende Phantasie weniger als LehrerIn, Meister oder Bruder. (Das Wachpersonal- wir assoziieren Gefängnis - hat die menschliche Figur sozusagen abgelegt und fungiert nur noch als gesichtslose Gruppe).

Um dem Doppelgesicht, den Licht- und Schattenseiten einer Gestalt näher zu kommen, wollen wir zunächst die *Schwester* näher betrachten. Sie hat überwiegend in religiösem Zusammenhang als Vorbild gewirkt. Später wurde sie in der Krankenpflege geradezu zur Berufsbezeichnung. In beiden Kontexten wirkte die familienabhängige Bezeichnung vertrauensvoll, dienend und hilfsbereit. Dabei konnte ja niemals vorausgesetzt werden, dass alle Schwestern „so“ sein würden. Vielleicht klang lange Zeit nach, dass Schwestern in Familien weniger zu bestimmen und bereitwilliger zu gehorchen hatten als Brüder, mit denen gemeinsam sie „die Kinder“ und die Geschwister bildeten. „Über“ ihnen waren Vater und Mutter, auch Onkel und Tante etc. Die Bezeichnung Schwester für eine erwachsene Frau hat dementsprechend auch einen Beiklang der Unselbstständigkeit, ja Abhängigkeit, Unterworfenheit. Die Schwestern mussten ihre eigenen Wünsche und Sehnsüchte zurückstellen. Elisabeth Siegel (erste Professorin der Sozialpädagogik, geb. 1901) sagt zur „Schwesterlichkeit" in der Sozialpädagogik: „Sie ist das Gegenbild zu dem, was die Männer Kameradschaftlichkeit nennen; relativ unabhängig von allerpersönlichster Zuneigung, voll Verständnis füreinander."(Siegel 1986, S.86 f.). An anderer Stelle heißt es sinngemäß, sie sei „ohne Besitzansprüche", aber auch ohne Herabneigung - die ja immer voraussetzt, dass der sich Herabneigende weiter oben steht. Für Elisabeth Siegel ist Schwester zweifellos ein Vorbild, das sie auch (Siegel 1959, wieder veröffentlicht 1988) den heute Berufstätigen gleichsam „weiterempfiehlt". Wie steht es nun um die Schattenseiten der Schwester? Hat sie nicht den Beiklang des subalternen, nur ausführenden Tuns und Zu-Diensten-Seins, ohne eigene Entscheidungs- und Gestaltungs-Möglichkeiten? Ist sie vielleicht unattraktiv als asexuelles Wesen? Ruft sie am Ende gar Bilder herauf von unaufrichtigen, hart gewordenen oder bigotten Frauen, die besonders in der Gefahr stehen, Kinder und Jugendliche um ihr Leben und ihre Zukunft zu beneiden? Mir ist an der Schwester klar geworden, dass keine Vorbild-Gestalt dagegen gefeit ist, auch zum Schreckbild zu werden. Das liegt nicht nur an unterschiedlichen persönlichen Erfahrungen, die Menschen haben und hatten, sondern auch daran, dass, wie wir schon gesehen haben, das Vorbild selbst sich bewegt und verändert - bis dahin, dass es vielleicht nicht mehr zum Vorbild taugt, nicht mehr zu den Wünschen und Sehnsüchten passt, die berufstätige Frauen haben. Wer weiß.

Manche Bezeichnungen muten zwar modern, aber etwas konstruiert an, z.B. FreizeiterzieherIn oder Bezugsperson. In diesen Fällen ist es schwerer, sie sich als Vorbild mit Licht und Schattenseiten vorzustellen. Aber das lässt sich nicht allgemein, sondern nur im jeweiligen Fall mit den Beteiligten klären. Andere Bezeichnungen, wie z.B. Kapo oder Aufseher, sind als Vorbilder unbrauchbar, weil sie eindeutig einen abwertenden Beigeschmack haben - aber es gibt auch Spitznamen oder Bezeichnungen, wie z.B. das in der Aussage des Jugendlichen vorkommende Wort „Sozi", die als zärtlich lustige Neubildungen etwas von den Licht - und Schattenseiten parodieren, ungefähr so, wie sich der Spaßvogel und Genussmensch Papageno in Mozarts „Zauberflöte" zur Lichtgestalt Tamino ehrfürchtig verhält und sie doch zugleich auflockert und nicht ganz ernst nimmt.

Sogar ErzieherInnen finden ihre eigenen Berufsbezeichnungen nicht unbedingt nur ermutigend und erfreulich oder gar dazu geeignet, ein Leitbild abzugeben. Wer möchte schon gern erzogen werden oder dies nötig haben? Nehmen wir noch die Erziehungsanstalten der ehemaligen Heimerziehung dazu, dann verstehen wir schon fast, warum immer wieder nach besseren Namen gesucht wird. Ob die SozialpädagogIn und die SozialarbeiterIn da weiter helfen, einmal abgesehen davon, dass sie in der Regel mehr Ausbildung genossen haben, also in der Berufskarriere etwas weiter oben stehen als ErzieherInnen? In den 70er und 80er Jahren diskutierten wir - parallel zueinander - über die „Lohnerzieher" und die „hilflosen Helfer". Der erste Begriff, der weniger eine Berufsbezeichnung als eine desillusionierende Parole war, wollte Ideale zerbrechen, notwendiges gewerkschaftliches Denken verbreiten und die Arbeitszeit-Regelungen beeinflussen. Der zweite, psychoanalytisch aufgeladen und eher selbstkritisch gemeint, sollte dazu dienen, die überhöhten Selbst- und Fremdanforderungen aufzuklären und realistischer über die eigenen Fähigkeiten zu denken. Das ist Vergangenheit. Und heute? DienstleisterIn als Vorbild?

Gern würde ich hören, wie gegenwärtig engagierte und an den Kindern wie an ihrer eigenen Arbeit interessierte sozialpädagogische Fachleute ihre Arbeit benennen würden. Vielleicht sagen sie: Wir kümmern uns um die Kinder, wir gestalten mit ihnen den Alltag, die Ferien und die Glanzlichter des Lebens, wir versuchen mit ihnen durchzuhalten und die Belastungen ihrer Herkunft zu verstehen, wir üben mit ihnen sozial annehmbares Verhalten, wir erklären ihnen die Welt und suchen für sie einen Platz darin, wir setzen ihnen Grenzen, aber beziehen ihr verletzendes Verhalten nicht auf uns, wir versuchen mit ihnen die Schule und das Finden eines Berufes zu schaffen, wir passen auf, dass ihnen nichts Schlimmes angetan wird, wir schützen sie auch vor sich selbst, wir klären und unterstützen ihr Verhältnis zu ihrer Herkunftsfamilie, wir vergessen sie nicht, wenn sie uns verlassen haben usw.

Vielleicht würden so oder auch ganz anders die Sätze klingen, mit denen heutige Heimerziehung umschrieben wird. Ich bin sehr im Zweifel, ob Worte wie Qualitätsentwicklung und -kontrolle, Dienstleistung, Kunde Kind und seine Familie, ob output und outcome, best practice, Flexibilität und Sozialraumorientierung als Begriffe und als Bezeichnungen oder Kürzel für Faktoren der Praxis so oft genannt würden wie wir sie heutzutage lesen oder hören. Auch diese Begriffe stellen ja auch einen Zusammenhang mit Praxis her, sie wollen vorbildhaft oder modellhaft wirken. Sie beschäftigen Planer, Organisationsentwickler, Manager, Finanzexperten, Sozialpolitiker und Heimleitungen. Aber sie sind auf Zusammenhänge gerichtet, die weit entfernt zu sein scheinen von den Vorbildern, die MitarbeiterInnen und Kindern, Jugendlichen oder ihren Familien vorschweben.

Eine Erklärung dieser sprachlichen und wohl auch faktischen Kluft zwischen verschiedenen Bereichen, Denkrichtungen und Wirklichkeits-Wahrnehmungen kann ich hier nicht versuchen. Stattdessen möchte ich diesen Abschnitt beenden mit einem Blick auf den Niedergang der Bezeichnung Jugend - Fürsorgerin und den Vergleich mit ihrem englischen Pendant child care worker. FürsorgerIn ist passé. Sie ist möglicherweise selten ein Vorbild-Begriff gewesen, aber zusammen mit der kritischen Rückschau auf die Zeit des Jugendamts als stark auf Eingriff und Kontrolle orientierte Behörde wird sie endgültig abgelegt. Dabei ist „für jemanden sorgen" doch erträumt und begehrt in vielen Lebensgeschichten - auch unseren eigenen, so nehme ich an. Aber als berufstätige Frau will heute niemand Fürsorgerin heißen. Wie anders steht es da mit to care und eben mit child care worker. Die Grundbedeutungen: sorgen, sich kümmern um - die sind doch ganz ähnlich. Aber nein, sie haben eine stärkere Nähe zu der Bedeutung, die ich für jemanden habe: do you care? - heißt dann auch: Machst du dir etwas daraus? Geht es dich etwas an? Gehe ich dich etwas an? Das Substantiv care kann dann auch Sorgfalt, Achtsamkeit oder Pflege meinen. Wie schade, dass unsere Sorge und Fürsorge das leider nicht mehr kann. Mit to care for somebody ist es reizvoll und lohnend, das mütterliche Vorbild mit seinen Licht- und Schattenseiten darzustellen und gleichsam für child care workers zu retten, - aber wir denken bei der fürsorglichen Mütterlichkeit allzu rasch an die überbehütende Gestalt, die aus lauter frustrierten Beschränkungen heraus die Jüngeren nichts ausprobieren oder gar riskieren lässt. Um dieser Gefahr der Über-Befürsorgung auszuweichen, sind wir dann in das Gegenteil verfallen, wobei manchmal das Machen-Lassen schon fast nach Gleichgültigkeit und Interesselosigkeit aussieht. Somebody who cares for ... - was für ein modernes und doch zeitloses Vorbild.

5. Vorbilder heute

Wenn der Gedankengang und die Wirklichkeits-Erkundung bis hierher unvertraut, unmodern oder gar abseitig erscheint, so sind die Einwände - zeitgemäß und redundant - möglicherweise folgende: Diese Erörterung, die nur die Personen im Blick hat, ist allzu einseitig, denn sie lässt institutionelle, organisatorische, strukturelle, sozialpolitische, finanzielle und theoretisch-fachliche Gesichtspunkte außer Acht. Schließlich schweben ja Vorbilder nicht zeit- und bedingungslos im Raume, sondern sind abhängig von ganzen Bedingungs-Netzen oder Systemen und Sub-Systemen.
Wie kann das bisher Ausgeführte vor diesen starken Einwänden bestehen? Der letzte Abschnitt möchte versuchen, die Nähe der Vorbild-Gedanken zu anderen Diskussionen über die Heimerziehung aufzuzeigen. Es ist auch nicht so, dass die Vorbilder sich hinter all den anderen Fragen und Problemen verkriechen müssen, sondern sie haben allen Grund, in den Vordergrund zu treten. Heimerziehung ist ein Menschenberuf.

Vierfach lässt sich der Dialog anordnen: Da ist erstens die Spannung zwischen Individuum, Gruppe, Team und Institution; zweitens geht es um Heimtypen, ihre Ziele und deren Bewertungen; drittens fordert das Verhältnis von Privatleben, Beruf, Alltagsbewältigung und Zeiterleben zum Nachdenken heraus, schließlich geht es viertens um den Schrei nach ethischer Grundlegung in der Gesellschaft, um Freiheitsversprechen und Bindungs-Nöte.

Zur Spannung zwischen Individuum, Gruppe, Team und Institution

Systemisches Denken, das uns die Macht von Familien vor Augen führt, lässt auch innerhalb der Heimerziehung besser verstehen, wo Abhängigkeiten hilfreich, wo sie schädlich sind, welche Muster oder gar Welten in einer Gruppe aufeinander treffen, wie sich Individuen zwischen Anpassung und Widerstand, zwischen passivem Über-sich-ergehen-Lassen und aktivem Gestalten „einbringen". Heimerziehung kann gesehen werden als ein Experimentierfeld für das „Lernen am Modell". Dies gilt sowohl für Kinder als auch für Erwachsene. Auch eine begrenzte Zeit kann Wirkung haben und die Entwicklung benachteiligter Kinder kompensatorisch fördern oder zusätzlich erschweren. Über die Gefahren im Inneren der Hilfeformen sprechen wir selten, aber ist es nicht so, dass ein mit Ressentiments geladener Kollege, der sich der Arbeit an sich selbst verschließt, die Dynamik einer Gruppe unmöglich machen und Kinder lähmen kann? Kann feindliche Konkurrenz, Unzufriedenheit und das Gefühl des Ausgeliefertseins sich nicht stärker als jedes unmittelbare pädagogische Handeln bemerkbar machen? Vielleicht haben wir in den letzten Jahren viel gelernt über die Einflussmöglichkeiten der Institution auf die „in" ihr Lebenden. Wissen wir auch genug über die Prägekraft von Individuen, die die Institution bilden? Sind Leitungspersonen in diesem Zusammenhang einflussreicher als ErzieherInnen? Warum? Klaus Münstermann spricht in seinem Beitrag „Nichts ist umsonst" (ForE 2/96, S.64) darüber, wie „wichtig die Ordnung der Kommunikation ist". Ich verstehe diesen Ausdruck so, dass es nicht nur „das gute Haus" oder die überschaubare Gruppe mit äußerer und innerer Ordnung ist, die vorbildlich wirken können, sondern vor allem das Miteinander von Erwachsenen, Kindern, unmittelbar und mittelbar beteiligten Personen. Die Fachgruppe „Grundfragen der Fremdplatzierung" veröffentlichte 1993 ein erstes Resümee ihres Nachdenkens und hielt u.a. fest: "Das Zusammenleben des Teams selbst bietet eine bedeutsame Orientierung für die in der Gruppe lebenden Kinder und Jugendlichen. Wichtig ist es daher, im Team eine offene kommunikative Atmosphäre zu schaffen, Konflikte produktiv miteinander auszutragen, mit Problemen umzugehen und um Lösungen zu ringen" (IGfH-Fachgruppe 1993).

In ihrem Rückblick auf die „Heimreform in Hessen" vor 30 Jahren forderte kürzlich Elisabeth Schmutz, „Primärerziehung als Beruf [zu] leisten", weil „die Institution nicht aufzulösen" ist (Schmutz 2000, S.185). Diese und viele weitere Aussagen zeigen deutlich auf, dass nach dem Durchgang durch die sozialwissenschaftliche Klärung oder Beleuchtung der Fakten erneut die Frage sich erhebt, wie und von wem das zu leisten ist, was verlangt wird. Wir haben uns ungefähr zwei Jahrzehnte darauf konzentriert - und teilweise Erfolg gehabt -, die Heimerziehung zu verringern und zu verkürzen, ihre Monopolstellung innerhalb der Jugendhilfe zu beenden und aus den ehemaligen „Alternativen" fachlich gute ambulante oder teilstationäre Hilfen zu entwickeln. Wir haben aber wahrscheinlich nicht gleichzeitig intensiv genug daran gearbeitet, die zahlenmäßig kleiner gewordene Heimerziehung zu verbessern und die Spannung zwischen den individuellen Wünschen von

Kindern, Ansprüchen von ErzieherInnen und institutionellen Zwängen oder Abhängigkeiten mit gleicher Kraft und Konsequenz zu bearbeiten. Vielleicht hat jahrelang die Hoffnung bestanden, die weiter notwendige Fremdplatzierung sei in privaten Erziehungsverhältnissen zu leisten. Da das nicht geht, müssen heute neue und alte Vorbilder dazu beitragen, befriedigende, nein gute Formen eines „Zuhause auf Zeit" (Schrapper/Heckes 1986) zu gründen, zu beleben, zu verändern oder zu erhalten. Dazu werden Vorbilder auf verschiedenen Ebenen dringend gebraucht.

Zu den Heimtypen, ihren Zielen und deren Bewertungen

Oft scheint es so, als hätten alle Heime und Gruppen die gleichen Vorbilder, als seien sie sämtlich dazu da, Kindern „lohnende Lebensorte" zu bieten, wenn diese für kürzere oder längere oder lange Zeit dort leben, d.h. als sei es übereinstimmend anzustreben und klar, dass, wie Vera Birtsch 1979 formuliert hat, „die Erziehungsziele emanzipatorischen Charakter haben und die weitgehende Selbstbestimmung der Kinder und Jugendlichen beinhalten sollen" (Birtsch 1979, S.3 ff.). Spätestens seit den 80er Jahren soll Heimerziehung außerdem „so normal wie irgend möglich" gestaltet sein und dadurch die Aufgabe erleichtern, „Beheimatung in der Fremde" zu bieten. Auch darf sie niemals als „letzte Station" beschrieben werden, weil damit ihr Prestige und ebenso das Prestige der auf sie angewiesenen Kinder oder der in ihnen arbeitenden Berufstätigen sinkt. Aus diesen Anforderungen lässt sich leicht das vorbildliche Heim konstruieren - das es nicht gibt. Schrapper (a.a.O.) führt aus, dass Heime durchaus und lange Zeiten hindurch überzeugt davon waren, dass sie der Rettung, der Nothilfe, der Besserung oder Bestrafung, der Fürsorge-Erziehung oder der Heilung dienten. Es ist klar, dass zu diesen verschiedenen Zielen auch jeweils Vorbilder gehörten, die teilweise heute gar nicht mehr anerkannt würden. Aber - ebenso wie in der Schule - sind die früheren Ziele nach wie vor lebendig und wirken auf die Praxis ein und stehen im Widerspruch zu manchem modernen Ziel. Auch der „Lohnerzieher" ist nach wie vor wirksam, ob als Vorbild oder sein Gegenteil, sei offen gelassen. Als ein aktuelles Beispiel möchte ich hinweisen auf die Schwierigkeiten von Lebensweltorientierung und kompensatorischer Erziehung innerhalb der Heimerziehung. Was vor etwa 1980 „Pädagogik vom Kinde aus" hieß und in Heimen gar nicht oder nur sehr selten verwirklicht werden konnte, hieß danach Lebensweltorientierung - die ja, wörtlich genommen, Fremdplatzierung zunächst ausschloss. Es ging und geht darum, die Lebenswelt und Lebenswirklichkeit jedes Individuums zum Ziel aller Bemühungen zu machen, sich daran zu orientieren und „aufsuchende Sozialpädagogik“ zu betreiben. Dies stärkte Hilfeformen wie die sozialpädagogische Familienhilfe, die Tagesgruppe oder verschiedene mobile und flexible Konstruktionen. Wie kommt nun aber eine Lebenswelt in Heimen zustande? Ist sie ein Gemisch aus lauter mitgebrachten Lebenswelten oder eine eigene und eigentümliche Kreation? Soll sie das Milieu, aus dem ein Kind kommt, möglichst kopieren? Oder doch lieber etwas Neues, Ermutigendes, Anregendes, Heilsames, Ausgleichendes, Anspruchsvolleres und Befriedigenderes in das Alltagsleben einführen? Soll die Hilfe dazu dienen, die Lebensbewältigung (vgl. Böhnisch) am jeweiligen sozialen Ort einzuüben, oder soll der soziale Ort mit vereinten Kräften verändert werden? Wie verhält sich die Orientierung an der Lebenswelt des jeweiligen Kindes zur Zielsetzung für jeden Einzelnen etwa im Hilfeplan oder zum bewussten Einsatz der Gruppendynamik? Soll die Verbindung mit der Familie und die Entlassungsvorbereitung deutlich mehr Gewicht bekommen gegenüber der Lebenszeit im Heim? Die Fragestellungen sind unverändert aktuell und nicht eindeutig zu beantworten. Gabriele Spieker bemerkt 1985 zur damaligen Tagung („Das Heim als lohnender Lebensort“) in ihrem mit Jürgen Blandow zusammen verfassten Beitrag („Heime: Lebensorte auch für Erzieher?“) zu dieser Problematik: “In diesem Zusammenhang finde ich auch die Fachdiskussion um die Alltagsorientierung durchaus problematisch, weil sie uns immer wieder auf den status quo verweist. Der Alltag der Heimerziehung war aber schon einmal chancenreicher.“

Blandow erinnert im gleichen Beitrag an Makarenko, der sich vehement gegen das Anknüpfen am bisher Gültigen im Leben der ihm Anvertrauten wehrte: „Aus dem Lump macht man nur einen Pionier, wenn man seine Lumpen verbrennt“ (Blandow/Spieker 1985). Das war schon 1985 und ist heute „unmodern“, aber es ist dennoch nicht vorbei. In dem Sammelband „Residential Child Care - an International Reader“, 1991 herausgegeben von Meir Gottesman, beschreibt Yitzhak Kashti die Heimtypen und ihre Ziele aus israelischer Sicht. Da heißt es zum „Educative Setting“, etwa dem heilpädagogischen Heim entsprechend: “Die Grundidee bezeichnet die Absicht, Kinder aus sozial randständigen Situationen, in BürgerInnen zu verwandeln, die sich selbst und der Gesellschaft nützlich sein können."(Kashti 1991, S. 20). Es sind verschiedene und nicht miteinander zur Deckung zu bringende Vorbilder, denen wir auch heute in der Heimerziehung begegnen. Wir sollten sie wahrnehmen und auf ihre Wirkungen hin befragen.

Zum Verhältnis von Privatleben, Beruf, Alltagsbewältigung und Zeiterleben

Der Arbeitsbegriff und der Arbeitszeitbegriff (vgl. Rolf Podgornik) haben viel damit zu tun, was Heimerziehung und Fremdplatzierung ist, welchen Vorbildern sie nachstrebt und wie es den betroffenen Kindern, ihren ErzieherInnen und allen, die mit ihnen arbeiten, dort ergeht. Jahrzehntelang wurde versucht, ErzieherInnen mehr in Richtung der selbstständigen Berufe mit freier Arbeitszeit und eigener Gestaltung des Arbeitsfeldes zu sehen und ihnen entsprechende Bedingungen zu schaffen. Es ist nur für einen kleinen Teil gelungen. Gleichzeitig nahm die tariflich vereinbarte Arbeitszeit ab und die Zahl der in einer Gruppe Arbeitenden zu. Sie alle kennen die damit zusammenhängenden und unbeendbaren Kontroversen. Es kann allerdings kein Zweifel daran bestehen, dass unterschiedliche Interessen von Kindern und Jugendlichen, die Teile ihrer Lebenszeit im Heim verbringen, einerseits und von berufstätigen KollegInnen andererseits nirgends deutlicher als hier zutage treten. Besonders deutlich hat hierauf immer wieder Martin Bonhoeffer hingewiesen. Da rund 80 % der Kosten im Heimen für die Gehälter gebraucht werden, kommen alle Sparbeschlüsse und alle Qualitätsdebatten nicht an der Frage vorbei, wie viel Geld der Gesellschaft ein Kind in öffentlicher Erziehung wert ist (vgl. die IGfH Tagung „Was kostet ein Kind?" 1981 in Kassel). Schon sind wir wieder bei dem Zusammenhang von Vorbildern mit strukturellen Bedingungen gelandet: Ist die Pflegemutter, die den Staat am wenigsten kostet, aus diesem Grund, oder auch aus ganz anderen Erwägungen die für manche Jugendämter vorbildliche Person für aus dem Nest gefallene Kinder? Wie viel Zeit und Geld „darf" für einen Einzelnen verwendet werden, wenn die Zahl der pädagogisch Bedürftigen laufend zunimmt? Welche Kategorien des „sich Lohnens" sind erlaubt und welche nicht?

Für Kinder in Heimen vergeht Lebenszeit, die sich mehrere Erziehinnen mit ihrer Arbeitszeit teilen. Für Kinder handelt es sich jedoch auch um Entwicklungszeit, deren Phasen zwar nicht unbeeinflussbar, aber unwiederholbar ablaufen. Die Jahre sind nicht in erster Linie finanziell kostbar, sondern vor allem individuell und schicksalhaft wertvoll und einmalig. Wir haben sehr lange gebraucht, um neben den Sozialisations-Bedingungen auch die Entwicklungstatsachen und deren Folgen in den Blick zu nehmen. Heute können wir nicht mehr darüber hinwegsehen, dass ein Jahr für eine Achtjährige viel länger ist als für eine Siebzehnjährige - dass es aber trotzdem nicht darum gehen darf, Fremdplatzierungen kurz zu halten - um fast jeden Preis! Lebenszeit im Heim ist nicht in jedem Fall Verselbstständigungszeit oder Therapiezeit, sondern auch und oft in besonderer Weise Kinderzeit, Jugendzeit, Orientierungszeit usw. Die Kinderdörfer, Kinderhäuser und Wohngruppen zeigen - und das in vielen Fällen vorbildlich, dass es auch heute Kinder gibt, die ankommen wollen und einen Platz brauchen, an dem sie wachsen dürfen. Da kein Mensch „immer" an einem und demselben Ort zuhause ist und bleibt, da heute Kinder ganz allgemein vermehrt ihren Sozialraum verlassen oder verändern (müssen), ist der Zeitfaktor erneut zu betrachten. So wenig wie die zeitliche Länge entscheidet die Kürze über die Qualität eines Zuhauses auf Zeit.

Die Zeit, betrachtet als Faktor, der häufig darüber mitentscheidet, ob Heimerziehung „gut" oder gar vorbildlich sei, kommt gegenwärtig fast nur noch quantitativ daher. Wie viele Stunden jemand anwesend ist und arbeitet, wie lange der Abenddienst dauert, nach wie vielen Wochen ein Jugendlicher sich allein am neuen Ort bewegen darf, wie oft das Team an Vormittagen zusammenkommt und wie viele Stunden Supervision ein Mensch nimmt oder angeboten bekommt - das alles und noch viel mehr kommt als rechnerische Größe und als Qualitätsbeleg vor. Wie aber steht es demgegenüber mit der Fülle der Zeit, mit Routine und Leerlauf, geformter oder „ausgenützter" Zeit usw.? Darüber sprechen ErzieherInnen, Mütter in Familien, Pflegeeltern usw. sicher miteinander. Aber in der professionellen Diskussion fehlt dieses Thema. Ich führe zwei Quellen als Beleg für die Wichtigkeit an: Der schon erwähnte Friedrich Trost zählt (Trost 1952-1966, S. 278) im Zusammenhang mit den „Grundrichtungen erzieherischer Wirksamkeit" auf, was erzieherische Sorge - hier vergleichbar mit „care" - beachten und bewirken kann: "Sie achtet ebenso auf Ruhe und Tätigkeit wie auf Atem und Ausdruck; sie bewahrt den ungehemmten Lebensrhythmus." Darunter kann man sich ganz Verschiedenes vorstellen, aber wenn es gelänge, wäre das sicher besonders gut.

Aus der Sammlung „Heimkinder erzählen", hrsg. von Renan Demirkan (Köln 2001) füge ich noch zwei Beispiele an, die das Thema der existentiellen Lebenszeit besonders eindringlich vor Augen malen. Die Beiträge sind während des Aufenthalts im Heim geschrieben:

> „Könnte man die Uhr doch nur zurückdrehen, nur ein bisschen, um das zu verändern, was einem Schmerz, Wut, Einsamkeit, Hilflosigkeit und Angst zugefügt hat. Sein Leben wieder in Griff bekommen. Doch die Zeit hält nicht still, wir müssen das Geschehene vergessen, das uns so mitgenommen hat. Denn Zeit heilt alle Wunden, doch die Narben bleiben ewig."
> Murat, 20 Jahre

> „Heute ist der erste Tag meines Lebens! Meine Mutti weiß noch nichts davon! Heute hat sie in der Schule einen Physiktest geschrieben, und ich habe ihr dabei Gesellschaft geleistet. Am Nachmittag war sie beim Arzt, der ihr sagte, dass ich im August geboren werde. Im August wird die Sonne scheinen. Doch ich werde sie nie sehen. Denn meine Mutti will mich töten." Christina, 17 Jahre

In einer gerade eben veröffentlichten Arbeit versucht Lothar Krappmann die Frage zu beantworten, was Bindungsforschung und Kinder- und Jugendhilfe einander zu bieten haben. Er meint: „Feinfühligkeit, Verfügbarkeit, Diskurse vollziehen sich an geteilten Orten und Zeiten. Dies führt in den Problemkreis der Vereinbarkeit der Zeitpläne von Familie und Arbeitswelt und auch zu den Personal- und Organisationsplänen der Einrichtungen für Kinder, die vielerlei Vorschriften zu berücksichtigen haben, in denen die Interessen der Kinder an dauerhaften, vorhersehbaren Beziehungen bzw. an Informationen über Veränderungen und Wechsel immer noch zu kurz kommen." ... „Versuche, die Qualität von Einrichtungen für Kinder durch Förderung der Beziehungsfähigkeit zu stärken, sind mir in der gegenwärtigen Qualitätsdebatte nicht bekannt geworden, gehören aber dringend in die derzeit aufgeworfene Frage nach Qualitätssicherung der pädagogischen Arbeit in den Einrichtungen für Kinder" (Krappmann 2001, S. 342 f.). Vielleicht ist die Qualitäts-Sicherung identisch mit der Suche nach Vorbildern in der Heimerziehung.

Zur ethischen Grundlegung in der Heimerziehung als einem gesellschaftlichen Subsystem, zu Freiheitsversprechen und Bindungsnöten

Welche Forderungen stellen wir nun also selbst an eine gute, vorbildliche Erziehung im Heim? Was regt uns an, um neue und alte Einschätzungen auf ihre Brauchbarkeit zu überprüfen? Welche Vorbilder fordern *uns* heraus? - Maria Kontos empfiehlt den SozialarbeiterInnen eine „sachlich kalkulierende Solidarität" - sicher doch deshalb, weil Solidarität a l l e i n allzu leicht in den Verdacht des Idealismus und der Realitätsfremdheit gerät. Vielleicht meint sie auch, dass die Kalkulation nötig ist, damit nicht andere durch ihre Berechnungen die Bedingungen vorgeben (Kontos 2001, S. 150)? Rolf Depner/Achim Trube denken über den Wandel der Gesellschaft und die Qualitätsdebatte im Sozialsektor nach. Sie fordern, „eine allgemein ethische Fundierung und berufsethische Flankierung, um nicht zum willfährigen Handwerkszeug gesellschaftlicher Selektionsprozesse zu verkommen. Dies ist eine epochale Aufgabe für die Disziplin, an der sie sich als Profession beweisen könnte." Sie meinen auch, dass „elaborierte Ethik-Normen denkbar sind, die es sozialer Arbeit und sozialen Diensten untersagen würden, an sozialer Selektion und an Ausgrenzung aus Sozialleistungen bzw. aus gesellschaftlichen Kommunikationszusammenhängen beruflich mitzuwirken." (Depner/Trube 2001, S. 235 u. 237). Das klingt abgrenzend und fordernd, aber noch wenig konkret. Näher an die Kinder heran ging Oskar Negt 1999 in Nürnberg bei der IGfH Jahrestagung, bei der er von „lebbaren Einheiten" und „Bindungsgebilden" sprach, die dringend nötig seien. Er sprach auch vom „sozialdarwinistischen Kältestrom" und davon, dass „das betriebswirtschaftliche Denken in den Köpfen auch aufklärungsbewusster Menschen sitzt", und endete mit dem dringenden Appell, „Jugendhilfe und Jugendpolitik in eine Gesellschaftspolitik einzubeziehen mit ... der höchsten Wertigkeit, die es gibt, denn es bedeutet, die grundlegende Fähigkeitsausstattung der neuen Generation herzustellen, auch das zu bewältigen, was wir falsch gemacht haben....das wäre im Übrigen auch ein Akt, der einzig und allein dazu beiträgt, dass demokratische Gesellschaftsordnungen stabil bleiben" (Negt 2000, S. 90 ff.). Heimerziehung als ein Teil der Jugendhilfe und diese als Beitrag zur Rettung der Demokratie, das ist schon was!

Zwar hatte Blandow 1985 noch mehr nach vorn ausgegriffen und entsprechend gefordert: „Der Wunsch nach einem besseren Leben muss vorhanden sein (was man bei den Kindern und Jugendlichen wohl noch leichter voraussetzen kann als bei den Erwachsenen, so daß uns jene zu Lehrmeistern werden könnten), oder aber es läuft nichts als die Reproduktion einer schlechten Realität."

Nimmt man aber die Demokratie selber als Vorbild und als Solidaritäts-Grundlage, so gehen die beiden Forderungen in eine interessante Mischung ein. Ich will aber so harmonistisch nicht schließen, sondern noch eine überraschende Forderung von Peter Widemann (1991, S. 79) mitteilen, mit der er seinen Beitrag „Erziehungshilfen - Fortschritt und Stillstand" beendet:

> „Gesetzgeber und Jugendhilfe sollten sich ... stärker darauf besinnen, dass die - vielleicht einzige wirkliche - Freiheit zu lieben oder nicht zu lieben [eine Lebenstatsache ist und daher Liebe zu ihren Kindern] von Eltern nicht gefordert werden kann. Anstelle einer verbissenen, moralischen und schuldverursachenden Haltung gegenüber Eltern und Müttern muss eine Kultur entwickelt werden, in der die Freiheit, das eigene Kind nicht zu lieben, einen Platz hat; dies zuvörderst zum Wohle des Kindes."

Der- oder diejenige, die so denken, müssen um der Kinder willen das Vorbild der Stellvertretung bei Erzieherinnen hochschätzen, es pflegen und ihm nacheifern. Wenn nämlich Eltern die Freiheit haben, auch *nicht* zu lieben, dann braucht das Kind zu seinem Wohle eine StellvertreterIn - oder mehrere - auf dem Weg ins Leben. Stellvertretung vereint menschliche und professionelle Fähigkeiten auf eine Weise miteinander, dass auch die Lebenszeit im Heim viel mehr sein kann als ein schlechter Ersatz für eine Familie. Dass das Vorbild einer „richtigen" Familie unerreichbar bleibt, wissen wir.

Literatur

BFSFJ (Hg.) (1998): Leistungen und Grenzen von Heimerziehung. Ergebnisse einer Evaluationsstudie stationärer und teilstationärer Erziehungshilfen. Bd. 170 der Schriftenreihe des BFSFJ. Hier besonders S. 506-576.

Birtsch, V (1979): Psychologische Tätigkeit in der Heimerziehung - Integrierte Kompetenz im pädagogischen Alltag? In: Materialien zur Heimerziehung, H. 3, S. 3-5.

Blandow, J./**Spieker**, G. (1985): Heime: „Lebensorte" auch für Erzieher? In: Materialien zur Heimerziehung, H.4-5, S.4-9.

Bloch, E. (1970): Tübinger Einleitung in die Philosophie, S.102-104, 113-116, 322-325.

Bonhoeffer, M. (Hg.) (1982): Was kostet ein Kind? Einsatz öffentlicher Mittel für das Leben junger Menschen außerhalb der Familie, Beiträge zur IGfH Jahrestagung 1981

Bürger, M. (befragt von H.-U. **Krause**) (1999): „Ich habe die Tür einfach nicht zumachen können". Bericht, 10 Wochen nach dem letzten Tag. In: Forum Erziehungshilfen, H. 5/99, S. 266-269

Demirkan, R.(Hg.) (2001): Der Mond, der Kühlschrank und ich. Heimkinder erzählen.

Depner, R./**Trube**, A. (2001): Der Wandel der Gesellschaft und die Qualitätsdebatte im Sozialsektor. In: Neue Praxis, H.3, S. 217-238

Düe, A. (1985): Warum ich Erzieherin bin. In: Blätter der Wohlfahrtspflege, H.9/85

Frommann, A. (1987): Da-Sein in Stellvertretung. In: IGfH (Hg.)): Anne Frommann - Da-Sein in Stellvertretung. Ausgewählte Aufsätze zur Heimerziehung 1960-1986.

IGfH (Hg.) (1977): Zwischenbericht Kommission Heimerziehung. Heimerziehung und Alternativen - Analysen und Ziele für Strategien (Federführung: Martin Bonhoeffer).

IGfH-Fachgruppe Ost-West: Grundsatzfragen der stationären Jugendhilfe in Ost und West - Zwischenbericht. In: Materialien zur Heimerziehung, H. 4/93, S.7-13.

Kashti, Y.: Residential Education and Care. A Sociological Perspective. In: Meir Gottesman (Hg.): Residential Child Care. An International Reader. London 1991, S. 18-25.

Kontos, M. (2001): Sind Solidarität und Kooperation förderbar? In: Neue Praxis, H.2/01, S.145-159

Krappmann, L.(2001): Bindungsforschung und Kinder- und Jugendhilfe - was haben sie einander zu bieten? In: Neue Praxis, H.4/01, S.338-346.

Münstermann, K. (1996): Nichts ist umsonst - Leitungserfahrungen zwischen Unbekümmertheit und Dauerverletzung. In: Forum Erziehungshilfen, H.2/96, S. 62-65

Negt, O .(2000): Erziehung für eine solidarische Gesellschaft. In: Beniers, S. u.a. (Hg.): Wie jugendhilfefähig ist Politik - wie politikfähig ist Jugendhilfe? S. 83-96.

Schmutz, E.: Aus der Geschichte lernen - Analyse der Heimreform in Hessen (1968-83). Teil I und II. In: Forum Erziehungshilfen, H.2/2000, S. 118-123 und H.3/2000, S. 183-186.

Schrapper, C./**Heckes**, C.: Die un-heimliche Heimat - historische und pädagogische Skizzen zur Interpretation des Begriffes „Heimerziehung". In: Materialien zur Heimerziehung, H. 2-3/86, S. 1-4.

Siegel, E. (1986): Elisabeth Siegel im Gespräch mit Anne Frommann. In: Kaiser, A./Oubaid, M. (Hg.): Deutsche Pädagoginnen der Gegenwart. S. 83-94.

Siegel, E.(1988): Gemeinsame und unterschiedliche Voraussetzungen der sozialen Berufsarbeit bei Frauen und Männern. In: Siegel, E.: Erfahrung als Entwurf, S. 56-74.

Tonbildschau. Auszüge aus: „So sehe ich meine Erzieherinnen und Erzieher". Interviews mit Jugendlichen. In: Materialien zur Heimerziehung, H.4-5/85, S.9-11.

Trost, F.: Die Wirkweisen des Erziehers, S. 891-909.

Trost, F.: Einleitung in die Verwahrlostenpädagogik. In: Trost, F./Scherpner, H. (Hg.): Handbuch der Heimerziehung. 1952-1966. S. 248-280.

Widemann, P. (1991): Erziehungshilfen Fortschritt und Stillstand. In: Arbeitsgemeinschaft Jugendhilfe/Deutsches Jugendinstitut (Hg.): Der Jugend eine Zukunft sichern. S. 59-81.

Wieland, N. u.a. (1992): Ein Zuhause - kein Zuhause. Lebenserfahrungen und -Entwürfe heimentlassener junger Erwachsener.

Wilfert, O. (1969): Das Erziehungsheim gestern, heute und morgen.

Winkler, M. (1999): Das Problem mit den Klassikern. In: Colla, H. E. (Hg.): Handbuch Heimerziehung und Pflegekinderwesen in Europa. S.191-219.

Herbert Schlippert

Zum professionellen Umgang mit dem Angebot Beziehung

Oft, in meinen Augen auch merkwürdigerweise, hat das Wort „professionell“ in unserer Berufsgruppe einen eher negativen Klang. Häufig werden in diesem Zusammenhang Distanz, Unnahbarkeit, Unengagiertheit, sich nicht einlassen etc. interpretiert. Ich denke, das Wort wird damit falsch eingeschätzt. „Professionell“ bedeutet zunächst einfach nur „berufsmäßig“. Ich definiere in unserem Zusammenhang Professionalität als reflektierten Umgang mit den in einem Arbeitsfeld erforderlichen Kompetenzen.

Jede pädagogische Fachkraft, die in einem organisierten, professionellen Alltag mit Kindern lebt, wird den Themenkomplex „Beziehung und Beziehungsarbeit“ als eins der Kernstücke seiner Aufgabenstellungen sehen.
In den Ausbildungsgängen der Fachinstitutionen, die sich der Ausbildung von Erziehungsfachkräften widmen, gehört der Themenbereich Beziehungsentwicklung und Beziehungsaufbau sowohl aus entwicklungspsychologischer als auch aus pädagogischer Sicht zu den zentralen Aspekten der Ausbildungsthematik.

Im Folgenden möchte ich Gedanken mitteilen, die in unserem professionellen Alltag zu oben genannten Punkten entstanden. Hierzu ist es notwendig, in Kürze unsere Institution vorzustellen.
Unser Kinderzentrum für Clearing und psycho-soziale Integration (ÜBZ) ist eine Einrichtung in einem Kinder- und Jugendhilfeverbund in Nürnberg. Das Kinderzentrum ist eine auf Diagnostik, Therapie und Beratung spezialisierte, interdisziplinäre Einrichtung mit Kurzfrist-Aufenthalt.

Das Kinderzentrum übernimmt die Aufgabe,
- bei massiven Entwicklungsgefährdungen und Verhaltensauffälligkeiten von Kindern

- bei stark verfestigten bzw. komplexen familiären Problemkonstellationen
- in akuten Krisensituationen

auf der Basis einer umfassenden Diagnostik Perspektiven aufzuzeigen sowie Entwicklungen einzuleiten und Maßnahmen durchzuführen, die für alle Beteiligten möglichst entlastend wirken, neue Erfahrungen und Handlungsalternativen eröffnen und Kompetenzen entscheidend stärken.

Die Kinder, die unsere Einrichtung besuchen, wohnen zusammen mit fünf weiteren Kindern in einer Wohngruppe. Für die pädagogischen Aufgabenstellungen stehen im Tagdienst 3,5 Stellen für erzieherische Fachkräfte zur Verfügung. In den Nachtstunden übernimmt eine Nachtwache die Wohngruppe. Die wöchentlichen Fallbesprechungen, an denen sowohl die pädagogischen als auch Fachkräfte aus den Bereichen Psychologie, Kinder- und Jugendpsychiatrie, systemische Familientherapie, Schule und Heilpädagogik teilnehmen, dienen sowohl dem Prozesscontrolling als auch der konkreten Interventionsplanung.

Wenn wir unsere Rahmenbedingungen vorstellen, wird deutlich, dass die Faktoren

- befristeter Aufenthalt (im Durchschnitt 6 Monate)
- hoher Betreuungsschlüssel
- am Anfang ungewisse Perspektive der Kinder
- erhöhter Wechsel der Kinder in der Gruppe
- Krisenkontext

scheinbar wenig zu Beziehungsaufbau und Beziehungsentwicklung beitragen. Dennoch zeigt sich in unserem Alltag, dass wir mit diesem Thema täglich neu und zwar in höchst professionell-kreativer als auch in „mitmenschlicher“ Form gefragt und gefordert sind. Einige unserer Gedanken, die aus unseren kollegialen Beratungen und Fallbesprechungen stammen, möchte ich in Kürze im Folgenden wiedergeben.

Das Misstrauen

Bei Kindern, die in einem professionellen Jugendhilfekontext betreut werden, kann in den seltensten Fällen von einer umfassenden Freiwilligkeit der Kinder zu dieser Maßnahme ausgegangen werden. Viel muss in einem Lebensumfeld passieren, bis der entscheidende Schritt in die Lebenswelt einer stationären Jugendhilfe erfolgt. Kinder, die zu uns kommen, haben teilweise schon erhebliche Krisenverläufe erlebt, sind inmitten eines krisenhaften Geschehens. Wir erfahren von unseren Kindern (wenn auch erst nach einiger Zeit), welche „kommunikativen Katastrophen" in ihrem familiären Umfeld stattgefunden haben, welche Verletzungen das „Urbeziehungsgefüge" erlebt hat.

Auf diese „Zumutungen" reagieren viele der Kinder mit teils ausgefeilten, teils unbeholfenen Überlebensstrategien. Viele dieser Versuche, wieder und mit allen Mitteln in Kommunikation mit der „Erwachsenenwelt" zu treten und auf sich aufmerksam zu machen, führen oft in einen Teufelskreis. Wegen der unangemessenen Wege und Mittel erfahren diese Kinder neue Ablehnungen, die sie wieder zu neuem unangemessenen Verhalten zwingen.

Wir erleben oft Kinder, die nur noch einem Menschen wirklich trauen: sich selbst, und in manchen Fällen noch nicht einmal mehr das. Zwar erleben wir diese Kinder oft auch voller Sehnsucht nach einer „Beziehungszielperson", aber die augenblickliche Lebenslage und die bisherigen Erfahrungen zwingen diese Kinder zur berechtigten Vorsicht, zum erhöhten „Miss-Trauen". Um sich wieder trauen zu können, bedarf es Erfahrungen, bedarf es Zeit. Voraussetzungen, die unsere Kinder erst einmal nicht mitbringen.

Der Respekt

Wir Erwachsenen sind in einer ganz besonderen Situation. Oft sind wir Adressaten von Bedürfnissen, Hoffnungen, Erwartungen, aber auch Zielscheibe von Projektionen und Frustrationen.

Bei jedem neuen Kind wissen wir „nichts". Wir haben zwar Informationen bekommen, teilweise aus sehr dicken Akten, wir haben die Geschichte des

Scheiterns gelesen, wir haben oft traurige, manchmal tragische Sachen erfahren. Trotzdem wissen wir nichts. Jedes neue Kind hat seinen eigenen Weg, hat seine eigenen Mechanismen entwickelt, mit seiner speziellen Situation umzugehen und seine persönlichen Energien für sich einzusetzen.

Wir haben gelernt, Respekt zu entwickeln, Respekt vor dem „Anderssein" dieser Kinder, wobei das Anderssein nicht als Stigma gemeint ist, sondern nur eine selten gesehene bzw. erlebte Variante des in unserem Kulturkreis üblichen Verhaltensspektrums. Wir haben Respekt vor Verhaltensweisen, die diese Kinder entwickelt haben, um zu überleben, um auf sich aufmerksam zu machen. Wir haben Respekt vor entwickelten Energien, die diese Kinder „auf ihre Art" stark gemacht haben. Dieser Respekt ist unser „Gastgeschenk" an die Kinder, die in unsere Gruppen kommen, als Zeichen der Offenheit für alles, was sich weiter entwickeln kann.

Das Angebot

Ausgehend von der speziellen Lage der Kinder, die in unsere Gruppen kommen, wollen und können wir nicht das anbieten, was im weiteren Kreis als „Beziehungsangebot" umschrieben wird. Was wir anbieten sind wir, die Erwachsenen, mit einer unvoreingenommenen, also positiven und freundlichen Grundhaltung. Wir können nur unsere Persönlichkeit darstellen, ein Angebot unseres Selbst machen. Da heißt es nicht fordern, sondern Zeit geben. Was Beziehung ist oder werden soll, ist von so vielen sich gegenseitig bedingenden Faktoren abhängig, von denen Zeit und Persönlichkeit zwei unter vielen sind.

Wir wissen um die Krise, wir wissen auch um unsere eigenen Unzulänglichkeiten, aber wir sind da mit einem Hilfeangebot, mit der Ressource unseres Selbst.

Das Warten

Jedes unserer Kinder geht seinen eigenen Weg, auf uns Erwachsene zu reagieren. Diese Wege sind sehr zahlreich und sehr unterschiedlich. Da gibt es Kinder, die uns schon nach einigen Stunden auffordern, ihre „Väter" bzw.

„Mütter“ zu sein und andere, die uns offen zeigen, wie sehr sie uns ignorieren, wie sehr ihnen unsere Angebote suspekt sind.

Wir haben gelernt, dass oft ein wichtiger Weg zum Aufbau einer Beziehung das Warten ist. Sehr oft erleben wir, dass Kinder unsere sogenannten „Beziehungsangebote“ erst bis auf das Mark hin testen müssen, vielfach mit vielen „Testfolgen“, bevor sie einen Ansatz sehen, uns trauen zu können.

Zeit ist ein bedeutender Faktor, der nicht zu unterschätzen ist und der bewusst eingesetzt werden sollte. Beziehung, in all ihren Formen, ist zeitunabhängig. Sie kann sich früher entwickeln oder später, manchmal überhaupt nicht. Mit allem sollte man rechnen.

Professionalität in diesem Zusammenhang bedeutet auch, den Umgang mit Zeitschienen zu lernen, eine erweiterte Palette von „Beziehungs-Anknüpfpunkten“ anzubieten und auf das Erwartbare vorbereitet zu sein.

Die Professionalität

Josef Beuys hat einmal in seiner bekannten Radikalität den Satz geprägt: „Wer nicht denken will, fliegt raus.“ Wenn ich diesen Satz beziehe auf das Thema des Umgangs mit dem Angebot Beziehungen, kann ich vergleichend sagen: Wer nicht reflektiert, also professionell mit dem Aspekt Beziehung zwischen sich und seinem Gegenüber umgeht, wird ebenfalls „rausfliegen“, d.h., Beziehungsansätze werden nicht wachsen.

Zum reflektierten Umgang mit den eigenen Kompetenzen in einem Erziehungsumfeld gehören die permanente Reflexion der von mir ausgehenden Beziehungsangebote und deren Erwiderung durch mein Gegenüber. Diese Reflexion wird nicht immer einfach sein, weil, wie oben schon beschrieben wurde, die Antwort der von uns betreuten Kinder oft sehr kreativ, auch eigenwillig und damit stets neu zu interpretieren ist.

Distanz und Nähe

Das Erlernen des Umgangs mit Distanz und Nähe ist ein komplizierter Prozess. Bestandteile dieser Entwicklung sind im starken Maße die eigene Persönlichkeit, sind berufliche Erfahrungen, die man in Reflexion mit seiner Persönlichkeit abstimmt. Es ist, wie schon erwähnt, der reflektierte Umgang mit den eigenen Kompetenzen. Der Bereich des Beziehungsaufbaus und der Beziehungsinitiative wird bei keinem Kind, das man kennt, gleich sein. Erfahrungen, die man mit einem Kind gemacht hat, werden sich schon bei dem nächsten nicht mehr in dieser Form wiederholen. Ebenso breit wie die Palette von Beziehungsinitiativen sind die Reaktionen, die sich daraus entwickeln.

Eine Erziehungsfachkraft ist sowohl eine Handelnde als auch eine Wartende. Sie ist auch eine sich permanent hinterfragende Person. Geduldig wirbt und wartet sie. Sie ist bereit, ihre Initiative und die Reaktion hierauf zu analysieren und zu hinterfragen. Ein fordernder Beziehungsanspruch kann den sensiblen Angeboten eines beziehungstraumatisierten Kindes nicht gerecht werden, im Gegenteil dazu führen, dass sich die Kinder endgültig verschließen. Ebenso kann das Annehmen von teilweise brachial vorgebrachten Annäherungswünschen eines Kindes eine perspektivisch tragende Beziehung schon im Anfang verhindern. Das kontrollierte Umgehen mit einem für sich selbst schlüssigen Distanz und Nähe Konzept muss auch eine Erziehungsfachkraft schützen vor teilweise elementaren „Beziehungsgewalten" von Kindern, deren Beziehungsangebot auch von Verzweiflung geprägt ist.

Hier muss das Instrument Supervision, ob im Rahmen der Einzelsupervision oder im Team, genutzt werden, um die eigene professionelle „Beziehungsgeschichte" und auch die eigenen „blinden Flecken" im Auge behalten zu können.

Ehrlichkeit

Wir haben gelernt, dass wir den Kindern gegenüber ehrlich sein müssen. Ehrlich zu sein als Fachkraft bedeutet, für sich selbst klar zu legen, was man leisten bzw. nicht leisten kann. Bezogen auf die Beziehungsarbeit bedeutet das auch, sich einzugestehen, dass es unter den uns anvertrauten Kindern auch die gibt, zu denen ein Beziehungsaufbau nur teilweise möglich ist bzw. nur so begrenzt möglich ist, dass die fachlichen Ziele nicht erreicht werden können.

Ehrlichkeit bedeutet zu akzeptieren, dass Beziehungsarbeit eine Zeitschiene verlangt, die in vielen Fällen am Anfang nicht überschaubar ist. Ehrlichkeit bedeutet auch zu sehen, dass es auf der großen Wiese der Beziehungsfähigkeit sowohl „Orchideen“ als auch sehr „mickrig“ wachsendes „Unkraut“ gibt. Beide sind in ihrer Funktion äußerst wichtig und dem jeweiligen Adressaten notwendig angepasst. Jeder von uns hat seine eigenen Stärken und auch Unzulänglichkeiten, die aber in ihrer Gesamtheit ein eigenes, individuelles Persönlichkeitsprofil ergeben, was den Kindern, die uns anvertraut sind, auch die Möglichkeit gibt, uns zu unterscheiden und Beziehungsschwerpunkte zu setzen.

Nur wenn wir mit uns selbst ehrlich sind, wissen wir, was wir an Beziehungsmöglichkeiten ertragen und auch ehrlich anbieten können. Dann werden wir authentisch und schaffen so einen Boden, auf dem auch Beziehungsangebot und Beziehungsantwort realistisch werden.

Mathias Schwabe

Was HeimerzieherInnen alles leisten und bewältigen (können müssen). Anforderungen an Fachlichkeit und Belastbarkeit der MitarbeiterInnen in stationären Gruppensettings

Wenn ich im Folgenden von „Heim“ spreche, dann meine ich damit Wohngruppen für Kinder und Jugendliche im Rahmen der Erziehungshilfe (Außen-, Innenwohngruppen, Jugendwohngemeinschaften, Kleinstheime, Wochengruppen etc.), die von Sozialpädagogischen Fachkräften betreut werden; andere Settings, die z.T. dem § 34 zugeteilt werden wie Betreutes Jugend- oder Einzelwohnen oder Mobile Betreuung etc., bei denen Gruppenbezüge eine untergeordnete Rolle spielen oder die von vorneherein auf eine Aufenthaltsdauer von weniger als ca. vier Wochen hin angelegt sind (Inobhutnahme-Gruppen, Clearingstellen etc.), fallen damit hier nicht in die Kategorie „Heim“. Das Nachdenken über die Handlungs- und Wissenskompetenzen von HeimerzieherInnen ging bei mir in einem dreistufigen Prozess vor sich, den die Gliederung dieses Beitrags widerspiegelt:

Begonnen habe ich mit einer Liste von **Basis-Kompetenzen** für die sozialpädagogische Gestaltung des Heimalltags (1), wobei ich versucht habe, diese recht lange Liste nach unterschiedlichen Kriterien zu ordnen. In einem zweiten Schritt habe ich mir das Setting „Heim“ und „Gruppe im Heim“ genauer angeschaut; dabei wurden noch einmal **spezielle** Anforderungen deutlich, aber auch **widersprüchliche Anforderungen** an die HeimpädagogInnen (2): Diese Widersprüche sind nicht einfach Ausdruck einer fehlgeleiteten Institutionskultur, die man irgendwie korrigieren könnte, sondern diese Widersprüche sind in der Sache selbst, d.h. der Pädagogik, dem Umgang mit schwierigen Jugendlichen, der Arbeit an einem familienersetzenden Ort etc. verankert. Es handelt sich also um auf Dauer gestellte Widersprüche, die man als HeimerzieherIn irgendwie bewältigen muss. Dann habe ich das weit verbreitete sozialpädagogische Leitbild der „Beziehungsarbeit“ daraufhin betrachtet, ob es zur Bewältigung dieser widersprüchlichen Erwartungen taugt oder die Heimpädagogikfachkraft durch dieses sich noch zusätzliche zu ihren ohnehin schon vorhandenen Ansprüchen auflädt (3). Weil das aus meiner Sicht der Fall ist, habe ich ein **alternatives Leitbild** entwickelt (aus Ermangelung eines besseren Begriffs nenne ich es vorläufig „Netzwerkarbeit"), das besser mit den ohnehin zu leistenden Aufgaben vereinbar ist. Und zum Schluss habe ich einige wenige zentrale Voraussetzungen beschrieben, die in Institutionen gegeben sein müssen, damit die als vorhanden unterstellten Kompetenzen der MitarbeiterInnen und ihre Bereitschaft zur Widerspruchs-Bewältigung überhaupt zum Tragen kommen (4).

Mit all dem hoffe ich, ein Professionsprofil beschrieben zu haben, das (im Unterschied beispielsweise zu Maykus, 2000) praktisch und theoretisch so anspruchsvoll angelegt ist, dass es den tatsächlichen Herausforderungen des Berufsfeldes gerecht wird und zugleich so alltagsnah formuliert ist, dass es Mut macht sich ihm zu stellen. Heimerziehung ist ein „hartes Brot", das nicht jedem bzw. jeder schmeckt und für das nicht jeder geeignet ist. Für mich stellen meine Jahre im Heim den schönsten Teil meiner Berufsbiografie dar. Ich hoffe auch davon wird etwas deutlich.

1. Welche Kompetenzen braucht professionelle Heimerziehung auf Seiten der MitarbeiterInnen?

Im ersten Schritt soll eine Liste der Kompetenzen entwickelt werden (vgl. Liga 1992), die für eine fachlich legitimierbare Heimpädagogik meiner Auffassung nach zentral sind.
Dabei strukturiere ich diese Liste nach:

- „persönlichen Voraussetzungen" (1.1)
- „allgemeinen sozialpädagogischen Kompetenzen" (1.2)
- „Heim-spezifischen Kompetenzen" (1.3).

1.1 Ausbildungs-unspezifische persönliche Voraussetzungen zur Ausübung des Berufs „HeimpädagogIn"

- Lust am Zusammenleben mit Kindern/Jugendlichen auf Zeit
- Zuverlässigkeit, Genauigkeit, Gewissenhaftigkeit in der Erledigung von Aufgaben und Weitergabe von Informationen, z.B. alle relevanten In-

formationen ins Dienstbuch eintragen, regelmäßig wichtige Kooperationspartner kontaktieren etc.

- Mit unterschiedlichen Personen gut ins Gespräch kommen; anderen zuhören und sich klar und anschaulich mitteilen können. Das gilt auch fürs Telefonieren und Schreiben von Briefen.
- Durchsetzungsfähigkeit und Belastbarkeit, d.h. mit einem beträchtlichen nicht weiter reduzierbarem Ausmaß an täglicher Hektik, Streit, Unsicherheit und Komplexität in der Heimgruppe leben zu können, ohne auszubrennen oder krank zu werden. Eine robuste Physis und die Fähigkeit evtl. auch nachts im Heim schlafen zu können sind wünschenswert.
- Bereitschaft, Haushalts- und Versorgungsaufgaben wahrzunehmen, wenn möglich mit Blick für ästhetische Gestaltungsmöglichkeiten (Gemälde, Blumen etc.)
- Ein oder zwei Aktivitäten, die man selbst gut beherrscht und mit Spaß betreibt und die man mit Freude weitervermitteln kann: Jonglieren, Kochen, Seidenmalerei, Klettern etc.

Diese Voraussetzungen können auch nicht-ausgebildete Personen wie z.B. Zivildienstleistende, Reinigungskräfte oder Hausmeister mitbringen. Sie können darin sogar Fachkräften überlegen sein! Die Grundvoraussetzungen sind durch Ausbildung und Studium nicht „herstellbar“, aber bilden ihrerseits die Grundlagen dafür, dass Ausbildung und Studium, mit dem Ziel Sozial- bzw. HeimpädagogIn zu werden, fruchtbar werden können. Diese allgemeinen, berufsunspezifischen Voraussetzungen reichen aber für eine professionelle Heimerziehung nicht aus! Sie sind notwendige, aber nicht hinreichende Bedingungen für eine professionelle Tätigkeit in diesem Feld. Aber ohne sie bliebe die Heimerziehung „kalt“ und leblos.

1.2 Allgemeine sozialpädagogische Kompetenzen

Die folgenden Themen müssen in jeder/m sozialpädagogischen Ausbildung/Studium, die für die Soziale Arbeit mit Klienten qualifiziert, ausführlich behandelt werden, weil sie in vielen Feldern der Sozialen Arbeit relevant sind. Neben der theoretischen Ableitung sind praktische Übungen zum Erwerb von Basiskompetenzen innerhalb der Ausbildung sicherzustellen. Sie bedürfen zu ihrer sicheren und qualifizierten Handhabung längerer Übung

„on the job“ und begleitender Unterstützung in Form von Beratung, Intervision, Supervision, Fortbildungen etc.

- **Sozialpädagogische Diagnostik**: Den Klienten in seinen Lebensweltbezügen verstehen, relevante Bezugspersonen herausfinden, Lebensthemen und –geschichten rekonstruieren, Ressourcen und Stärken und (geheime) Wünsche entdecken.
  „Schwierige“ Verhaltensweisen als Bewältigungsversuche aktueller oder vergangener Belastungen interpretieren.
- **Hilfeplanung (Angebotsplanung)**: Auftragsklärung, wer verbindet mit der Hilfe welche Ziele; angemessene Ziele aushandeln, mit Ziel-Dissens zwischen verschiedenen Interessentengruppen (Eltern, Jugendamt, Team, Jugendlicher) umgehen können. Ziele konkretisieren und in leistbare Schritte übersetzen. Mittelfristige Planungen aufstellen und umsetzen, reflektieren und revidieren.
- **Gesprächsführung,** d.h. Gespräche in begrenzten Zeiträumen mit unterschiedlichen Personen freundlich, respektvoll und zielorientiert führen können. Vertrautheit mit Grundformen von Beratung, Moderation, Konfrontation und Mediation. Fähigkeit zwischen diesen Gesprächsformen flexibel und situationsangemessen wechseln zu können.
- **Kooperation mit anderen Fachkräften**, z.B. Jugendamt bzw. anderen Professionen (LehrerInnen, ÄrztInnen) unter Berücksichtigung unterschiedlicher Verantwortlichkeiten, Aufgabenstellungen und institutioneller Kontexte.
- **Reflektierte Regulierung von Nähe- und Distanz** gegenüber Klienten und gegenüber der eigenen Betroffenheit/Involviertheit in einen Fall, d.h. Fähigkeit zur Selbstreflexion und Selbstkritik (was ist mein Anteil an einem aktuellen Problem?).
- **Krisenintervention,** d.h. Durchspielen von alternativen Strategien im Umgang mit eskalierten Problemen, Risikoabschätzung und Entscheidungsfähigkeit auch in **zugespitzten Situationen und unter Zeitdruck. Beim Handeln Kontrolle über eigene Körpersprache und Erregungsniveau.**
- **Überblick über die unterschiedlichen Systeme Sozialer Hilfen** und ihre Möglichkeiten (Sozial-, Alten-, Behinderten-, Drogenhilfe, Sozialpsychiatrische Dienste etc.) der Unterstützung im Einzelfall

- **Zeitmanagement und Arbeitsorganisation**: Strukturierung der Arbeitswoche bzw. des Arbeitstages gemäß anfallender Aufgaben und Termine, kurz- und mittelfristige Planung von eigenen Arbeitsvorhaben.
- **Rechtskenntnisse** bezüglich SGB VIII, KJHG, Jugendgerichtsgesetz, Ausländerrecht etc.
- **Sozialpolitisches Grundwissen**, das hilft, scheinbar individuelles Fehlverhalten mit Hilfe der Kategorien von struktureller Benachteiligung und sozialer Randständigkeit zu reflektieren. Basiswissen Gemeinwesenarbeit/Sozialraumorientierung.

1.3 Spezifische sozialpädagogische Kompetenzen in der Heimerziehung

Die folgenden Kompetenzen sind zumindest in dieser Kombination vor allem für die voll- und teilstationäre Betreuung von Gruppen nötig. Sie sind - zu meiner eigenen Überraschung - zum größeren Teil weder kinder- noch jugendspezifisch, sondern begründen sich überwiegend aus dem Setting Wohngruppe d.h. einem Ort, an dem eine Klientengruppe (dauerhaft oder vorübergehend) lebt und deren Alltag von PädagogInnen begleitet, gestaltet und (mit)organisiert wird (vgl. die Kategorie des „Ortes“ bei Winkler 1987, S. 263 ff). Die hier genannten Kompetenzen sind also mit hoher Wahrscheinlichkeit auch in Wohngruppen mit psychisch Kranken, Strafentlassenen oder alten Menschen von Bedeutung. Sie können in Ausbildung und Studium behandelt werden, bedürfen zu ihrer sicheren und qualifizierten Handhabung aber längerer Übung und begleitender Unterstützung in Form von Beratung, Intervision, Supervision, Fortbildungen etc.

- **Gestaltung von Alltag in zweierlei Hinsicht**: Strukturierung bzw. Regelung von Alltagsprozessen (Essen, Hausaufgaben etc.) und Bereitstellung attraktiver Angebote und Räume.
  Für adäquate Mischung von körperbezogenen, motorischen und sprachbezogenen-reflexiven Aktivitäten sorgen.
- **Gruppendynamische Prozesse erkennen** und in konstruktive gruppenpädagogische Aktivitäten übersetzen.

- **Kontakte mit der Herkunftsfamilie fallspezifisch gestalten**, damit Wiederannäherungen bzw. Versöhnungsprozesse, aber auch Ablösung und (zeitweilige) Distanzierung von der Familie möglich werden.
- **Anknüpfungspunke für pädagogische Prozesse im Alltag wahrnehmen** (oder bewusst übersehen) oder durch Arrangements schaffen, z.B. bewusstes Liegenlassen von Müll, damit man zu einer neuen Aufräumregelung kommt.
- **Möglichkeiten für Mitgestaltung und Partizipation entwickeln**, damit Kinder/Jugendliche das Heim/die Gruppe als einen von ihnen gestaltbaren Lebensort erfahren können, z.B. Speiseplan, Gruppenregeln etc.
- **Sicherheit, Stabilität und Ordnung in der Wohngruppe aufrechterhalten** und/oder immer wieder herstellen als Basis für darauf aufbauende pädagogische Prozesse.
- **Konflikte mit Klienten oder unter Klienten offenlegen** und im Rahmen pädagogisch legitimierter Handlungsformen austragen. Anlässe und Ursachen für Konflikte auf unterschiedlichen Ebenen erkennen und präventive und situative Konfliktlösungsformen entwickeln und umsetzen.
- **Teamfähigkeit:** D.h. Aufgaben- und Rollenverteilungen im Team gemäß der Kompetenzprofile der MitarbeiterInnen reflektiert und aufgabenadäquat aushandeln, einseitige und festgefahrene Team-Strukturen reflektieren und verändern. Klarheit und Sicherheit in Absprachen, vor allem was Regeln und Anforderungen gegenüber Kindern/Jugendlichen betrifft.
- **Fundierte entwicklungspsychologische Kenntnisse** und ihre Einordnung in sozialpädagogische Fragestellungen. Insbesondere die Fähigkeit non-verbale und symbolische Äußerungen von Kindern und Jugendlichen verstehen und mit eigenen non-verbalen und symbolischen Schöpfungen (Bastelangebot, Einladung zu bestimmter Aktivität, Aushalten von Schweigen, Anbieten von Bildern oder Filmen, bildhafte Sprache etc.) darauf reagieren zu können.
- **Rechtskenntnisse** bezüglich spezifischer Themen wie Aufsichtspflicht, Drogenkonsum, Sexualität, Freiheitsberaubung etc.

Ein zweiter Ordnungsversuch:

Die bisher dargestellten Kompetenzen lassen sich inhaltlich drei Gruppen zuordnen (vgl. Geissler/Hege 1978, Müller 1982, S.140):

Instrumentelle Kompetenzen = das Verfügen über Fähigkeiten und Fertigkeiten (von der Gesprächsführung bis zur Gestaltung eines Sommerfestes), abrufbare Verhaltensroutinen (immer wenn ...dann) und Wissensbestände.

Reflexive Kompetenzen = die Fähigkeit Situationen zu analysieren und mittels denkerischer Distanz bzw. Kreativität neue Bezugspunke für die eigene Haltung oder das Handeln gegenüber Klienten oder Systemmitgliedern zu entwickeln.

Soziale Kompetenzen = Fähigkeiten der Ankopplung an Klienten (und KollegInnen) mit dem Ziel und der Wirkung, dass Kontakt und (mit der Zeit) tragfähige Arbeitsbündnisse entstehen, ohne dass eigene fachliche oder persönliche Ansprüche aus den Augen geraten.

Einen etwas anderen, wie ich finde, sehr klaren und strukturierten Kompetenzenzuschnitt hat Hildrud von Spiegel (1996) entwickelt. Sie differenziert zwischen:

- **Wissen** (was man wissen muss)
- **Können** (was man methodisch kontrolliert in Handeln umsetzen kann)
- **Haltungen** (welche Haltungen und Überzeugungen für den Kontakt mit den Klienten und die Aufgabenbewältigung mit diesen nützlich und hilfreich sind).

Alle oben genannten Kompetenzen können diesen drei tragenden Kompetenz-Säulen zugeordnet werden. Erst bei von Spiegel wird deutlich, dass kompetentes Handeln in Bezug auf Wissensbestände und Haltungen hoch voraussetzungsreich ist; dass aber andererseits Wissen und Haltungen alleine noch nicht zu einem sinnvollen Handeln führen müssen. Kompetenzen stellen somit ein Geflecht aus unterschiedlichen Strängen dar.

Diese Kompetenz-Stränge müssen in der Heimerziehung auf dem Hintergrund **dreier setting-spezifischer Besonderheiten** eingebracht werden:

- In der Heimerziehung werden vielfältige, je **hoch spezialisierte Einzelaufgaben** (Beratung bezüglich Liebeskummer, Steuerung der Gruppensituation während der Mahlzeiten, schulische Förderung bei Teilleistungsstörungen, Gestaltung der Zu-Bett-Geh-Situation für ein ängstliches Kind etc.), die hohe Konzentration und Planungsaufwand erfordern, **in einem entspezialisierten Kontext**, dem Zusammenleben im Alltag, erbracht. Heimerziehung findet anders als andere sozialpädagogische oder therapeutische Settings in einem offenen, störungsanfälligen, nur teilweise planbarem „Rund-um-die Uhr-Betrieb" statt. Die Abdichtung zur Lebenswelt (wie bei der Therapie) oder die Stukturierung des Rahmens über Zeitbegrenzung (eine Stunde, nur nachmittags etc.) oder über Räume (offener Teil der Station, geschlossener Teil wie in der Psychiatrie) ist im Heim weder sinnvoll noch machbar.
- Die besondere **Dichte und Schnelligkeit mehrerer parallel zueinander verlaufender Interaktionsprozesse** in der Heimgruppe macht es nötig sich auf neue, nicht vorhersehbare Situationen einzustellen. Man kann gar nicht regelmäßig „erst denken" (bzw. reflektieren) und „dann handeln", sondern muss häufig auf einer vorläufigen, eng begrenzten Reflexionsbasis entscheiden und handeln. Oftmals stehen erst im Nachhinein die (Zeit-)Räume zu Verfügung, die man in der Situation nicht besaß. Positiv gewendet: HeimpädagogIn ist jemand, die handelnd interaktionelle Realitäten schafft, die sie anschließend bewertet und reflexiv verarbeitet. Immer wieder wird er mit dem Ergebnis der spontanen, situativen Gestaltung unzufrieden sein, weil er darin „unter seinen Möglichkeiten" geblieben ist; andererseits - und das macht man sich selten klar – findet er aufgrund der Spontaneität auch zu kreativen Lösungen, die der „reinen Reflexion", dem Vorab-Bedenken, nicht zugänglich gewesen wären. Manchmal ist man aus dem „Bauch heraus" eben auch viel besser oder viel annehmbarer für sein Gegenüber, als wenn man sich etwas ausgedacht hat, das man methodisch kontrolliert umsetzt. Mögliche Fehler, aber auch besondere Chancen erwachsen bei der Heimpädagogik also derselben Quelle. Dies macht die „Dignität einer Praxis" aus, die man

zwar bezüglich einzelner Handlungen kritisieren, deren Handlungsbedingungen man aber nicht grundsätzlich anders organisieren kann.

- Vorrangige Felder des sozialpädagogischen Handelns im Heim sind **wechselnde, aber miteinander verflochtene soziale Bezugsrahmen**, der **Einzelne** und die **Gruppe**. Dabei eröffnen sich Chancen und Risiken: Man kann z. B. Einzelne über die Gruppe ansprechen bzw. steuern oder die Gruppe über Einzelne. Freilich kann die Gruppe die Pädagogik mit dem Einzelnen behindern oder durchkreuzen (z.B. wenn er mehr auf die Gruppe hört als auf die PädagogInnen) oder der Einzelne sich der Gruppe verweigert. Das ändert nichts daran, dass jede Zuwendung der PädagogInnen zu einem Einzelnen im Rahmen einer Gruppensituation stattfindet (und von der Gruppe beobachtet wird) und dass die Gruppenpädagogik sich an den fachlichen Erfordernissen des Einzelfalls orientieren muss.
  Wobei mit Spannungen zwischen den beiden Bezugsgrößen zu rechnen ist: Gruppenleben im Heim bedeutet für den Einzelnen meist ebenso eine Quelle von Anregungen wie von Zumutungen bzw. Einschränkungen, von denen niemand sicher weiß, wie entwicklungsförderlich sie sind. Einzelne behindern oftmals Formen des Gruppenlebens (Essen, Gruppendiskussionen, Spielen), die von anderen genossen werden können und stellen deshalb für die Gruppe und die in ihr herrschende Atmosphäre erhebliche Belastungen dar. Die Grenzen dieser Zumutbarkeiten müssen in beiden Richtungen im Auge behalten werden.

Aber wie man die erforderlichen Kompetenzen auch ordnet und auflistet, es stellt sich die Frage: Welche Person kann all das leisten? Sind das nicht „übertriebene Zumutungen“ (Laue/Wolff 1982, S.272) an die ewig unfertigen PraktikerInnen, wie sie vor allem von Funktionären oder Hochschullehrerinnen erhoben werden, die sich selbst nicht mehr fragen müssen, ob sie selbst in der Lage wären, all das leisten zu können? Kann und muss die Arbeit im Heim nicht auch mit sehr viel schlichteren Kompetenz-Profilen „funktionieren“?

- Die oben genannten Kompetenzen sind wünschenswert; auch wenn sie nicht regelmäßig vorhanden und/oder über Qualifizierung herstellbar sind, können sie als Zielbestimmungen trotzdem sinnvoll sein. Dass die

Praxis auch mit „weniger“ irgendwie funktioniert, macht das Nachdenken über das tatsächliche Ausmaß der setting-immanenten Ansprüche nicht überflüssig.

- Im Heim arbeitet man im Allgemeinen nicht alleine; man arbeitet im Team. Diese Mehr-Personen-Konstellation eröffnet die Möglichkeit, dass unterschiedliche Kompetenzen und Kompetenz-Gruppen zusammenkommen und sich gegenseitig ergänzen können. Die oben genannten Kompetenzen wären also nicht von einer Person, sondern von einem Team zu erwarten. LeiterInnen hätten dafür zu sorgen, dass sich Kompetenzprofile in Teams auf eine gute Art und Weise mischen können. Für die Praxis heißt das aber, dass man über das Kompetenzenprofil des eigenen Teams sehr viel klarer Bescheid wissen müsste.

2. In welchen spannungsreichen Bezügen stehen unterschiedliche Erwartungen an die Kompetenzen der HeimpädagogInnen

Eine bloße Auflistung von Kompetenzen bleibt in dreifacher Hinsicht unbefriedigend:

- Was fachtheoretisch als wünschenswerte Kompetenzen erkannt wurde, braucht nicht unbedingt in der institutionellen Praxis erforderlich oder erwünscht zu sein (Laue/Wolff 1982, S. 234). Der „sozialpädagogische Diskurs“ und das Überleben als Helfer können sehr unterschiedliche Postulate zur Konsequenz haben. Es bleibt zu analysieren, ob sich die verlangten Fähigkeiten und Kompetenzen untereinander und/oder mit anderen evtl. nicht-fachlichen Ansprüchen des Arbeitsfeldes zu einem harmonischen Ganzen fügen oder, ob zwischen ihnen oder in der institutionellen Wirklichkeit der Heimerziehung Spannungen und Widersprüche angelegt sind. Diese würden den Praktiker vor eine weitere Herausforderung stellen: Er müsste dann nicht nur Verschiedenes können, sondern angesichts von widersprüchlichen Erwartungen und institutionellen Paradoxien oder Zwängen auch noch situations- und fallabhängig das Richtige (für wen?) tun.
- Angesichts der einzelnen, segmentierten und immer nur unvollständig beschreibbaren Kompetenzen für das Feld liegt es nahe, nach übergreifenden professionellen Leitbildern zu suchen (Beziehungsarbeit, Sozial-

arbeit als Emanzipationsprojekt, christlicher Liebesdienst etc.), die bei der praktischen Arbeit Orientierung geben können; sei es im Sinne einer generalisierten Handlungsorientierung, im Sinne eines theoretischen Überbaus oder im Sinne eines Identifikation ermöglichenden Wertekonsens (vgl. Stahlmann 1994). Ob diese Leitbilder tatsächlich zur Anleitung der Praxis taugen oder ob sie vor allem Schlagworte und damit die Widersprüche überdeckende Ideologien liefern, wäre zu prüfen.

- Schließlich wäre zu klären, ob die beruflichen Voraussetzungen und Kompetenzen für sich alleine ausreichen, um in gegebenen Bedingungen eine fachlich qualifizierte Arbeit zu leisten oder ob man nicht auch mit förderlichen oder hinderlichen Rahmenbedingungen in der Institution rechnen muss, die mitgebrachte Kompetenzen obsolet werden lassen.

2.1 Spannungsfelder und Widersprüche, in denen sich die HeimpädagogInnen bewegen können müssen.

Die Heimpädagogin sieht sich in der Praxis häufig mit widersprüchlichen Erwartungen bzw. professionellen Dilemmata unterschiedlicher Herkunft und „Bauart" konfrontiert. Einige wohnen der Sozialpädagogik selbst (2.1.1 und 2.1.2), andere dem Setting Heim (2.1.3 und 2.1.4 und 2.1.5), wieder andere spezifischen institutionellen Strukturen (2.1.6 und 2.1.7) inne, die von Heim zu Heim unterschiedlich sein können. Man kann diese Spannungen und Widersprüche aus seiner Wahrnehmung ausblenden und so tun, als sei die Praxis widerspruchsfrei; aber man macht sich das Leben dadurch nur bedingt einfacher: die Widersprüche wirken sich aus und beeinflussen die eigene Praxis, ob man sie wahrnimmt oder nicht. Man kann die durch sie verursachten Spannungen den „schwierigen" Kindern, den „unfähigen" LeiterInnen oder der „unmöglichen" Einrichtung zuschreiben; tatsächlich gibt es das ja alles; trotzdem würde man den Spannungen damit nicht gerecht; sie entstehen schon im Vorfeld und stecken in der Sache selbst. Darum plädiere ich für das aufmerksame Hinsehen, auch wenn dadurch alles zunächst noch schwieriger ist als es ohnehin schon erscheint.

Im Folgenden sollen einige Spannungsfelder vorgestellt werden, die Liste erhebt keinen Anspruch auf Vollständigkeit:

2.1.1 Zwischen Fremd- und Selbsterziehung

Der Pädagoge will erziehen d.h. das Kind in einer Weise beeinflussen, die er für es als hilfreich oder förderlich erachtet; gleichzeitig weiß er, dass er dem Kind seinen Willen zur Erziehung nur sehr begrenzt aufzwingen kann. Das Kind ist ein selbsttätiges Wesen, das sich ihm entziehen und/oder seine Erziehung unterlaufen kann. Vor allem angesichts der Konkurrenz vieler anderer für das Kind/den Jugendlichen u.U. sehr viel attraktiverer sozialisatorischer Einflussgrößen wie Freunde, Werbung und Computer, ist der Pädagoge auf einen Zugang zu und eine Beziehung mit dem Kind angewiesen. Es muss einwilligen, selbst erlauben, dass es von ihm erzogen wird. Wie bekommt der Pädagoge die Erlaubnis des Kindes, es erziehen zu dürfen? Wieviel muss sich der Pädagoge dem Kind anpassen/unterordnen, damit dieses sich seiner Erziehungsintentionen öffnet? Und wer erzieht am Ende wen mehr: Der Erzieher das Kind oder das Kind den Erzieher? (Luhmann/Schorr 1982, Willke 1998).

2.1.2 Zwischen Unsicherheit und dem Anspruch wirkungsvollen Handelns

Der Pädagoge arbeitet in einem komplexen System, in dem viele Faktoren (Personen, Strukturen, Gebäude etc.) sich untereinander und damit auch das, was der Pädagoge bewirken will, beeinflussen. Was sich in einer Faktorenkombination gut (im Sinne des Pädagogen) ausgewirkt hat, kann sich in einer anderen Kombination negativ (nicht in seinem Sinne) auswirken. Da man die Anzahl der Faktoren und ihre Wirkweise im Einzelfall, die von ihrer situativen Verteilung im Feld abhängen (gegenseitige Abschwächungen und Verstärkungen), nicht kennt, ist die Wirkung des eigenen Handelns prinzipiell unsicher, nicht vorhersagbar und mit unbeabsichtigten Nebenwirkungen behaftet. Man kann deswegen nicht sicher wissen, was man tut (Klatetzki 1997), aber man kann wissen, was man beabsichtigt hatte und Verbindungen konstruieren zwischen beobachteten Entwicklungen und dem, was man als Pädagoge getan hat (bzw. glaubt, getan zu haben). Obwohl man um die prinzipielle Wirkungsunsicherheit des eigenen Handelns weiß, muss man handeln und dabei so tun, als wüsste man wozu das eigene Handeln führt. Weil man die prinzipielle Unsicherheit schlecht aushalten kann, muss man Methoden sozialpädagogischen Handelns aufstellen, die, wenn schon nicht

„richtiges“ (im Sinne von Erzielen erwünschter Wirkungen), so zumindest „fachlich legitimiertes“ Handeln ausweisen können. Damit ist zumindest überprüfbar, ob man sich innerhalb oder außerhalb eines zu einer bestimmten Zeit als „fachlich“ definierten Rahmens bewegt hat oder nicht.

Neben diesen, der Sozialpädagogik immanenten Dilemmata, gibt es heimspezifische:

2.1.3 Orientierung am Individuum versus Orientierung am System

Der kompetente Heimpädagoge will das Kind/den Jugendlichen als Individuum mit seinen eigenen Wünschen, Ideen und Wertvorstellungen verstehen. Je intensiver er sich auf sein Gegenüber einlässt um so nachvollziehbarer werden für ihn auch „störende Verhaltensweisen“ und Symptome. Gleichzeitig ist der Pädagoge nicht nur für den Einzelnen da, sondern hat die Bedürfnisse und Interessen der Eltern (Hilfe zur Erziehung für Eltern), der Gruppe (Setting), des Teams und anderer Institutionen (Schule etc.) zu berücksichtigen. Die Spannungsverhältnisse, die sich daraus ergeben, sind nicht ohne Weiteres zu vermitteln und schon gar nicht aufzuheben. Das Heim stellt häufig die Kreuzung dar, auf der unterschiedlichste Interessen kollidieren. Der Pädagoge, der nur das Kind als Individuum vor Augen hat, verliert das für Heimerziehung typische komplexe System von Beziehungen und Abhängigkeiten aus dem Blick. Der Pädagoge, der bei allem System-Bezug nicht auch den Jugendlichen als Individuum im Blick behält, verliert mit Sicherheit diesen.

2.1.4 Zwischen Hilfe(-Verständnis) und Kontroll-Wahrnehmung

Die Erziehungshilfen verstehen sich als Teil der Jugendhilfe. Sie wollen Kinder/Jugendliche dabei unterstützen (blockierte) Entwicklungspotenziale zu entfalten, um soziale Teilnahmechancen zu erhöhen. Ein großer Teil der Kinder und Jugendlichen sind aber (zumindest anfangs oder phasenweise immer wieder) unfreiwillig oder zumindest nicht aus freiem Willen im Heim. Es gab für sie im Vorfeld oft nur eingeschränkte Wahlmöglichkeiten und es gab auch anlässlich der Verantwortung von Erwachsenen für Kinder auch nicht die Möglichkeit, die Kinder/Jugendlichen entscheiden zu lassen.

So richtig es im Einzelfall sein mag, dass Eltern und/oder Jugendamt die Heimunterbringung durchsetzen, so stellt dies den Pädagogen und das Kind/den Jugendlichen vor das Paradox, dass etwas Hilfe genannt wird, was auch oder überwiegend als Eingriff und Kontrolle wahrgenommen wird. Dies motiviert Kinder/Jugendliche zu Verweigerungen gegenüber dem Heim oder zu offenen oder verdeckten Angriffen auf Personen und Strukturen, was neue Kontrollleistungen nötig erscheinen lässt. Erschwert wird der kompetente Umgang mit dieser Dynamik dadurch, dass das Kind/der Jugendliche sich einerseits der Entscheidung fügt, um die Loyalität zu seiner Familie nicht zu verletzen, sich andererseits aber nicht einlässt, um die eigene Autonomie zu wahren. Dieser Ambivalenz von Sich- Fügen und Verweigern entspricht das institutionelle Doppelgesicht von Hilfe und Kontrolle.

2.1.5 Zwischen „Lernhelfer" und Erzieher

Einerseits weiß (bzw. ahnt) der Pädagoge um die Schwierigkeiten des in die Persönlichkeit eingreifenden Erziehens; angesichts seiner tatsächlichen Macht, die relativ begrenzt ist (Wolf 1999), droht Erfolglosigkeit und angesichts der ungesicherten, nicht vorhersehbaren, zukünftigen Lebensbedingungen für das Kind/den Jugendlichen drohen moralische Bedenken (Giesecke 1990, S.8): Macht es Sinn beispielsweise dem Kind das Stillsitzen und Vokabel-Büffeln abzufordern, wenn unklar ist, ob es im Gegenzug später einen Ausbildungsplatz und dann auch einen sicheren Arbeitsplatz erhält? Angesichts dieser Zweifel stellen sich Fragen wie: Kann Pädagogik mehr sein als Begleitung bei der eigenen Lebensgestaltung des Kindes/Jugendlichen? Muss sich der Pädagoge nicht beschränken auf Anregung, Deutung und Moderation? Aber liegen in solcher pädagogischen (Selbst-) Beschränkung nicht auch Gefahren und verborgene Motive: Der eingreifende Erzieher meinte selbstherrlich zu wissen, wo es lang geht. Aber ist der „nur" moderierende Pädagoge nicht schlicht und einfach konfliktscheu? Will oder kann er sich nicht mehr über die Provokationen des Kindes/Jugendlichen erregen, wütend werden und sich so für den Jugendlichen engagieren? Und handelt er nicht verantwortungslos, wenn er angesichts von Entwicklungen, die das Kind/den Jugendlichen ins gesellschaftliche Abseits führen, nur berät und moderiert und nicht auch beherzt eingreift, kontrolliert und sanktioniert? Erwarten die Kinder/Jugendlichen bei allem „ich weiß selbst, was für mich gut ist", nicht auch, dass sich jemand um sie Sorgen macht und engagiert mit ihnen streitet? Dass jemand ihnen nachläuft und mit ihnen und um sie kämpft? Oder ist das nur die Rückkehr zu einer traditionellen Pädagogik der Besserwisserei und der eingebildeten Omnipotenz?

2.1.6 Heimat versus Trainingslager

Das Heim soll dem Kind/Jugendlichen einen geschützten Platz bieten, an dem es sich wohlfühlen und entwickeln kann. Das legt nahe, es als „Schutz- und Schonraum" zu gestalten, in dem auch Verwöhnung und Nachsehen ihren Platz haben. So wird das Heim zur Heimat. Gleichzeitig droht es dadurch auch zur realitätsfernen „Insel" zu werden. Ist es sinnvoll zum Heimpädagogen „Arschloch" sagen zu können, wenn das beim Ausbilder oder Berufsberater sofort sanktioniert wird. Manche gewöhnen sich im Heim an einen Ton und Stil, mit dem sie z.B. in Schule und Lehre schnell stigmatisiert und ausgeschlossen werden. Wenn das Heim aber so streng wäre wie die „Welt da draußen", könnten etliche Kinder noch nicht mal mehr im Heim leben.

Die Aufgabe bleibt, dass das Heim auf die Welt draußen vorbereiten soll; es soll dem Jugendlichen nicht zuviel abnehmen, soll den Jugendlichen nicht durch Bequemlichkeiten binden; aber ihn auch nicht durch Härten oder Unattraktivität in eine zu frühe, unvorbereitete Selbstständigkeit treiben. Selbstständigkeit kann man im Heim aber immer nur begrenzt vorbereiten, da sich die Jugendlichen heute noch nicht vorstellen können, was sie morgen brauchen. Gleichzeitig kann man nur selbstständig werden, wenn jemand das Risiko, dass man scheitert, eingeht. Und doch darf das Risiko beim Auszug oder Weggang nicht zu groß sein, und sind „Abstürze" des Jugendlichen angesichts von bestimmten Kompetenzmängeln vorprogrammiert. (Zu) frühe Heirat und Geburt eines Kindes kompensieren dann z.B. das Fehlen eines eigenen Freundeskreises etc.

2.1.7 Engagement versus Kräfteökonomie

Der Pädagoge will sich engagieren und sein Wissen, sein Können und seine Kraft einsetzen. Wo er hinblickt herrscht Mangel. Seine fachlichen Anforderungen an sich selbst sind hoch. Er könnte für „seine“ Gruppe oder für „seine“ Kinder unendlich viel tun. Zugleich muss er angesichts der vielen unterschiedlichen Anforderungen, die von allen Seiten an ihn gestellt werden und angesichts der vielen Jahre, die noch vor ihm liegen, mit seinen Kräften sparsam umgehen. In jedem Einzelfall, erst recht bei „schwierigen Kindern“, bleibt unsicher, ob sich die Investition von Zeit, Kraft und Nerven lohnt oder in Erschöpfung, Wut und Selbstzweifel führt. Deswegen braucht der Pädagoge ein gewisses Maß an Kräfteökonomie. Er muss auch wegschauen, sich nicht zuständig fühlen, sich mit Halb-Gelungenem zufrieden geben, sonst droht ihm leicht die permanente Selbstüberforderung. Untersuchungen zeigen, dass in einem Acht-Länder-Vergleich die deutschen Erziehungshilfe-PädagogInnen (mit dem höchsten formalen Ausbildungsstandard und - nach meiner Vermutung - den höchsten professionellen Anforderungen an die eigene Person) diejenigen sind, die am meisten unter „Burn out“-Phänomenen leiden (Savicki 1999, S. 232 ff.).

2.1.8 Kooperation versus Parteilichkeit und Selbstisolierung

Der Pädagoge will das Beste für „sein“ Kind, aber er kann es nicht alleine tun. Wenn er zu eingenommen von den eigenen (richtigen) Ideen ist und sich zu oft den (falschen) Ansprüchen der anderen verweigert, gerät er zu oft in Konflikte (z.B. mit KollegInnen) und muss auch das Kind am Ende darunter leiden. So ist er darauf angewiesen mit anderen zum Wohl des Kindes zu kooperieren. Kooperation ist meistens nicht ohne Kompromiss zu haben. Die Anderen (KollegInnen, Jugendamts-MitarbeiterInnen, LehrerInnen, ÄrztInnen, RichterInnen etc.) helfen mit, aber wollen dafür auch mitreden bzw. mitbestimmen. Man muss sich mit ihnen arrangieren und weiß oft nicht, ob man für oder gegen das Kind kooperiert.

2.1.9 Zwischen planbarem Optimum, dem möglichen Kompromiss und Setting-immanenten Gefährdungen

Eine professionelle Ausbildung legt bezüglich geeigneter Settings für Klienten fachliche Phantasien nahe, die sich mit normierten Settings nicht zufrieden geben, sondern „Maßanzüge“, d.h. auf den Einzelfall zugeschnittene Settings fordern. Allerdings ist das Optimum dessen, was man für das Kind bräuchte oder gerne hätte, häufig nicht machbar. Die Arbeit im Heim vollzieht sich auf dem Hintergrund knapper Zeit-, Personal- und Finanzmittel, über deren Einsatz zudem meist noch andere verfügen (z.B. Belegungsdruck zwingt zur Aufnahme, bezogen auf den augenblicklichen Gruppenkontext, „nicht-passender“ Kinder etc.). Selbst wenn die Ausstattung stimmt, kann die genau richtige Mischung von Kompetenzen in einer Person oder einem Team fehlen. So stellen die realen Settings Kompromisse, manchmal auch „faule“ zwischen dem Wünschenswerten und dem Machbaren dar. Kein Setting ist nur gut: Von den realen Settings gehen immer auch (mehr oder weniger gravierende) Gefährdungen und noch nicht erkannte Nebenwirkungen aus. Die Gruppe kann in einer bestimmten Größe und Konstellation für bestimmte Kinder ein Ort sozialen Lernens sein, aber mit gleichen oder anderen Mitgliedern für andere Kinder auch eine Quelle von Belastungen darstellen. Noch häufiger wird sie beides zugleich sein. Schaut man sich spezifische Settings für spezifische Kinder genauer an, ist oft nicht klar, ob die förderlichen oder die belastenden Bedingungen überwiegen. Das gilt für eingreifende Settings übrigens genauso wie für niedrig-schwellige, sozialraumorientierte, familien-unterstützende etc.

Eine Art **Meta-Dilemma** besteht darin, die aufgezählten Dilemmata wahrzunehmen oder aus der eigenen Wahrnehmung zu verbannen. Beides ist möglich und hat Vor- und Nachteile. Die volle Wucht der berufsfeld- bzw. berufsrollen eigenen Spannungen und Paradoxien wahrzunehmen und auszuhalten, ist im Alltag, wenn es um das konkrete Handeln geht, oft sehr hinderlich; statt Komplexität zu erhöhen, kommt es in Situationen mit hohem Zeit- und Handlungsdruck darauf an Komplexität zu reduzieren. Andererseits macht die dauerhafte Ausblendung der Dilemmata den Pädagogen zwar (handlungs-)sicherer, aber auch dümmer: Er muss dann die Verwerfungen seines Metiers und dessen nicht ohne weiteres erfüllbaren Ansprüche mit Ideologien glätten: Dies geschieht mittels Alltagstheorien und Wahrnehmungs- und Interpretations-Schablonen, die den Besonderheiten der jeweiligen Person bzw. Situation übergestülpt werden: Erfolge werden z.B. regelmäßig dem eigenen Verhalten gutgeschrieben (selbst attribuiert), Misserfolge dagegen immer dem Klienten oder den misslichen Umständen (fremdattribuiert). Solche Vereinfachungen sind angesichts der schwer aushaltbaren Spannungen des Arbeitsfeldes nachvollziehbar; aber sie verhindern nicht nur die adäquate Reflexion der eigenen Person, sondern (viel wichtiger) die im Einzelfall wirksamen Potentiale und Begrenzungen der eigenen Profession bzw. des Settings Heim.

Allerdings werden die Spannungen und Dilemmata auch vom „pädagogischen Establishment“ entweder nicht wahrgenommen oder nicht thematisiert. Auch berechtigte fachliche Anforderungen an Heimpädagogen propagieren oft eine umstandslose Umsetzbarkeit und reflektieren nicht welche Zumutungen sie angesichts der feldeigenen Spannungen für die Pädagogen beinhalten. So geraten Heimpädagogen in die Situation, dass ihre Handlungen kritisiert werden, ohne dass wahrgenommen wird, in welchen Zerreißproben diese zustande kommen. Eine derartige Kritik führt zur Abdichtung des Kritisierten gegenüber den fachlichen Ansprüchen und schwächt seine Bereitschaft zur Selbstreflexion, erreicht also das Gegenteil dessen, was der Kritiker wünschte.

2.1.10 Umgang mit den Spannungsmomenten und Widersprüchen

Für Dilemmata gibt es keine Standard-Auflösungen, sondern immer nur fallweise und situationsabhängige Versuche der Ausbalancierung. Ein kompetenter Heimpädagoge versucht deshalb die unterschiedlichen (eigenen wie fremden) Ansprüche an die eigene Arbeit,

- in ein und derselben Situation kompromisshaft zu bündeln (z.B. die Wünsche des Kindes und die der Eltern berücksichtigen; weder „Heimat“ noch nur „Trainingslager“ anbieten), indem er die persönlichen und institutionellen Spielräume der Beteiligten auslotet und ausdehnt und/oder
- in ein zeitliches Nacheinander zu bringen, sodass jede Erwartung zu (s)einer Zeit zu ihrem Recht kommt bzw. jedem Träger von Erwartungen etwas an befristeter Einschränkung abgefordert wird und/oder
- wo dies nicht möglich ist, die Widersprüchlichkeit der Erwartungen als strukturelle oder persönliche Überforderungen thematisiert werden und/oder
- die mit ihrer Zurückweisung verbundenen Konflikte sozial verträglich gestaltet werden oder wo dies nicht möglich ist ausgehalten und nicht einseitig personalisiert werden.

Dass das Dilemma-Mangement immer wieder gelingt, ändert nichts daran, dass das Scheitern hinsichtlich des Ausbalancierens, der Absturz, primär in der sozialpädagogischen Arbeit und erst sekundär im Fehlen von spezifischen Kompetenzen angelegt ist.

Als innere Haltung braucht es deshalb, was Hans Thiersch „Krisenidentität" bzw. Karlheinz Thimm „Ambivalenzidentität" (Thimm 1989, S.199 ff) genannt hat: „Die Aufgabe ist nicht Widersprüche zu vermitteln, sondern sie aushaltbar zu machen: Sozialpädagogische Handlungskompetenz meint - pointiert formuliert – die Fähigkeit zu einer gleichsam kontrollierten Schizophrenie" (Thiersch 1982, S. 212). Damit wären wir bei einem Begriff von „Handlungskompetenz" angelangt, der auf dem Boden der setting-immanenten Spannungen und Widersprüche steht. Erst jetzt wird das ganze Ausmaß des professionellen Könnens sichtbar. Viele wenden sich von dem „Medusengesicht" einer entwickelten Professionstheorie ab und suchen ihr Heil in schön klingenden Phrasen wie dem von der „Beziehungsarbeit", „Lebensweltorientierung" etc. Wenn sie helfen würden, wäre es ja in Ordnung. Aber diese Leitbilder häufen neue und diesmal unerfüllbare Ansprüche auf die Schulten der Heimpädagogen; deshalb ist ihnen zu widersprechen.

3. Welches Berufsrollenverständnis/Leitbild ist für die Arbeit des Heimpädagogen adäquat

3.1 Kritik an dem Schlagwort „Beziehungsarbeit"

Wenn HeimpädagogInnen von „Beziehung(-sarbeit)" sprechen, verstehen sie darunter meist eine längerfristig angelegte (zwei, drei Jahre und mehr), intensive, individuelle Begleitung eines Kindes/Jugendlichen durch eine PädagogIn, in der das Kind/der Jugendliche die Möglichkeit erhält, neuartige, korrigierende bzw. ergänzende Erfahrungen in Bezug zu seiner bisherigen Beziehungs-Geschichte zu machen. Die "alte" Beziehungsgeschichte erscheint durch Defizite charakterisiert (z.B. Inkonsequenz, mangelnde Verlässlichkeit, Rigidität etc.), die neue Beziehung soll diese Defizite aufarbeiten und ausgleichen. Im Mittelpunkt der Betrachtung steht ein duales System: Das Kind/der Jugendliche und die PädagogInnen. Eine solche Auffassung birgt Anlässe zu Enttäuschungen, weil sie verschiedene andere Ebenen (Personen, Institutionen, Prozesse), die in die Heimerziehung hineinspielen, ausblendet oder unterschätzt.

- Relativ hohe Fluktuationsrate bei den PädagogInnen im Heim: die Kinder werden häufig „verlassen" und müssen sich immer wieder auf neue PädagogInnen einlassen (nur 46,3 % „überleben" die ersten fünf Jahre; ca. 18 % bleiben 5-9 Jahre, ca. 38 % 2-4 Jahre; ca. 25 % weniger als ein Jahr; Günther/Bergler 1992, S. 59 und S. 126); das macht sie gegenüber Beziehungsangeboten misstrauisch. Als PädagogIn, die nicht weiß wie lange sie bleibt, muss man deswegen auch darauf achten, nicht zu wichtig zu werden.
- Angesichts der vielfältigen Aufgaben der HeimpädagogInnen, des knappen Personalschlüssels und des immer wieder drohenden Chaos muss der Aufbau und die Pflege einer persönlichen, individuellen Beziehung „neben her" laufen. Die Kinder/Jugendlichen erleben die PädagogInnen (und diese sich selbst) als „engagierte ManagerInnen" (im besseren Fall) oder als „unpersönliche PolizistInnen oder Verwahrer" (im schlechteren Fall).
- Für viele ältere Kinder und noch mehr Jugendliche stellt die Peergroup den wichtigsten Orientierungsrahmen für das eigenen Verhalten dar. In dieser Lebensphase werden lockerere Beziehungen zu Erwachsenen gesucht. Man ist nicht mehr so oft bereit, etwas dem Erwachsenen zuliebe zu tun. Bindungen wirken nicht mehr selbstverständlich regulierend. Zusätzlich geraten enge Beziehungen leicht in Konkurrenz zu den Beziehungen mit anderen Jugendlichen.
- Enge und vertrauensvolle Beziehungen von PädagogInnen zu einem Kind/Jugendlichen werden häufig von den Eltern des Kindes aufmerksam, manchmal auch misstrauisch verfolgt. Eltern fürchten die PädagogInnen wollen ein besserer Vater/Mutter sein als sie es vermochten. Diese Angst kann auch das Kind in Loyalitätskonflikte bringen.
- Manche Kinder/Jugendliche sind so enttäuscht von Beziehung, dass sie zunächst einmal nur zuverlässig versorgt und fair behandelt werden wollen; schon das ist oft schwer genug. Aber Versorgung und Gerechtigkeit/Fairness setzen zunächst nicht Beziehung voraus!

- Vor allem wenn PädagogInnen ihre Beziehungsgestaltung an dem Modell „Familie" oder Therapie/Beratung ausrichten, ist dies mit einer Enge und Ausschließlichkeit verbunden, die nicht kontext-adäquat ist, nicht durchgehalten werden kann und zudem häufig noch **nicht** einmal entwicklungsfördernd sein wird.

  Trotz aller Bedenken gegenüber wohlklingender Beziehungs-Rhethorik, bleibt die Beziehung zwischen PädagogInnen und Kind/Jugendlichem ein wichtiger Dreh- und Angelpunkt in der Heimerziehung:
- Ohne ein Gutteil Wohlwollen und Akzeptanz durch die PädagogInnen und ohne gegenseitige Wertschätzung (ohne wechselseitiges Fasziniertsein) kann sich kein Kind/Jugendlicher öffnen und erziehen lassen.
- Ohne ständige Reflexion darüber, was ich als Erwachsener (vor allem) zum Aufbau oder einer Verbesserung einer (bedrohten bzw. belasteten) Beziehung beitragen kann (bzw. was ich zur Belastung beigetragen habe), wird oftmals keine dauerhafte Beziehung zustande kommen. Als Erwachsener habe ich die Pflicht zur Reflexion, auch wenn das Kind/der Jugendliche diese Reflexion verweigert. Als Professioneller habe ich die Pflicht, meine und seine Gefühle mit Hilfe anderer (Team, Beratung, Supervision) so zu analysieren, dass daraus neue Anregungen zur Beziehungsgestaltung hervorgehen.
- In der Rückschau ehemaliger Heimkinder spielen einzelne PädagogInnen-Persönlichkeiten oftmals eine große Rolle. So erinnern sich z.B. aktuell Inhaftierte an HeimpädagogInnen als „gute" HelferInnen und wünschen sich eine Reaktivierung des Kontakts (Wilms, 2000).

„Beziehungsarbeit" im Heim muss mit einer vierfachen Brechung (von eigenen und fremden Erwartungen) rechnen und umgehen können, soll sie denn professionell genannt werden können:

- Es handelt es sich (zunächst) um eine Beziehung auf Zeit. Das sollte beiden klar sein. Dies steht im Widerspruch mit den (möglichen) Beziehungserwartungen von Kindern und Jugendlichen, die häufig mit „Dauer" rechnen.
- Es handelt es sich um eine Beziehung, die angesichts der (Verantwortung der Pädagoginnen für die) anderen Gruppenmitglieder nicht exklu-

siv werden kann. Dies steht im Widerspruch mit der Tendenz von Beziehung einzigartig und exklusiv sein zu wollen.

- Es handelt sich um eine Arbeitsbeziehung, d.h., emotionale Äußerungen beider Seiten werden von einer Seite immer wieder analysiert und auf ihre Angemessenheit bezüglich bestimmter Ziele hin reflektiert. Diese instrumentelle Verwendung von Beziehung steht im Widerspruch mit der Idee einer nicht auf Nutzen bezogenen „ganzheitlichen" Beziehung.
- Es handelt sich um eine Beziehung im Rahmen eines Kontrollkontextes, d.h., in der Beziehung werden immer Fragen der Regeldurchsetzung bzw. von Konsequenzen/Strafen für Regelübertritte eine Rolle spielen. Diese Fragen verletzen die mögliche Erwartung, dass Beziehungen überwiegend harmonisch und konfliktfrei ablaufen sollten. Beziehungen im Heim werden regelmäßig mit Streit, Ärger und dem Umgang mit Streit und Ärger einhergehen.

Was heißt demnach „professionelle Beziehung im Heim": Die Gestaltung einer tendenziell konfliktreichen, nicht-exklusiven Arbeitsbeziehung auf Zeit zwischen PädagogInnen und Kind, in der wechselseitiges Sich-Mögen bedeutsam sind und ein Reflexions- und Steuerungs- bzw. Wiedergutmachungs-Überhang der PädagogInnen bestehen.

3. 2 Netzwerk-Arbeit als adäquateres Berufsrollenverständnis für die HeimpädagogInnen

Angemessener für die Vielfältigkeit und Komplexität der professionellen Aufgaben und Rollen der HeimpädagogInnen scheint mir der (zweifellos noch unglücklich formulierte) Begriff der „Netzwerkarbeit" zu sein. Welche Kompetenzen fordert die „Netzwerk"-Perspektive von den PädagogInnen aus dem Heim?

- Das **Beziehungssystem/die Lebenswelt** eines Kindes/Jugendlichen kennen und sich dort Einzelfall-angemessen einbringen. Dabei stellen sich Fragen wie: Wer sind für das Kind/den Jugendlichen bedeutsame Personen? Welche Familienmitglieder, Verwandte, Freunde, Cliquen(mitglieder) etc. spielen für ihn eine Rolle? Mit welchen Personen kann und will ich als PädagogIn kooperieren, weil sie das Kind/den Jugendlichen (in seiner Sicht) unterstützen? Wie kann ich mit Personen zurechtkommen, deren Einfluss ich für ungünstig oder schädlich halte? Will ich sie tolerieren, um den Zugang zum Kind/Jugendlichen zu erhalten oder will ich mich deutlich von ihnen distanzieren, auch wenn das Spannungen in die Beziehung mit dem Kind/Jugend-lichen bringt? Wie sieht meine Position in diesem Beziehungsumfeld aus? Auf was muss ich angesichts der anderen Beziehungsteilnehmer achten? Das Helfer-System des Kindes/Jugendlichen kennen und sich dort Einzelfall-angemessen einbringen. Dabei stellen sich Fragen wie: Welche Institutionen sind für das Kind/den Jugendlichen bedeutsam oder greifen in sein Leben ein? Wie kann ich mit Jugendamt, Schule, Ausbildung, ÄrztInnen/Thera-peutInnen, Polizei, Psychiatrie, Vereinen etc. kooperieren? Ist dem Kind/ Jugendlichen klar, welche Aufgabe mir als Pädagogen in dieser Kooperation zukommt? Erlebt das Kind/der Jugendliche meine Kooperation mit diesen Stellen als Unterstützung und/oder als Kontrolle? Will ich (auch) Teil eines Kontrollsystems sein, weil ich das für entwicklungsförderlich halte und stehe ich vor dem Kind/Jugendlichen dazu? Oder bin ich gegenüber den anderen Institutionen eine Art Anwalt, der seine Interessensvertretung übernimmt? Bringt uns die anwaltschaftliche Vertretung in eine Koalition gegen die anderen, die das Kind/den Jugendlichen isoliert? Oder hilft die Parteilichkeit etwas zu klären und neue Zugänge zu eröffnen?

- Das **eigene institutionelle System „Heim“** kennen und sich dort Einzelfall-angemessen einbringen. Dabei stellen sich Fragen wie: Kenne ich die Möglichkeiten und Grenzen des Settings Heimerziehung bzw. dieses spezifischen Settings (Wohngruppe oder Jugendwohngemeinschaft etc.) für dieses Kind/diesen Jugendlichen? Welche Chancen und Ressourcen bietet das aktuelle Setting für dieses Kind/diesen Jugendlichen? Welche Belastungen und Gefahren bzw. ungewollte Nebenwirkungen gehen von diesem Setting aus? Wie kann ich Chancen groß machen und Gefahren klein halten? Wie kann ich den Ort Heim gestalten, damit er attraktiv und sicher genug ist/wird? Wie kann ich mit den unterschiedlichen Erwartungen und Ansprüchen von KollegInnen, Leiter, den Kindern/Jugendlichen, den Eltern, den anderen Kooperationspartnern zurechtkommen? Wie passt das Kind/der Jugendliche zur Gruppe der anderen Kinder/Jugendlichen? Was kann er einbringen und bekommen, wo braucht er Rückzugsmöglichkeiten und/oder Schutz. Was löst das Kind/der Jugendliche im Team, in der Institution „Heim" aus? Dienen Konflikte der MitarbeiterInnen über das Kind/den Jugendlichen der Arbeit am Fall oder sind das „alte" Grabenkriege, die nur auf den Fall projiziert werden? Wie kommen wir zu Konsens im Umgang mit diesem Kind/Jugendlichen? Wie viel Unterschiedlichkeit im Umgang mit diesem Kind/Jugendlichen ist in Ordnung? Welche Ziele können wir mit unseren Möglichkeiten mit diesem Kind erreichen? Was sind seine Ziele, unsere Ziele, fremde Ziele? Haben wir einen Konsens über Ziele oder eher viele unterschiedliche Zielvorstellungen?

Bei der Netzwerkarbeit sitzt der Pädagoge je nach Blickwinkel „zwischen allen Stühlen" oder aber „mitten drin" in einem komplexen System. Es ist völlig klar, dass er oder sein Team alleine, dieses komplexe System nicht in eine bestimmte Richtung steuern können. Dazu gibt es zu viele Personen, die mit eigenen Interessen in diesem System mitmischen und es jeweils in die von ihnen präferierte Richtung lenken können. Deswegen ist es Aufgabe der Pädagoginnen in diesem System möglichst in die Funktion einer Drehscheibe zu kommen d.h., sie sollten mit möglichst vielen Systemteilnehmern in Kontakt treten, deren Anliegen und Perspektiven erfahren und gleichzeitig für eigene Anliegen und Perspektiven werben. Dabei gilt es Interessensüberschneidungen, gemeinsame Sorgen und Hoffnungen, mögliche Bündnispartner bei der Realisierung von hilfreichen Arrangements etc. zu finden. Alles „Werben" schließt das handhafte Ringen um das „richtige Handeln" nicht aus: „Werben" heißt zunächst einmal sich als Gesprächs- und Kooperationspartner interessant zu machen, um überhaupt Zugänge zu den relevanten Akteuren zu finden. Im Hinblick auf die Positionierung gegenüber den anderen Systemteilnehmern könnte man auch von einer „intermediären Position" sprechen (Hinte 1997, S. 282, Schwabe 2000, S. 249 ff.). Es ist klar, dass diese Selbstdefinition eine gänzlich andere ist als die der „Parteilichkeit".

4. Institutionelle Voraussetzungen für das Wirksam-Werden von Kompetenzen der MitarbeiterInnen

Eine Fachkraft kann noch so gut sein: Wenn die Institution nicht gewisse Voraussetzungen erfüllt, wird sie für ihre Arbeit erforderlichen und wünschenswerten Kompetenzen nicht entfalten können. Fünf zentrale, institutionelle Voraussetzungen dafür sind:

- **Einarbeitung,** d.h. ein transparent gestalteter Prozess, in dem die neuen MitarbeiterInnnen über sechs bis zwölf Monate schrittweise in ihre Aufgaben eingeführt werden; es sollte klar sein, was man in dieser Einrichtung bis wann können sollte, aber auch wofür man sich Zeit lassen kann. Der/die neue MitarbeiterIn sollte eine erfahrene Fachkraft an die Seite gestellt bekommen, die für sie zuständig ist und sie begleitet. Zwei ausführliche Rückmelderunden über den erreichten Stand der Einarbeitung mit dem Team und der Leiterin der Einrichtung sind innerhalb der Probezeit zu organisieren.
- **Unterstützung der Teamprozesse,** d.h. Organisation von Zeit und Raum der für die zentrale Handlungseinheit notwendigen Teamfindungs- und (Konflikt)-Klärungsprozesse; das schließt regelmäßige Fachberatung ebenso mit ein wie „Teambuilding" (lustvolle Kooperationsspiele, die dem Team Aufschluss über Rollenverteilungen geben und dazu einladen neue, konstruktive Lösungen für die gemeinsamen Aufgaben zu entwickeln), Supervision etc.
- **Abgeklärte Kompetenzbereiche,** d.h. MitarbeiterInnen und Leitung sind sich im Klaren darüber, was ihre jeweiligen Aufgaben und Verantwortungen sind. Für die Einhaltung oder Nicht-Einhaltung dieser Aufgaben gibt es überprüfbare Kriterien, die auf alle Hierarchieebenen angewandt werden.
- **Fort- und Weiterbildung,** d.h. die Möglichkeit die Alltagspraxis dahingehend zu beobachten, was Schwierigkeiten macht und was mit Hilfe welcher Kompetenzen oder institutioneller Neu-Regelungen verbessert werden könnte. Für die Gestaltung des Alltags in der Gruppe sind mittelfristig angelegte, einrichtungsinterne Qualifizierungsprozesse gemeinsam mit MitarbeiterInnen unterschiedlicher Hierarchieebenen viel wich-

tiger als die individuellen Fortbildungen (die jede/r für sich tun kann und soll).

- **Unterstützung in Krisen** und Schutz vor Überlastung, d.h. aufmerksame Beobachtung der eigenen Belastung auf Teamebene und auf Leitungsebene. Krisenhafte Entwicklungen müssen rechtzeitig angesprochen werden können; einzelne Personen oder Teams, die Entlastung brauchen, sollten diese schnell und in einer von ihnen als sinnvoll erlebten Form erhalten. Allerdings sollte auch aufmerksam registriert werden, wer für wen einspringt bzw. wen entlastet, sodass nicht einige wenige zu oft für viele andere zuständig sind.

Diese wenigen institutionellen Voraussetzungen genügen nach meiner Erfahrung, damit MitarbeiterInnen vorhandene Kompetenzen entfalten und neue Kompetenzen entwickeln können. Ohne diese Voraussetzungen zu erfüllen, sollte kein/e EinrichtungsleiterIn sich über das niedrige Qualifikationsniveau seiner MitarbeiterInnen beschweren. Auch wenn eine Einrichtung diese Voraussetzungen erfüllt, bleibt die Arbeit für die MitarbeiterInnen anstrengend und schwierig genug. Ohne dass sie einen persönlichen Gewinn daraus schöpfen und (zumindest immer wieder) Spaß dabei haben, ist diese Arbeit auf Dauer nicht zu leisten. Allen, die sich sehenden Auges auf die Anforderungen dieses Feldes einlassen und diese halbwegs gut meistern, gebührt unser aller Respekt.

Literatur

Geissler, K./**Hege**, M. (1978): Konzepte sozialpädagogischen Handelns. München.

Giesecke, H. (1987): Pädagogik als Beruf - Grundformen pädagogischen Handelns. Weinheim.

Günther, R./**Bergler, M.** (1992): Arbeitsplatz stationäre Jugendhilfe. IGFH-Eigenverlag. Frankfurt a. M.

Hinte, W.(1997): Management mit Charme - Kommunikation in der Gemeinwesenarbeit. In: Ries, H.A. u.a. (Hg): Gemeinwesen, Neuwied, S. 280-291.

Klatetzki, T. (1993): Wissen was man tut - Professionalität als organisationskulturelles System, Bielefeld.

Lau, T./**Wolff**, S. (1993): Wer bestimmt hier eigentlich, wer kompetent ist? - Eine soziologische Kritik an Modellen kompetenter Sozialarbeit. In: Müller, S. u.a. (Hg): Handlungskompetenz in der Sozialpädagogik/Sozialarbeit Bd. 1. Liga der freien Anforderungsprofile an die MitarbeiterInnen im Gruppen- Wohlfahrtspflegedienst der stationären Erziehungshilfe, Konsequenzen für Ausbildung und Studium in Baden-Württemberg. Stuttgart.

Loh, M.: Professionelle Erziehung - Professionelle Beziehung? In: NHW e.V. (Hg): Fremduntergebracht.

Luhmann, N./**Schorr,** K.E. (1989): Zwischen Technologie und Selbstreferenz. Frankfurt a. M.

Maykus, S. (2000): Handlungskompetenz in der Heimerziehung. In: Soziale Arbeit, 5/00, S. 162-169.

Müller, B. (1988): Sozialpädagogisches Können. Freiburg i. Br.

Savicki, V. (1999): Stress und Burnout bei MitarbeiterInnen der Jugendhilfe - ein interkultureller Vergleich. In: Forum Erziehungshilfen, Heft 4/99, S. 232-238.

Schwabe, M. (1994): Was leistet die Pädagogin/der Pädagoge im Heim? Für ein Selbstverständnis von Heimerziehung als professionelles „Spiel" mit komplexen Realitäten. In: Unsere Jugend,8/ 94, S.333-348.

ders. (2000): Welche Antworten braucht Gewalt. In: Eskalation und De-Eskalation Konstruktiver Umgang mit Aggression und Gewalt in Einrichtungen der Erziehungshilfe. Frankfurt a. Main, S. 219-253.

Stahlmann, M.(1993): Die berufliche Sozialisation in der Heimerziehung. Bern.

von Spiegel, H. (1996): Arbeitshilfen für das methodisches Handeln. In: Heiner/Meinhold/von Spiegel/Staub-Bernasconi: Methodisches Handeln in der Sozialen Arbeit. Freiburg i. Br, S. 218-287.

Thimm, K. (1989): Sozialpädagogische Berufsidentität als Ambivalenzidentität. In: Archiv für Wissenschaft und Praxis, Nr. 3/ 89, S. 199-208.

Thiersch, H. (1984): Sozialpädagogische Handlungskompetenz, die Frage nach der Tradition pädagogischen Handelns und das Konzept der Krisenidentität. In: Müller, S. u.a. (Hg), Handlungskompetenz in der Sozialarbeit/Sozialpädagogik. Bd. II, 84, S. 193-214.

Willke, H. (1997): Systemtheorie, Bd. 2: Interventionstheorie. Stuttgart.

Wilms, R. (2000): Sozialarbeiters und Sozialarbeiterinnen im Erleben von jugendlichen Strafgefangenen. Diplom-Arbeit an der Evangelischen Fachhochschule Berlin. Sommersemester 2000.

Winkler, M. (1987): Eine Theorie der Sozialpädagogik. Stuttgart.

Wolf, K. (1999): Machtprozesse in der Heimerziehung. Münster.

Schlusswort

I

Die Blicke auf Heimerziehung sind vielfältig, Kinder und Jugendliche, Eltern, Jugendhilfeträger, MitarbeiterInnen und Jugendämter haben sehr unterschiedliche Perspektiven. Das bedeutet, dass die im Bereich Heimerziehung Tätigen mit z.T. höchst widersprüchlichen Erwartungen konfrontiert werden. Das Leben mit Widersprüchen, die sich häufig nicht auflösen lassen, gehört folglich zu den Charakteristika der Heimerziehung.

Einige dieser Widersprüche kommen in den vorliegenden Beiträgen zum Ausdruck:

- Da ist zunächst der viel benannte Widerspruch zwischen dem Anspruch der ′Beziehungsarbeit′ und den Erfordernissen der Dienstplangestaltung.
- Erwartungen hinsichtlich einer stärkeren Flexibilisierung der Hilfeleistung stehen wenig flexiblen institutionellen Strukturen entgegen.
- Die Forderung nach größerer Individualisierung lässt sich wegen des immer noch vorherrschenden Gruppensettings nur schwer verwirklichen.

Zu fragen ist, wie es sich angesichts dieser Widersprüche in der Heimerziehung arbeiten lässt. Von entscheidender Bedeutung ist die Erkenntnis, dass es kaum für alle Seiten befriedigende Lösungen gibt. Wir müssen realistischerweise lernen, mit einigen Unzulänglichkeiten zu leben. Ein allzu intensives Leiden an Widersprüchen, an - zweifellos vorhandenen - Unzulänglichkeiten kann zu einem negativen Selbstbild führen, was möglicherweise seinen Niederschlag in einem ebenso negativen Fremdbild findet.

Widersprüche haben aber auch ihr Gutes. Heimerziehung hat sich in den letzten Jahren ausdifferenziert, es findet sich eine Fülle von unterschiedlichen Organisationsformen und inhaltlichen Schwerpunktsetzungen. Für diese Ausdifferenzierung war u.a. das Wissen um widersprüchliche Konstellationen der Motor. Denn Entwicklungen ergeben sich überall dort, wo der konstruktive Umgang mit Widersprüchen Veränderungsprozesse in Gang bringt. Das Selbstverständnis von Jugendhilfe, wie es im 8. Jugendbericht begründet ist und im KJHG zum Ausdruck kommt, bringt Heimerziehung in eine prekäre Situation:

- Der Gedanke der Prävention lässt jede Aufnahme ins Heim als Versagen vorangegangener Jugendhilfemaßnahmen erscheinen, das es auf jeden Fall zu vermeiden gilt.
- Der fachliche Diskurs favorisiert individualisierende Hilfen (vgl. Hansbauer in diesem Band) mit ausgewiesenem Sozialraumbezug. Diesem Idealbild kann Heimerziehung aufgrund der vorhandenen Strukturen nur begrenzt entsprechen.

Trotzdem nimmt Heimerziehung als nicht präventives Angebot im Rahmen der Jugendhilfe nach wir vor breiten Raum ein, und bei den Maßnahmen nach § 34 KJHG überwiegt, trotz aller Differenzierung, die Unterbringung in der ‚klassischen' Heimwohngruppe oder einer Außenwohngruppe. Hier ist zu fragen, wie diese Diskrepanz zwischen Jugendhilfe-Anspruch und Heimwirklichkeit zu erklären ist.

Möglicherweise müssen die sehr weitgehenden Erwartungen, die an präventive, sozialräumliche Konzepte geknüpft sind, in Teilen eingeschränkt werden. So macht Ulrich Bürger darauf aufmerksam, dass die Reichweite sozialräumlicher Konzepte nicht überschätzt werden darf (vgl. Bürger in diesem Band). Jürgen Blandow gibt in seinem Beitrag zu bedenken, dass „das Verständnis von Pädagogik als Hilfe zur Lebensbewältigung, Autonomie und Normenreflexivität die Personen, mit denen es Jugendhilfe zu tun hat, überfordert" (ähnlich argumentiert M. Winkler, vgl. Winkler 2001). Offensichtlich ist Heimerziehung mehr als ein Relikt aus alten Jugendhilfe-Zeiten, das zu träge ist, verkrustete Strukturen aufzugeben und angemessene Formen der Betreuung zu entwickeln. Sie scheint oft die passende Maßnahme bei Problemlagen zu sein, auf die ‚modernere' Jugendhilfeangebote nicht angemessen reagieren können. Es haben sich praktikable Formen von Heimerziehung herausgebildet, die den Ansprüchen und Erwartungen von Kindern und Jugendlichen, ihren Eltern sowie den Fachkräften in vielen Bereichen gerecht werden. Um ihren Stellenwert im Kontext der erzieherischen Hilfen deutlich zu machen, muss jedoch klar werden, wo die Gemeinsamkeiten mit anderen Hilfeformen liegen und wo Heimerziehung sich unterscheidet. Die in der Heimerziehung tätigen Fachkräfte müssen in diesem Sinne selbstbewusster werden und die Notwendigkeit von Heimerziehung deutlich machen, sowie ihre spezifischen Leistungen, die keine andere Hilfeform erbringen kann, aufzeigen und offensiv ihre Erfolge herausstellen.

II

Gleichwohl steht Heimerziehung vor einer Reihe von Entwicklungsaufgaben:

- Die Umsetzung der Strukturmaximen des 8. Jugendberichtes muss deutlich verstärkt werden. Dies wird in mehreren Beiträgen angemahnt, gilt aber nicht allein für die Heimerziehung, sondern für alle Jugendhilfemaßnahmen (vgl. Bürger 2001).
- Angesichts des steigenden Durchschnittsalters der aufgenommenen Kinder und Jugendlichen, der kürzeren Verweildauer und der stärkeren Berücksichtigung familiärer Bindungen gilt es, die Bedeutung der ′Beziehung′ als grundlegendes Element pädagogischen Arbeitens neu zu bestimmen. Dazu liegen auch in diesem Band unterschiedliche Einschätzungen vor.
- Die Träger der Heimeinrichtungen stehen vor der schwierigen Aufgabe, ihr Angebot weiter zu differenzieren, dabei jedoch ihr eigenes Profil zu bewahren und der Gefahr der Zersplitterung zu entgehen.
- Heimerziehung findet immer noch zum größten Teil in Gruppen statt. Hier liegen Chancen, die genutzt werden müssen. Dabei liegt es an den PädagogInnen, ob sie ihre Gruppe als ′Zwangsgemeinschaft′ negativ etikettieren oder an bewährte Traditionen anknüpfen und gruppenpädagogische Elemente für die Entwicklung der Kinder und Jugendlichen nutzbar machen.
- In immer stärkerem Maße werden Kinder aus Migrantenfamilien AdressatInnen von Jugendhilfemaßnahmen. Auch für die Heimerziehung begründet dies die Notwendigkeit, interkulturelle Angebote zu entwickeln bzw. weiter zu qualifizieren.
- Es ist dringend erforderlich, die Perspektive vom einzelnen Kind oder Jugendlichen hin auf die gesamte Familie zu erweitern. Unabhängig davon, ob die Kinder in ihre Familie zurückkehren oder nicht, bleiben die familiären Bindungen ein Leben lang bestehen. Heimerziehung ist dahingehend gefordert, unterschiedlich intensive Formen der Arbeit mit den Herkunftsfamilien zu entwickeln.

Dabei gilt es, angemessene Konzepte zu entwickeln, die die Verhältnisse der Heimerziehung mit ihren Besonderheiten berücksichtigen. Nicht alle Ideen - das zeigen u.a. die Beiträge von Cämmerer oder Finkel und Geiger - lassen sich ohne weiteres umsetzen. Manches gelingt, manches muss zurückgenommen, neu bedacht werden.
Dabei kann es auch eine Stärke der Heimerziehung sein, nicht nahtlos in den ‚mainstream' der Jugendhilfe zu passen (vgl. Winklers Kritik an den Individualisierungstendenzen in der Jugendhilfe, Winkler 2001, S. 56).

Heimerziehung hat allen Grund, auf Stärken und Erfolge hinzuweisen. Es gibt zahlreiche Belege für ihre Wirksamkeit (z.B. die Jugendhilfe-Effekte-Studie), es gibt nachvollziehbare Kriterien für gute Arbeit in Heimen (vgl. JULE-Studie), und es gibt Perspektiven für eine Weiterentwicklung, die u.a. in verschiedenen Beiträgen dieses Bandes aufgezeigt werden.

Die HerausgeberInnen

Literatur

Bürger, U. (20019: Stand und Zustand der Erziehungshilfen – Analysen und Einschätzungen aus dem Blickwinkel der Strukturmaximen des 8.Jugendberichtes. In: Bundesverband katholischer Einrichtungen und Dienste der Erziehungshilfe e.V. (Hg.): Erziehungshilfen gemeinsam gestalten.

Winkler, M. (2001): Der Tanz auf dem Seil: Das Heim als Utopie – eine Provokation zur Nachdenklichkeit. In: Bundesverband katholischer Einrichtungen und Dienste der Erziehungshilfe e.V. (Hg.): Erziehungshilfen gemeinsam gestalten.

Bundesministerium für Familie, Senioren, Frauen und Jugend (Hg.) (2002): Effekte erzieherischer Hilfen und ihre Hintergründe (Jugendhilfe-Effekte-Studie). Stuttgart.

Bundesministerium für Familie, Senioren, Frauen und Jugend (Hg.) (1998): Leistungen und Grenzen von Heimerziehung/Forschungsprojekt JULE. Stuttgart.